羅光全書

冊卅四

牧廬文集（五）

臺灣學生書局印行

八十述往序

民國六十一年，幾位青年組織了先知出版社，要求我參加，以示鼓勵。我答應了，拿了錢出書，出版了《牧廬文集》。

那年，我滿了六十歲。六十為一甲子，為紀念一甲子的生命，把當時散佚的文章，收集起來，編輯了這部文集。文集分六冊；第一冊為羅瑪四記，早已出版；第二冊為台南五年，也已出版五年；下面四冊為台北七年，又分為述往，哲學，宗教，生活。文集出版不久，先知出版社因經營不良，即形倒閉。牧廬文集由我收藏，轉交學生書局，每冊改名出售，售書不多。

今年我滿了八十歲，在台北已住二十五年。二十五年內所寫的文章很多，或者是專書，或者編輯成集，都已陸續出版，祇有一些學術論文和演講稿，還存在莢子裡。到了八十，可以作一總結了；我把《牧廬文集》的原書重新編輯；前兩部仍舊，所改和所加不多；後面四冊完全改編，編為兩冊，一冊為牧靈編，追述在台北總教區的牧靈工作，一冊為文化編，追述在輔仁大學的文化工作。前兩部記事，紀述羅瑪和台南的生活，文筆生動簡樸，頗能引人興趣，後兩部說理，則嫌枯燥。原本想摘錄台北二十五年的日記，然和全書體裁不合。每段又過短，故放棄不抄。但就幾項具有歷史價值的事，摘錄有關日記，不爲稱功，而是爲歷史保留資料。現在錄出有關日記，還有有關人士在世，可以作證，日記不能有僞。

我的八十年生活，分成三大段：衡陽十九年，羅瑪三十一年，台灣三十年。衡陽十九年，十二年在南鄉老家，七年在黃沙灣修院。羅瑪的三十一年，九年求學，廿五年教書，十八年在駐教廷使館任教務顧問。台灣的三十年，五年在台南任主教，十二年在台北任主教，十三年在輔仁大學任校長。八十以後的歲月，全在天主之中。

我在七十自述，獻身五十年，八十向天父自責自慶的三篇文章裡，通盤說出了我對生命的感想。在這篇序文，我不再重覆，因爲這三篇文章都收在本書的附錄裡，我現在要說的，是我的思想已經有定型，不會改變，在哲學裡，我的思想定型在生命哲學，宇宙爲天主所造，乃是一創生力，繼續進化，化生萬物，形成一生命洪流。在生活上，我的思想定型在基督結合一體，同基督負羞辱痛苦的十字架，補贖自身和人類罪惡，以崇拜天父的偉大，稱謝天父的慈愛，在這個思想的定型裡，我希望安渡餘年。

民國八十年三月十二日　　羅光序於天母牧盧

牧廬文集（五）

目錄

哲學……一七九

社會文化

教育

輔仁大學校長交接典禮致詞

樞機、郭總主教、各位主教、輔大各院院長、主任、教授、來賓及同學代表：

今天我來接受輔大校長職務，心中很安定，並不是因爲我自己覺得有才能有經驗，也不是因爲我心襟開敞，輕易放棄台北總主教職位。而是因爲有幾種原因，可以使我心中安定，不緊張。

第一：輔仁大學在于樞機任校長期內，從開始復校的研究到現在的大學，已經成爲一座很好的大學，建築偉大，學生衆多，精神活潑，聲譽高貴。在這樣好的基礎上去繼續發展校務，已經不是一磚一石的篳路藍縷，辛苦工作，乃是有路可循，繼續前進。

第二：十幾年來，和于樞機一同工作，共同負擔復校工作的神父修女教授，你們都將和我合作，支持我的計劃，補足我的缺陷，你們將是我的職務的最好助手。

第三：我來接任輔大校長，不是我自動來的，更不是我要求或謀求來的，去年傳信部長羅西樞機和陶代辦問我願不願意任輔仁大學校長，我答說不願意；不過，若聖座有意思叫我去，我會接受。所以當我知道聖座和董事會的意見後，我便不猶豫地接受了；因爲我信這是天主的聖意。既是天主的聖意叫我接任校長，天主必定要給我相稱的能力，以滿全任務。今早我行了聖神彌撒，七月十七日我曾到我特別朝聖的地方——台南玉井吾樂之緣聖母堂朝聖，把校長的任務獻於聖神，獻於聖母。

今天我懷著安定的心來接受職務，我穿的禮服是主教禮服。這是表示我以主教的身份來任校長，主教按照基督的訓示乃是牧人。牧人要用愛心照顧自己的羊群，使羊有水喝，有草吃；而且基督說牧人要能爲羊捨命。我們校長不是同普通校長一樣，我是用牧人的愛心來辦教育。

第二屆梵蒂岡大公會議的教育宣言，以人格教育爲教育的目標。輔仁大學將本著這種目標向前邁進，培育青年學生立己立人，具有高尙的人格。全校的學生知道自重，也知道自動；全校教師以身教言教，引導學生上進。智識固然重要，做人之道更重要。中國古代所謂尊師重道，就是老師以做人之道教訓學生，學生乃能尊敬老師而實踐做人之道。

德國一位當代心理教育家斯班格茲提倡文化教育，主張教育應在文化以內進行。我以爲目前自由中國的教育應注重文化教育，使青年們認識中國文化，接受中國文化；當然不是守舊的復古，而是要適合新時代要求。我常聽于樞機說：教宗保祿六世每次接見他，每次都說輔仁大學應是保全並發揚中華文化的大學。我就要按著這種指示努力去做。

今天我懷著安定的心情接受校長的重任，在將來的歲月裡必和大家一心一德來求學校的發展。「在第二屆梵蒂岡大公會議時，聖言會總長舒德神父向大會報告傳教工作法令，爲說明修會和修會的合作」，修會和聖統制的合作，曾舉輔仁大學爲例，證明這種合作爲可能的事。我將保持輔仁大學的這種光榮。今天很榮幸有聖言會新總會長在座，我相信我們將來的合作，將是我們成功的重大動力，也是我們辛苦中的安慰。

謝謝大家來參加典禮，祝禱天主福祐大家。

輔仁大學校長更換的日記

一、第一次波折

于斌校長在民國五十八年晉陞樞機，民國五十九年，羅瑪教廷請他辭去校長職，造成一件小風波，後來，董事會決議挽留。民六十六年，教廷又請他辭去校長職，于樞機答應在次年辭職，關於這事，當時有人傳說是由我發動，因我想任校長，留學法國一位姓鹿的神父還寫信來罵我，實際上我一點也不知道是誰發動，羅瑪傳信部也沒有向我說明，我推測是因爲依照教會習慣，樞機地位高，不任大學校長。于樞機在社會上事務多，身體又不好，不常到學校去，當時又傳說他計劃由一位非聖職人員接繼校長，教廷駐華大使館向傳信部報告，傳信部長羅西樞機和于樞機不太熟，因此請他辭職；我當時因外面傳說我想任輔大校長，我發動這次風波，心中氣憤，乘牧盧文集出版，乃發佈我的有關第一次風波之日記，于樞機當時有見到。現在連第二次的日記也一併抄錄發表，以表白心跡。

民國五十九年

五月二十六日

上午，十點，在主教團秘書處參加輔仁大學董事會。教育部高教司周司長列席，會議桌上放有錄音機，這都是從來沒有的現象。開會時先由周司長致詞，詞意鋒利，批評輔大內部組織很嚴。

我第一個發言請問周司長，教育部對輔大處理美籍旁聽生事，是否滿意？教育部對於輔大有何種指示？周司長答說，對美籍學生事，教育部表示滿意，但輔大內部現象，教育部認爲有違法令。他乃條陳一些單獨事件，解爲非法。

于樞機邀請董事每人發表意見，大家都客氣說當然接受教育部指示，一切按照大學法辦理。

討論如何改革輔大組織法，周司長催促即日進行修改。董事們的意見不大一致。我乃提議以修改組織章程事交由校長與三單位負責人辦理。全體投票贊成。

董事會議散會後，董事們心情很沉重，大家都覺得教育部的干涉可能是學校內部的人去運動來的。

晚，艾大使來電話，表示對上午的會議心中很不滿意。

五月二十七日

上午，耶穌會朱勵德神父來公署相見，談昨天輔大董事會議，我告以耶穌會和聖言會可以向董事會提出要求：（一）輔大三單位分任教務、訓導、總務三長。（二）耶穌會、聖言會和中國主教團訂立協定。

六月二十七日

主教團會議第四天，中午，艾大使在使館款宴主教團。我因兩點半參與光仁中學第一屆畢業禮，沒有等到終席即辭出。後來聽說，席終，艾大使向主教們報告教廷教育部對於輔大改組事，寄到訓令。

六月二十九日

晚飯後，赴耕莘醫院探問于樞機病況。于樞機已住院兩天，打發秘書找我。我昨天赴蘇澳，深夜回台北，今天知道樞機找我談話，晚晌乃去。

見面，于樞機就說收到艾大使的信，關於輔大改組事，信很長，內容最重要者有兩點：（一）改組董事會。（二）校長可請辭職。樞機頗憤慨。把艾大使的信交給我，囑我研究。他說：「辭校長一事，早已有心，而且也向教宗說過，這次決心辭職。艾大使請推薦繼任人，但繼任人應是主教。中國主教中可以任校長者只有兩人，就是你和香港徐主教，徐主教不願意放棄香港，所以請你考慮是否可以出掌輔大。」

我沒有意見，只說將好好考慮。于樞機對改組董事會。堅決反對，教廷要他任「最高監督」（Magnus Cancellarius），這個職位等於董事長，他不敢奪蔣夫人的位。

于樞機又說：「艾大使信內，說到任用教友，須選人品高尚，信教虔誠的人。我們用了林委員，許多神父反對，但是在盜豆案中，他宣判無罪。一年內，他替輔大做了很多事，別人辦不到的，他都能夠辦好。」

談話一小時許，我辭出，攜艾大使函回天母研究。大使信係轉達教廷教育的訓令，爲改組董事會。應讓輔大三單位多有幾位董事，原則上每一單位三名，共九名，主教團保持六名。對於校長辭職，因樞機地位尊高，不必任校長，應任大學監督，這是教會大學的制度。

七月七日

晚飯後，再度赴耕莘醫院探望于樞機，送回艾大使的信。于樞機說：「我不便強迫你辭台北總主教來繼任輔大校長，恐妨礙你將來的高陞。爲輔大校長事，我想請杜主教任副校長。」

我表示贊成，于樞機又說：「輔大中國神父派代表送來全體簽名信。」樞機很憤慨地說：「這是受外國神父之蠱惑。」

談話一小時許，我辭出。

七月九日

上午，艾大使邀我到大使館，談輔大校長事，艾大使說他不贊成于樞機推薦我任校長，不宜迫我辭台北總主教職，妨礙我將來的陞遷。杜主教可暫代校長，並立時派一位副校長，一年後副校長升校長，杜主教可到另一教區任主教。台北總主教若辭職出長輔大，將來不做校長，則沒有別的總教區可去。大使便問我贊不贊成。我說對於自己的事不必計較，但我贊成杜主教去輔大負責。艾大使說立即報告教廷。

七月十四日

晚飯後，第三次赴耕莘醫院，和于樞機談話又一小時，都是關於輔大。于樞機說願意在輔大校園裡興建海洋科學院研究有關海洋科學，不辦造船工業和遠洋學習及漁業學系。他願放棄在高雄辦海洋學院的計劃，只辦海洋科學。海洋科學所需經費不多，也可以借用理學院儀器，而且使外國人知道中國聖職人員不單知道辦文史院系，也知道辦科學院系。

七月十六日

上午，在嘉義參加賈彥文主教祝聖典禮，午後五點二十分搭莒光號火車回台北，與于樞機同坐，從嘉義談到台北，都談輔大事。把海洋科學院、教務長、文學院神父以及董事會，都重新談到。

七月十七日

上午十一點，艾大使來電話，約我到使館午餐，有要事相商。正午一點，我赴使館，飯後，大使和我單獨談話。他說，昨天他從香港回來，在香港他招待傳信部東亞司長雅克林蒙席。雅蒙席告訴他說傳信部部長雅靜安樞機接到大使所報于樞機推薦杜主教任輔大副校長事，認爲輔仁大學應由羅光總主教出來擔任校長職。對於將來升樞機與否，台北總主教一職並不是必要的。艾大使乃請我考慮。我答說：「我素來不推辭上峰派我的事。當雅靜安樞機問我願意出任台南主教否，我答以若要我自己選，我選留在羅瑪教書，因爲我喜歡研究學術；若部長派我去，我就去。在調我到台北總主教任所時，高理耀公使問我願不願意，我又答說若讓我選擇，我選擇留在台南，因爲台南教區是我創立的；若教宗派我到台北，我便接受。同樣，這次若讓我選，我當然願意繼續留任台北總主教，因爲台北總主教較比輔大校長地位高。但若傳信部要我去任校長，我遵命。」

回天母後，我備一函，致艾大使，說明即因上命，願受校長職，然辭台北總主教一職事，應在我履任校長職務後幾個月，由我自動以校務煩重，不能兼顧而辭職。辭職時，繼任人應同時發表。

七月十八日

午後，我在圓山飯店參加西班牙國慶酒會，會中遇到于樞機。于樞機有一封信，信內有輔大改組方案。托我轉交艾大使。我乃將傳信部的口頭指示，告訴樞機。樞機說那就很好，只不過辭去台北總主教犧牲太大。

七月二十五日

上午，艾大使來電話，謂教廷密電，答覆批准。我請艾大使與于樞機接談，並告以午後我將往羅東。

七月二十七日

下午，由羅東回台北，因火車不通，改乘計程車。回到天母，身覺累，登床休息。一小時後起床，女工說大使館曾來電話，我乃與艾大使通電話詢問消息，大使促我往使館一談，時已五點一刻。

我到了使館，艾大使持公文一大包出見，說前天二十五日午後邀于樞機來使館談話兩小時，談的很不投機，竟至決裂。艾大使出示教廷教育部、傳信部和國務院的函電，都認爲樞機之地位崇高不應擔任校長，只宜擔任監督或董事長。于樞機以不辭職乃是爲教會著想，否則，他一辭職，政府和社會群起攻擊。但次日星期日，于樞機致大使一函，聲明願意接受教廷指示。

晚賈彥文主教來天母，談到輔大事，他想次日往看樞機。

七月二十八日

午後，賈主教從于樞機辦公室來電話，說于樞機當晚來天母看我，並願在天母用晚飯。我告以修女們往會院退省去了，沒人煮菜，不好招待樞機。賈主教詢問于樞機意見，說是吃了飯才來。

五點半，賈主教偕狄副主教來天母，我們三人到天母烤肉館吃蒙古烤肉。席間賈狄兩位告以在于樞機處說話很久，于樞機氣已平息，談話很誠懇，願意立刻讓位。

晚，九點鐘許，于樞機來天母，坐談到十一點鐘。樞機願意立刻辭職，並願向蔣夫人和教育部疏通，免有誤會。對輔大內部，樞機說林委員已辭教務長職，龔士槃神父也辭秘書長職。林委員辭職，不必挽留，否則多添痲煩。龔神父雖辭職，必協助幾個月。教務不宜任命神父，因在教育部辦事辦不通。海洋學院已不能辦，因教育部來函，說私立學校不能設分校，海洋學院雖只一院，然遠在高雄，形同分校，故不能設。樞機說這樣他可以把這件事放下，很適當地下臺，鬆了一口氣，只是籌備人員花了高雄市所贈一百萬元台幣，若是高雄市政府因不設校而要追回，則只好將來由校方補還，校董會曾經通過籌備海洋學院的議案。再者，他又因康寧醫院購地事借用輔大四萬多元美金，現在只能還利息。爲辭職，大使該辦兩件事：第一應有教宗准許辭職的電報。第二應召開董事會。于樞機請我轉告艾大使。

于樞機辭出後，時已深夜十一點餘，我仍舊向艾大使通電話，以于樞機所講的兩件事相告。大使答應立刻照辦並決定於七月三十一日召開董事會，以長途電話通知在外市縣的董事。

我因身體很累，不能安眠。

七月卅日

我在耕莘醫院休息，昨天午後入院。今天上午，安睡三小時。中午，艾大使兩次來電話，謂事件進行複雜。教育部忽召集輔大常務董事開會，信封外寫艾可儀先生，大使說不去教育部開會，因爲他只和外交部發生關係。同時，艾大使已向外交部表示抗議教育部缺乏禮貌。午餐時，公署王倘德蒙席來電話，告以教育部派人送來邀請書，約於午後三時到部商量要事。我指示他答覆教育部，說總主教臥病醫院，不能赴會。

七月卅一日

上午，十點，輔大董事會在主教團秘書處舉行非正式會議，開會後，艾大使以教廷國務卿來電送與于樞機，樞機請我宣讀，電文云教宗接受于樞機辭輔仁大學校長職，稱揚于樞機十年來對輔大的貢獻，希望以後以最高監督名義仍協助校務。費濟時蒙席報告昨天午後在教育部談話的經過，因常務董事僅他一人出席。教育部長、次長和高教司長以艾大使未能到會甚表不滿。教育部長說明輔大應按教育法令改組，改組時不宜換校長。我乃起立說明在這種情形上我不接受出任校長。董事等都說請于樞機向教育部解釋。

大家討論如何擬定輔大改組的方案，由誰負責草寫。我提議依照上次董事會所定，由于樞機校長和耶穌會、聖言會及文學院的代表組成草寫委員會，耶穌會聖言會和文學院各派代表三人，我和高思謙院長代表文學院。全體董事贊成。決定在八月六日舉行董事會。在開會前，董事會先開座談會。

八月一日

晚，約龔士榮神父來醫院一談。

午後，耶穌會朱會長和費濟時蒙席，聖言會蔣百鍊院長和薛保綸神父，同來醫院看我，談輔大改組方案的原則。晚，約林棟委員來醫院談話。

八月二日

上午，九時，在耕莘醫院舉行輔大改組方案會議，于樞機由龔士榮神父代表，我由狄剛副主教代表。會議由龔士榮神父主持。正午十二點，我到會聽取結果。全部方案研究完畢，就原有草案修改幾點。我邀開會人士在醫院午餐。

八月五日

馬肋拉樞機來臺北，中午，抵達機場，于樞機、艾大使和我都在機場相遇，都沒有談到輔仁，我從機場回醫院。

午後，魏欽一神父來醫院，向我報告在香港參加亞洲天主教大學生代表會經過，會中，左派的氣燄很囂張。魏神父又說聽到消息，教育部以輔仁大學校長辭職，應有董事長蔣夫人的同意。

晚，方豪神父來醫院，坐談些時，說聽人傳云，蔣夫人和張群秘書長談話，謂如于樞機不任校長，彼將不任董事長。

晚，吳德生夫人來電話，告以剛才有位蔡培火先生以電話請德生簽名，向教育部挽留于校長，德生因不知內情和于樞機意見如何？不便簽名。

我想明天的董事會將不簡單，在這種情形下我若出任校長，不合自己身份，所以決意不接受。

八月六日

午後三點，在主教團秘書處舉行董事會座談會。賈彥文主教和杜寶縉主教報告，上午于樞機會到主教團秘書處會晤幾位主教，蔣夫人的悉書也到主教團秘書處，秘書受夫人的委派，來請董事會慰留于校長。董事會又收到輔大校友會申請挽留于校長的信，也收到蔡培火委員和幾位立法委員監察委員向董事長蔣夫人請挽留于校長的信。大家便討論怎樣答覆蔣夫人。夫人曾經說明不參加也不干涉董事會的會議，但是今天她已明白表示態度。成主教提議在開會後，把開會經過呈報蔣夫人。我乃提議董事會慰留于校長。因既係中國禮貌，也爲答覆各方的請求。我們今派代表見于樞機，明天上午十一點再開會。

開始討論我的提議，有好幾位董事不贊成，但投票結果通過。

四點，舉行正式董事會，于斌樞機缺席，教育部派高教司長列席，賈主教代任秘書，艾大使主持。

開會後，賈主教即誦讀輔大改組方案。讀畢，沒有人發言，即行投票表決，全體贊成。改組方案的重要點，即總務、教務，訓導併合辦公，校長由三單位中選人負責。

賈主教續讀樞機辭輔大校長書，書謂聖座已接受他口頭辭職的表示，故正式向董事會提出辭職。

一分鐘全場靜默，沒有一人發言。我乃提議，以于校長十年來爲輔大復校勞苦功高，今日辭職，董事會宜予以慰留。又無人發言，遂舉行投票。

普通重要議決案，應有三分之二的贊成票。於是詢問周司長教育部法令有什麼規定，他答說法令只規定爲聘任新校長應有三分之二的票數，爲慰留校長法令沒有規定，因此過半數的票數便是夠了。周司長又報告鐘皎光部長的指示：第一輔大改組應及早完成。第二在改組時希望董事會看于校長十年來的功績，予以慰留，但部長決不願干涉輔大內政。教育部已經將上面兩件事由外交部通知駐教廷陳之邁大使，向教廷交涉，但尚未得回電。說完話，周司長遂退席。

董事會乃討論推選代表，往見于樞機。大家請成世光主教和蔡文興主教爲代表，又決定明天十一點繼續開會。

晚，我在公署宴馬肋拉樞機，邀請全體董事作陪。席間大家聽說于校長接受慰留，打消辭意，艾大使覺得很爲難，不知怎樣答覆教廷。

八月七日

上午，陪馬肋拉樞機參觀關帝廟，忠烈祠，陽明山。

十一點，繼續舉行董事會。教育部高教司長未來列席。大家先聽取兩位代表的報告，于樞機接受董事會的慰留，繼任校長，但在一年或六個月以後，他決定引退。

艾大使辭董事職，因教廷教育部指示教廷大使不宜任董事，但宜列席董事會會議。大家決議接受。

對于校長續任校長事，大家議論紛紛，甚無頭緒。最後由我從大家的意見中，綜合三點：第一接受于校長的諾言，續任校長期限由他決定。第二接受教務長辭職。第三新教務長最好爲一位神父。時已正午，主教團宴馬肋拉樞機，董事會乃停會。

午宴後，再開董事會，就我所綜合的三點，投票表決，全體贊成。艾大使報告香港徐誠主教請辭董事職，董事會因補選新董事，意見不同，未得結論。

董事會請賈主教教備文將會議結果，報告于樞機。

八月十九日

賈彥文主教來臺北參加牧靈講習會，往見于樞機。談話後，在會場告訴我說于樞機不接受董事會的決議。

九月二十八日

施蒙席（施森道教授，駐教廷大使館教務顧問）告訴我，外交部第一次來電，謂輔大校長事，乃教會內部事政府不願意表示意見，八月二十幾日外交部第二次來電，訓令陳大使向教廷交涉，保留于校長，教廷副國務卿耐里總主教（Sbne11）於八月末召見陳大使，措辭頗強硬，謂教廷爲輔大校長事考慮頗久，非爲攻擊于斌樞機，也非爲捧羅光總主教，乃爲輔大前途計，爲中國教會計，請中國政府不要干涉，教廷與中國政府，邦交素好，在國際上也常協助中國政府，故請不要爲輔大事，有損邦交。教廷所有決定，可暫緩執行，但不能作廢。

九月廿九日

在羅馬上午往見教廷教育部部長加倫樞機。加倫樞機說：聖部沒有意見迫于樞機辭校長職，也沒有意見迫我辭臺北總主教職，去就輔大校長職。但當時聖部認爲這種辦法，爲唯一可使輔大前進順利的辦法。于樞機的態度使他驚訝，因爲樞機從來不任校長。樞機地位崇高，宜任最高監督。可能中國社會不明瞭這種情形。

九月三十日

上午往見駐教廷陳之邁大使，談話一小時半。

陳大使說，教育部鍾部長是他的同鄉，可是這位同鄉怎麼不懂外交，爲什麼要干涉教會內部的事，外交部來兩次電報，第一次轉達教育部對輔大兩點要求，外交部在電文上特別說明，教會內部事，政府不願表示意見。第二次外交部則直接轉來教育部訓令，向教廷交涉，不更換輔大校長。陳大使大膽未遵訓令，沒有向教廷交涉。但是教廷國務院副國務卿彭耐里總主教在八月底召見他，說明關於輔大事，教廷很樂意輔大負責人遵守中國教育法令，這是教廷一貫政策，但對於校長更換或留，教廷希望中國教育部不直接干涉。教廷爲輔大校長事考慮很久，不是攻擊于樞機，不是捧羅總主教，乃是爲輔大前途計，爲中國教會計。教廷和中國政府邦交素來友善，在國際上教廷曾多次協助中國政府，故請中國政府不要爲輔大事有損邦交，教廷所有決定可以緩行，但不能作廢。副國卿措辭強硬。

陳大使說，他立即以長途電話報告外交部，後來寫信，外交部都沒有答覆。外交部現在係真空，部長和兩位次長都在外面。這次楊次長路過羅馬，當面催他注意，我們不能爲輔大事，使教廷對我們冷淡。

十月一日

上午，赴傳信部，見次長畢總主教。傳信部把責任推到教廷教育部。但是提議由我出任校長，乃傳信部覆教廷教育部所提。傳信部並沒有意思要我辭臺北總主教職。

十月三日

在羅馬上午十一點半，入梵蒂岡宮，覲見教宗保祿六世。我先談臺灣傳教情形，社會環境改變，物質享受增高，唯物思想頗盛行。應有多方面的文化工作，一方面響應中國政府復興固有道德，一方面使中國思想和基督福音相結合。

教宗說：這是你們的重大工作。我們的先祖，使希臘羅馬思想和福音相結合了，造成了歐洲文化，中國人的性格較比羅馬人更好。教宗隨即提到輔大現在有校長問題。

我答說：「于樞機和他的朋友們以爲他的辭職，有損樞機聲譽，且有人疑我爭校長職位。」

教宗說：「不是，于樞機曾經表示辭職，而且樞機地位高高在上，若任最高監督，高高在上，可以指導校務。你可以告訴于樞機說我們很看重他。我在他所處的環境中陞他爲樞機，表示我們對他的看重。這種心情我們沒有改。不過，他要懂得，人要過去，事業要存在，他要預備繼任的人。」

我說：「若我繼任校長他就不方便多管事。」

教宗說：「以你的身份和地位，任校長就是校長，一校不能有兩個頭腦。」

我說：「我願意繼續任臺北總主教而不任校長。」

教宗說：「任總主教為司牧，當然更好。我們對你最信任。而且可以說，因你有教會的精神，我們有點濫用對你的信任，在教會需要時，我們敢向你要求犧牲。」

我說：「于樞機最近要來羅馬開會。」

教宗說：「我們將訓令教育部和他重新研究這事。我們也將在他來見時，替你作解釋，使他不要誤會。」

我便換了話題，談年輕的外籍傳教士應有特別訓練，要有傳福音的熱忱。現在新來的傳教士，不講宣傳福音了，不行彌撒，不祈禱，給我們帶來許多問題。新的思想有的很好，但不都適合中國環境。

教宗說將訓令傳信部設法，也囑咐我跟傳信部次長談一談。

我與教宗已談二十多分鐘，秘書已開了一次門、我乃求教宗祝福，辭別出廳。

十月六日

在羅馬陳之邁大使來寓所相訪，向我說昨日他收到外交部覆電，言輔大已按照教育法令改組，政府表示滿意。至於校長辭或新聘，由董事會作主，政府按法承認。此次于校長辭職，董事會慰留。將來如何，都由董事會定奪，政府不干涉。惟最高監督一名，在教育法令上無文。陳大使以爲這種名稱問題，容易解決。

十月七日

正午十二點半，往見副常務國務卿彭耐里總主教，彼說教宗所批准的事，必要實行。于樞機辭校長職和羅總主教任校長，乃已定之事，不可改變，可改變的乃是實行的時間移後。我答以于樞機最近要來羅馬開會，一切的事都請教育部和他商量，不要把我夾在中間，進退爲難。我並不是怕犧牲，是怕事情弄不清楚，招得滿天譏諷。

我換了話題，乃談拜訪的真正題目，因爲艾大使調任，外面傳說教廷將遲延任命新大使，這事若屬實，則影響我國政府在國際的聲譽。

副國務卿說：絕沒有這事，而且爲破除外面的傳說，教廷將很快任命新大使。

民國六十年

六月卅日

上午，十點舉行輔大董事會，沒有請教廷大使列席。會中討論兩董事出缺，即是艾大使和費濟時監牧辭董事職，應選遞補人。票選結果，賈彥文主教和朱勵德神父當選，教廷大使所遺常務董事一職，票選我遞補。對於董事會組織，蔣百鍊神父提議不宜由校長任董事會會議主席，董事會秘書不宜由校長秘書充任。董事名額中應增加三單位的名額。我也提議應給予文學院神父一名董事。于樞機答覆俟下次改選時再議

十月十三日

上午，偕王愈榮、郭飛兩位神父，往教廷大使館拜訪葛錫迪大使。大使交我一信，回公署後，開閱大使的信，乃是關於輔仁大學事。葛大使轉來教廷教育部改組輔大董事會的方案，十五名董事中，主教團六名，三單位九名（每一單位三名）。這是去年的舊案。關於校長事，教育部採納我去年的建議，由三單位的一位教授神父輪流擔任。于樞機任最高監督。葛大使詢問我的意見。

十月廿日

午後四點，到教廷大使館面送我的答覆，詳談問題的真相。大使和我都認爲乘于樞機在羅馬開會之時，教廷教育部宜和他直接商量。

民國六十一年

六月廿七日

上午十時，教廷大使館臨時代辦柏節蒙席召集輔大內部改組座談事，座談會在輔大理學

院會議室舉行，由于斌樞機主持。我出席會議。

柏節蒙席說明教廷教育部最近寄的到訓本，請大家發表意見。討論一小時半，大家同意五項原則：

（1）輔大由三單位合辦，保持聯合Confederation之性質。

（2）董事會組織十五人：主教團六人，三單位九人（每一單位三人）。臺北總主教因地區關係，常爲董事會董事。

（3）校長：在可能範圍內，由三單位輪流推人擔任，由董事會呈請教廷批准。

（4）三長（總務，教務，訓導）在原則上由校長從三單位之中選任之，實際不能時，校長則自行選任。

（5）常務董事每年開會一次。

決議，由于樞機主教與聖言會和耶穌會代表簽下上述五項原則送呈教廷教育部批准。

（按教廷教育部立即批准，輔大內部組織問題乃得結束。）

二、任命繼承人

民國六十六年

九月十六日

抵羅馬爲參加無信仰委員會全體會議，寓於盧森堡修女院，一天休息。

九月十七日

往傳信部，拜訪部長羅西樞機，羅西樞機自動告訴我：輔大應成爲一天主教牧靈的中心，發揚福音精神。傳信部已函高理耀副國務卿，請呈報教宗，在于斌樞機晉見時，教宗親自指示于樞機退休。繼任校長應爲一位主教。

九月廿一日

訪高理耀副國務卿，高副國務卿說因傳信部之請，已呈報教宗，請當面指示于樞機退休，繼任者應爲聖職員。

九月二十五日

于樞機在電話中告訴我，昨天他晉見教宗，談話三刻鐘，先報告台灣現狀，後請教宗爲紀念庇護第十一世反共通諭五十年，再頒發反共文告，因外面有多位法國主教等候晉見，教宗乃對他說有事要說，須再見面一次。

九月廿八日

中秋節陳之邁大使晚間宴于斌樞機。郭總主教、狄剛主教及我應邀作陪，另有高副國務卿，國務院中國司長Diaz蒙席，傳信部中國司長Luiololoni司長在座。

敘後，高副國務卿告訴我，在于樞機晉見教宗時，他獨自講了三刻鐘，沒有讓教宗有機會提出輔大問題，但教宗最後告訴他將再見一次。郭總主教後來向我說，他聽到羅西樞機向他說了和向我所說的同樣的事。

十月四日

于樞機、郭總主教和我，合宴陳之邁大使，賀他的七十大壽。

十月十日

午後三點半，在天神之后聖堂，爲羅馬華僑行祭，慶祝國慶。

彌撒後，參加陳之邁大使招待外賓的國慶酒會，酒會中，高副國務卿告訴我說：于樞機已第三次晉見教宗，教宗明白指示于樞機退休，繼任人應的聖職員。

十月十二日

我搭機回台北。

十月十三日

晚，教廷代辦陶蒙席約到大使館兩人共用晚餐。陶代辦打聽中國新派駐教廷大使周書楷博士的生活情形。

陶代辦又說：于樞機告訴他曾兩次（九月廿四日、十月二日）晉見教宗。教宗說明繼任校長應是聖職員，于樞機向教宗說前幾年聖父曾說繼任校長可以是教友。教宗答說當時曾這樣說過，但現在環境不同，繼任人應是一位主教或一位可以升主教的神父。

于樞機告訴陶代辦，說明年總統選舉以後，他將向教育部探聽對於繼任校長的意見。

民國七十七年

二月十三日

中午陶代辦邀往使館午餐，飯後陶代辦提出一些問題，教廷畢聶多里樞機訪華會羅馬傳信大學中國問題中心主任事，最後陶代辦談到了輔大校長事，他已經個別與輔大九位董事談話，七位要羅總主教出任校長，兩位想由狄主教出任，他將再看其他四位董事，將結果報告教廷，先將報告呈于樞機一閱。

今晨，彌撒後，我忽然想到輔大事，（因陶代辦邀宴）。我問主說是不是將出任校長，主答說該去。我說辭總主教不是一種羞辱嗎？主說：就要這一點羞辱。

二月二十七日

中午，往教廷大使館，與陶代表談論一些事件，並討論兩個問題，輔大校長問題也在內。

四月六日

晚，在教廷大使館晚餐，和陶代辦談到輔大校長問題，他說有兩項困難：第一，于斌樞機似尚不願退休，第二，董事們不全體同意請我任校長。我說，若有第二人可以任校長，我便不必出任校長，我出任校長乃是一種犧牲，如沒有必要，我何必犧牲台北總主教身份，陶代辦也同意。

四月廿五日

往教廷大使館晚餐。飯後，與陶代辦談輔大校長事。陶代辦說前兩天至新竹和台中，聽說神父都批評于樞機政治活動。月之十八日，于樞機至大使館談話，因傳信部來函，又促于樞機辭職。于樞機曾許下在總統選舉後，採取辭職行動。于樞機說代辦早日探詢董事意見，以董事所提一名，請教育部表示意見，以後董事會才選舉，再報教廷核准，於今年畢業典禮時宣佈。陶代辦以一密封紙匣，分請董事投票，他說他有信心，在十四位董事中，將有十人或十一人投我的票。我答說：向教育部祇有申請選舉備案或事先詢問教育部對被提名者有無異議，但不宜詢問教育部贊成何人，免開惡例。在五月廿五廿六，主教會議前後，祇有大家投票推選纔接受，若第一次投票，不到法定票數，我決不接受由第二次投票所選。再者，我也不辭台北總主教職，免得將來別人對我像對于樞機一樣，催著辭職。

四月廿八日

中午，陶代辦餞別耶穌會朱夢泉神父，邀我作陪，飯後，陶代辦向我說在一星期內，使輔大董事都個別投票（為採詢意見）結果以電報報告教廷國務院，由高理耀副國務卿面告周書楷大使，由周大使報知中國外交部，再轉教育部。

五月十五日

上午，十一點，在大使館和陶代辦談輔大校長事，我投票，尚缺鄭主教投票。陶代辦認為事情也可說是就緒。俟鄭主教票來，即招龔神父一同開票，然後報告教廷，再與于樞機談話。

五月十八日

中午，應主教團秘書處午餐，歡迎葛錫迪大使，陶代辦向我說：董事會秘密投票，最大多數推我出掌輔大。現在祇看于樞機決定召開董事會，他已告訴于樞機開董事會，向教育部祇以董事會所選者向教育部備案。

五月二十九日

上午，到大使館賀陶懷德代辦任駐盧甘達大使。他大約在七月中離開台北，但在離職以前，要把輔大校長和台北新總主教兩事辦妥。但是于斌樞機不打算馬上開董事會，他想逼催，他已發表新職，已無所顧慮。

五月卅一日

晚餐後，狄剛主教來訪，述說剛纔和于斌樞機的談話，他是受陶代辦的託付，往見于樞機談輔大校長事。于樞機說他要辭職，他也贊成羅總主教繼任。于樞機說羅總主教說話直爽，政府以前有點誤會，現在很好，這幾年在台北做的也好。于樞機說已向張寶樹秘書長說過要辭職，請張祕書長請示總統。

六月五日

外交部錢復次長來訪，出示周書楷大使之電，言教廷副國務卿高總主教說明輔大校長事，請于樞機辭職，由羅光總主教繼任，請政府協助。錢次長說明在外交部檔案處所有民國六十年有關文件，尙不明白事件眞相，我說明民國六十年及去年到今年的經過，兩人商討辦法，外交部將呈報蔣總統，通知教育部和張寶樹秘書長。

六月二十六日

中午，往教廷大使館，知陶代辦商量七月三日送別事。陶代辦談輔大校長事，于樞機至今沒有表示。陶代辦已於先期往見教育部朱部長，部長答應祇要董事會的推薦，教育部決無問題。教廷副國務卿和教廷教育部長都來函詢問事件發展如何。

七月一日

進入祈禱階段，求天主賞賜聖神，求聖母協助，使能好好辦妥輔大和台北教區的移轉手續。特別求聖神光照和聖母助佑，能好好盡校長的職責，也能有一位賢明來繼任台北總主教。

七月三日

中午，十一點，在友倫樓參加陶代辦之彌撒，爲陶代辦餞別。我選擇他的主保節，請他行祭，祭後聚餐。我邀請本教區神父、修會和教友代表參加，約一百人，于樞機和郭總主教都到。

七月十二日

傍晚，去飛機場迎接教廷新代辦吉立友蒙席。吉代辦身材高，面黑，頭上沒頭髮，像義大利人，他是馬爾大人。

七月十三日

晚，在中國飯店設宴，歡迎吉代辦，送別陶代辦。于樞機、郭總主教、鐘總主教（馬來西亞）、茅主教、美國邁阿密區總主教等作陪。

七月十四日

赴飛機場，送陶代辦離台赴羅馬受祝聖爲主教，往盧甘達大使住所。他說爲輔大校長事盡最大努力，促成于樞機辭職。今天在飛機場又說，一切報告都寫好了，祗等新代辦電告董事會結果，即由教宗決定一切。

七月十五日

上午，十點，在中國飯店舉行輔大董事會，董事十二人，有二人缺席，因俱在國外，于樞機辭校長職，董事會接受，選聘新校長，以提名式選舉，臨時主席郭總主教提羅光總主教，我乃退席，董事會投票，全體贊成。又改組董事會，推蔣夫人美齡繼任董事長，我辭董事職，于樞機任董事。聚餐後，文學院的主教們集會，于樞機建議我兼任文學院院長，我提議李震神父任教務長，于樞機不贊成。

七月十九日

午後，于斌樞機來電話，談話很久，他已許林棟教務長和龔士榮祕書長辭職，他對我所提教務長，夜間部主任和訓導長的人選都有意見。

八月二日

十點，于斌樞機辦輔大校長交接典禮，由郭若石總主教主持監交。典禮中，我致詞。典禮畢，我往看校長辦公室和文學院院長辦公室。

八月三日

與李震神父通電話，告以請他任祕書長，大家都希望他來。我想以夜間部主任予薛保綸神父以安聖言會神父之心。

三、校長任期已滿

民國七十九年七月二十三日

上午，在輔大。

裴代辦來談話，出示一函傳信部長董可樞機問余之繼任人，是否應是主教。因余任期已滿，在可換校長時，故有此問，對余在校之工作，極表感激，余告以在半年前，與三單位代表開會，詢問彼等此事，彼等答仍以主教繼任爲宜，余表示本人意見亦如是。

（按本年正月十日日記，上午，在輔大，主持參議會（三單位代表會議）：余又同三單位商討校長繼任人選，大家俱認為仍以主教擔任為宜，單、狄、王，三位主教俱可考慮之。）

七月二十六日

函覆裴代辦，說明本年正月十日參議會之共識。余留任一年，爲建立醫學院，現已成立，隨時可去職，只待新校長人選已定。

八月九日

在輔大答覆裴代辦來函詢問繼任校長人選之資格問題。

（按教育部規定，須有大學教授資格，但余謂如一位主教雖無此資格，余將與教育部妥商。）

八月廿日

上午，在輔大

邀三單位代表，分別談繼任校長人選事，因斐代辦函詢三單位意見，余供彼等函覆，同時余亦函覆斐代辦。

九月廿四日

在輔大，龔士榮神父（董事會祕書）來見，商定董事會開會日期，日期定於蔣復璁院士殯禮之前一天，避免主教等近期來台北兩次，決定余在董事會提出議案，留任二年，爲建立醫學院，請追認並遴選繼任人，如繼任人選能早定，余亦願於下學期初即退休，教務長朱秉欣神父來，請勿公開退休事，亦不在董事會提。

十月十日

午後，三點半，單主教（主教團主席）來天母牧盧，堅勸在董事會勿提辭職，俟主教團有可任校長之主教時，始辭。主教團選任新主教時，將注意此事，余謂恐旁人以余戀棧，結論，不辭。

十月十二日

午後，董事會開會。（昨日余已告董事會祕書處撤消關於余辭職之提案），最後余以英語說明：已與代辦妥適，（彼在座）請傳信部選派繼任人選，無人能想余戀棧。

輔仁大學的教育理想和現況

一、

在我的《哲學與生活》的一冊書裡，收有我的一篇演講詞：「天主教學校的目標和應有的特色」這篇演講是在民國七十年（一九八一年）對台灣天主教中小學校長和主任所講的，後在益世雜誌上發表，又收集在我那冊書裡。

那篇演講的大意，是根據第二屆梵蒂岡大公會議的「教會教育宣言」和教廷教育部在一九七二年公佈的「多元社會中的天主教學校」兩種文件而作的。

「教會教育宣言」標明教育的目標，爲人格教育；天主教學校教育，則進一步使領洗的教友青年，逐漸認識救世的奧蹟，以度具有正義和聖德的新生活。（第七節和第九節）

「多元社會中的天主教學校」在第三十三節裡指出教會學校應該是教會和基督的標誌和見證，以確保教會在教外社會裡的存在，且爲教會在知識份子中活動的媒介。

一九七八年八月二日，我接任輔仁大學校長，在當天的交接典禮中，我在致詞裡說明了我的教育理念：

「今天我懷著安定的心來接受職務，我穿的禮服是主教禮服。這表示我以主教的身份來任校長。主教照基督的訓示乃是牧人，牧人要用愛心照顧自己的羊群，使羊有水喝，有草吃；而且基督說牧人要能為羊捨命。我們校長不是同普通校長一樣，我是用牧人的愛心來辦教育。」

「第二屆梵蒂岡大公會議的教育宣言，以人格教育為教育的目標。輔仁大學將本著這種目標向前邁進，培育青年學生立己立人，具有高尚的人格。全校的學生知道自重，也知道自動；全校教師以身教言教，引導學生上進。智識固然重要，做人之道更重要。中國古代所謂尊師重道，就是老師以做人之道教訓學生，學生乃能尊敬老師而實踐做人之道。」

二、

輔仁大學名爲天主教大學，實際上在一萬五千多位的學生中，祇有五百位天主教教友；

在一千一百位教師中，祇有一百五十位左右天主教教師。在這個數目中，幸而能有五十位左右的神父和二十位左右的修女。中華民國的教育法不允以宗教課爲必修課，也不允學校強迫學生參加宗教儀禮。

在這樣的具體環境裡，爲表現天主教教學的理想，輔仁大學乃有幾項教育原則。

（一）學校是開放的：輔仁大學收納各宗教或無信仰的教師和學生；唯一的條件是教師不要在教室講書時，公開攻擊天主教。在行政方面輔仁也是開放的，教師選擇代表組織教務，訓導，總務三小組委員會，研究有關問題，向校長提出建議，校長將建議交校務會議討論。校務會議按大學法已經有教授代表參加，現在輔大也有學生代表參加，學校行政會議和訓育會議，按法沒有教師和學生代表，輔大則有他們兩方面代表參加。

（二）人格教育：輔仁大學從復校開始時，就有「人生哲學」一課爲全校各系的必修課，講授人生之道。近年因科技教育非常發達，理工和管理學院的系主任中多位向校長要求放棄「人生哲學」課，校長沒有答應，且自動到大傳系教了一堂「人生哲學」，又寫了一冊《人生哲學》書，供全校師生的參考。

（三）愛心教育：輔大設有學生輔導中心，以心理輔導方法協助學生認識自己；又要求每位專任教授擔任導師，輔導學生的學業和人格修養，另外要求任教的神父和修女，以言教和身教，輔導學生。

（四）自主教育：台灣的中學生，從初中到高中，六年裡天天爲聯招的考試上補習課，背死書。到了大學沒有補習的壓力了，可以自由安排自己的時間。輔大鼓勵他們組織社團，自動計劃社團的活動，日間部有一百二十個社團，夜間部有四十九個社團，每個社團選舉負責人。

三年前，輔仁開設「哲學概論」課，爲各系必修課，以訓練學生的思考方法。留美國的中國學人常批評台灣大學生不善於思考，原因是在中學祇學背書。

（五）宗教輔導處：天主教學生組織同學會，有要理班、歌詠團、聖經班、禮儀輔導。同學又組織醒新社和同舟社，邀教友同學參加，兩社各五百多位社員，從事校外的社區工作，協助盲人院和瘋瘋病院的病人。

多位神父和修女開設要理班，給教友學生願意聽道者講要理。學校每年舉辦一次宗教週，每年一次舉行敬天祭祖彌撒，供教友學生參與。但每年領洗者不多，僅十餘人。

（六）學術研究：一方面重視思想教育，編印天主教思想書，供全校師生參考。一方面發展其他學校沒有的學系和研究所。以輔大私立學校的人力和財力，不能和國立學校在所有課目上競爭，但是選定我們學校所長而別校所短的學科，盡力發揮。例如輔大的哲學系、體育系和外語學院，較比他校都要好，又如大眾傳播系、織品服裝系，別的大學都沒有，我們可以招到以第一志願考進的學生。又如今年開始的宗教學研究所和翻譯學研究所，也是台灣大學中的創舉。我們正在籌備設立中西文化研究中心，設博士班研究員。這些學科的研究造成輔大的特色。

三、

輔大普遍地被稱爲校園美麗的大學，又被視爲校規嚴肅和校風嚴肅的大學。但是要按歐美天主教大學的標準，作爲天主教思想的重鎮，福音精神的中心，輔仁大學則距離這種標準很遠，然而在教外的國家內，在教育法不允許宗教教育的情況下，輔仁大學還可以達到教廷教育部部令所說：確定天主教會在自由中國是存在，又能爲天主教會在自由中國智識份子的活動作媒介。

急需推動全民倫理教育

一、全民倫理教育

「一清運動」，掃黑掃黃，雷厲風行，已見效果，使社會裡的暴力罪行減少。然而這是治標的行動。積極治本之道則為倫理教育。孔子曾說：「道之以政，齊之以刑，民免而無恥；道之以德，齊之以禮，有恥且格。」（論語為政）誰不明白這種道理？政府和社會人士，不是共同倡導加強倫理教育？效果怎樣？若是有效果，便不必麻煩刑警去進行一清運動了。

本月一日晚間我陪美國漢學家狄白里教授用晚餐，席間談起倫理教育問題。他剛從新加坡來，李光耀政府請他去討論儒家倫理的問題。他說倫理教育可說是全球性的問題。李光耀總理希望新加坡國民，每人都有一種宗教信仰，都能接受他們所信仰的宗教倫理。華僑雖沒有孔教，但應受儒家倫理教育。

新加坡繼承英國人的傳統，為一法治國家，政府有威信，國民守法律。李光耀總理制定倫理政策，政府切實執行，民眾忠實履行。

我們政府爲推行倫理教育，不能靠幾本公民教科書，更不能靠幾句響亮的口號和標語，也不宜專事仰賴總統的昭示。內政部應有一個負責國民生活輔導的司或組，具有實權，和教育部及中央社工會，共同商訂國民生活基本禮儀和基本道德。透過學校負責人、工商界和婦女界負責人、新聞教育學會、電視電影協會、以及各宗教團體，共同宣傳，共同執行。

孔子曾說：「政者，正也。子帥以正，孰敢不正？」（論語 顏淵）「苟正其身矣，於從政乎何有？不能正其身，如正人何？」（論語 子路）宣傳和執行倫理教育的人員，本人的倫理道德，該當能作人師表。徒說而不行，效果適得其反。目前，學校的學生，所以不尊師重道，就是老師既不教學生做人之道，也並不常有心願意作學生的表率。

倫理教育的第一步，在於教民守禮。義大利人常罵一個沒有禮貌的人爲沒有受過教育，禮貌爲倫理教育的第一種表現。我們古代的禮儀，可以說是繁文縟節，不適合現代的生活。但是像胡適之喊打倒禮教，廢除一切禮儀，也失之偏頗。今天不少中國人，穿衣吃飯，赴宴開會竟不懂一點禮規。僅僅在結婚上仿效了西洋習俗，有一種結婚儀式而喪禮則千篇一律的公祭，國葬典禮既沒有，各等有功於國家的喪禮也缺，殯儀館裡嘈嘈嚷嚷，一點哀傷的氣氛都見不到，若是孔子生在今日，一定要說：「是可忍也孰不可忍也！」（論語 八佾）墓地塋山，一條法律都沒有；形成死人和生人爭天下，臺北市在五十年後，將爲墳山所包圍，將來要整理市容，誰敢去挖祖墳！

倫理教育的第二步，應有幾項具體而簡明的規律，告示人們何者可做，何者不可做。當然每人都有自己的良心，每做一事，良心約束人們的行動。但是王陽明所講的知行合一，則要看享有自由的人，願不願聽良心的告誡。《中庸》說：「誠者，天之道也；誠之者，人之道也。」（第二十章）人不是自然誠於良心天理，要自己努力去「誠之」，倫理教育便應昭告社會大眾幾項基本的規律。這些基本規律，並不須聘請專家去制訂，只要從傳統的倫理道德中選擇最合時宜，又最迫切的幾項，標示社會就可以了。天主教和基督教有十誡，佛教有五誡，別的宗教也都有自己的誡律。宗教的誡律，就是基本倫理規律。

中國古代的法學原則，是君主制法，聖天造禮。禮乃倫理規律，由心無私慾的聖人制定。我們目前定倫理基本規律，不必向立法院提出草案，而是用社會已認定的規律。例如：不侮辱父母、不偷盜、不姦淫、不騙人以求私利等，這些簡單的戒律已經存在社會人心，祇要提出而促人執行，不遵守的人，社會群起而予以制裁，中國傳統固然有所謂八德，或禮義廉恥四維，但是這些德名過於抽象，人們看著，心中引不起任何印象。

倫理教育的第三步，應由全國一致推行，政府有一專責機構策劃和督促，全國各階層應同心合作，具體實踐。通常大家提倡倫理教育，只是催促學校加強倫理教育。不用說現在各級學校的倫理教育缺乏具體計劃，但是，就算學校把倫理教育辦好，社會和家庭卻反倫理而行，學校倫理教育的努力，必完全被抵消。今年三民主義統一中國大同盟決定本年的首要工作爲宣揚倫理，首先邀各縣市政府公務人員座談，然後請各行業的會員座談。既然有了這一種好的行動，爲什麼別的組織，例如全民自強協會、婦女反共聯合會、青年反共救國團，還有各宗教的團體，不能同時進行宣揚倫理呢？大家都深深體驗到社會道德若繼續淪落下去，將來亡國的，是我們社會的荒淫和暴力，摧毀了奮鬥的意志，經不起共黨的一擊。因此，大家便應通力合作，政府和社會人士，同下決心，努力以赴。

二、宗教教育

從倫理教育自然講到宗教教育，因爲倫理要有宗教信仰作基礎。先總統 蔣公曾說每個人都要有宗教信仰，新加坡李光耀總理也希望每個國民接受宗教教育。但是，我研究民國以來的中國思想史，便知道從民國初年開始，有影響力的知識份子，常輕視宗教，如章太炎、熊十力、陳獨秀、吳敬恆、蔡元培、胡適、丁文江，而且當時大學生曾有反對宗教的宣言。他們認爲中國傳統的宗教是迷信，西洋傳來的宗教乃是列強侵略的工具，中國所急需的在於科學，科學則反對宗教，這種反宗教思想的趨勢，把宗教排擠在教育以外，私立學校法明文禁止以宗教爲必修課，不得使學生參加宗教儀禮。教育部承認國外大學院校的各種文憑，但把神學碩士和博士文憑除外。

亞洲別的國家卻都看重宗教教育，日本、韓國有佛教大學，有天主教大學的神學院。香港有兩百多所天主教中小學校，都教授宗教教義，這些國家的國民，知道守法，青年知道上進，而我們現在深感隱憂，很多國民不分是非，祇知私人利益，不擇手段逃避法律只求自己享受。

中國的學人和專家則說，中國歷代的教育就沒有宗教教育。傳統的倫理爲儒家的五倫，五倫的標準在於人性。《中庸》說：「天命之謂性，率性之謂道，修道之謂教。」《大學》也說：「大學之道，在明明德，在親民，在止於至善。」《大學》的修身方法：「欲修其身者，先正其心。欲正其心者，先誠其意。欲誠其意者，先致其知。致知在格物。」從來沒有提到宗教信仰，儒家的哲學不包括宗教，儒家倫理的基，在於人性天理。

但是，我研究中國哲學，寫了八冊系列的中國哲學思想史，我的結論是儒家的倫理，若沒有《書經》和《詩經》的上天信仰，就要整個崩潰，就如民國以來所表現的現象。中國歷代哲學家，以宗教信仰爲人和神靈的關係，不像西洋的宗教信仰包括一個人的整體生活。然而儒家的倫理，是以「天命」爲基礎，「天人合一」爲目標，「天操賞罰」爲動力，每個人都敬天敬祖，何況祭天為國家的大典，祭祖為家族的重禮。所以在最近幾次國際中國哲學研究會，留居美國的學人陳榮捷和杜維明兩教授都強調必須講授中國宗教信仰。

現在，私立學校法修改了，禁止以宗教為必修課的文字取消了，加上在私立大學內可以設宗教學院的條文，這是因為歷屆的國建會都有學人提議開放宗教教育。行政院指示教育部，教育部要求輔仁大學在哲學系試辦宗教課。今年，輔仁大學正式向教育部申請設立宗教學院，將原有附設的神學院改制。輔大原有附設的神學院按國際各大學神學院的慣例而設立，祇因我國教育法不承認神學院，故不能成為輔大的正式學院。若論國際各大學神學院的制度，則歷史久遠，遍及全球。祇有我國的教育專家認為神學不算學術，天主教要培植教士何必在大學開課。他們卻不想，若不認識天主教的教義，怎樣可以明瞭歐洲的文化和思想史？就如誰不認識儒家哲學怎樣可以明瞭中國的文化和思想呢？教育專家們又以為宗教學院應為研究一般宗教哲學和宗教史，不能只開天主教神學系，然而，私立學校法允許私立學校設立宗教學院，用意是允許創辦私立大學的宗教團體，可以在大學研究自己的宗教教義，何況天主教神學在歐美大學早已成為正式學系或學院。我們的教育制度已經過於呆板，過於硬化、沒有彈性，更不必說考試的壓力，造成一輩死背書的青年，幸而中國人是一個聰明的民族，青年人畢業後還知道適應社會需要。

在提倡加強倫理教育的今天，開放宗教教育，祇有益，不會有害。「宗教反對科學」、「科學反對宗教信仰」，在歐美已經成爲陳舊的濫調，不必抄襲。《論語》上有子曰：「其爲人也孝弟，而好犯上者，鮮矣！不好犯上，而好作亂者，未之有也。」（學而）我可以說：「一個人具有虔誠的宗教信仰，而殺人盜竊，絕對不會有」。

先總統　蔣公所指示的倫理教育

一、倫理教育的重要

先總統　蔣公最注重國民倫理道德，這是大家所知道的。蔣公說：「三民主義之本質爲倫理、民主、科學。」(一)

「三民主義是以倫理、民主、科學為內涵的。」(二)

目前，我們社會所講的是民主，政府所計劃的是科學，大家卻把倫理忘了。說是忘了，大家都不承認，因爲政府人員和社會人士目前都在喊復興倫理道德，然而政府沒有具體的推行計劃，社會人士也沒有實際去進行，大家都只有痛心疾首地看著社會倫理天天向下，不知道從哪裡下手去挽救。

我們想挽救的方法，最重要的是在學校教育。中國傳統的教育，本來就是倫理教育，是在教人做人：「大學之道，在明明德，在親民，在止於至善。」《大學》一書又指出實際修身的步驟，在於正心、誠意、格物、致知。

在以往，讀書的人不多，受過倫理教育的人就很少，但是每一個人在家裡都受過家庭的教育。家庭的教育，也就是倫理教育。在衣食住行的平日生活上，父母教誨子女何者可做，何者不可做，每個人從小就知道辨別是非，就知道行善避惡。目前，大家庭變成了小家庭，父母都到外面工作。子女不單是很少時間看到父親，連看到母親的時間都不多，父母已經沒有時間教育子女，而且也不懂青年人心裡，不知道怎樣教育子女，把小孩子從三歲起就送入幼稚園，然後進小學、進國民中學、進高中、再進大學。子女一切的教育都靠學校去做，因此今天我們從事學校教育工作的，還要代替學生的父母來教育他們。蔣公說：「學校是家庭與社會之間的橋樑。」㈢

學校在那一方面，可以而且應該做家庭與社會之間的橋樑？即是在倫理教育，學校教青年好好做人，在家庭好好做人，在社會好好做人。蔣公說：

「教育是什麼？就是教人做人與成功立業的手段。」㈣

蔣公一生從政最注重教育，在他的言論裡講到教育的言論非常多，但有幾種是他對教育的基本思想，這幾種言論是：「國父遺教概要第四講，心理建設之要義」、「反共抗俄第五章，三民主義的哲學觀點」、「軍人精神教育之要義（二）」、「今後教育的基本方針」、「青年團工作根本要旨」、「哲學與教育對於青年的關係」、「革命教育的基礎」，對國民小學「生活與倫理」課程，國中「公民與道德」課程的指示，我就根據上面的八種文件，講述蔣公對倫理教育的指示，在講述時，理論方面我將不多講，因爲大家都知道學校倫理的重要，我將從實行方面，講述先總統的指示，以便我們遵從實行。

二、教師必先實踐倫理

古代的教育，最重要的，在於「尊師重道」，教師以言以行，教導學生做人，教師所講的，首先是好好做人之道：教師所行的，是實踐好好做人之道，教師乃是學生的模範，是學生的師表。蔣公講學校倫理教育，首先要校長和教師們實踐倫理道德，以點化青年學生：

「講到現在一般學校校長，教職員的實際情形，固然有許多都是極負責、極努力，能夠領導一般青年學生，使他們安心求學，切實上進，……這當然是很好的成績。但是大家要知道，自古以來，國家之存亡與民族

蔣公又說:

之盛衰,責任完全在於教育界。……所以我們一般校長與教職員,絕不可祇存著維持現狀的消極心理,拿學校教育做為我們個人謀生的業務,始終祇在人事上應付,甚至迎合學生的心理,事事討好學生,那就根本違反了教育的宗旨。我們辦理教育,一定先要知道教育的根本意義,在於變化氣質、完成青年健全的人格。……古人所謂「聖神功化」,這個化字,是立己立人一切的基礎,就是教育的能事,原來教育事業即是神聖的事業,亦即聖賢的事業,惟聖賢纔能感化他人,纔能使一般受教育者循乎正道,完滿教育,以達聖神功化的極致。……這不僅外國如此,就是在我們國內,各友邦人士所主辦的教會學校,有許多都能充分表現這種精神與特點,能夠運用精神感化,來達到變化氣質的目的,……但是我們要感化人,要變化青年的氣質,就必先變化我們自己的氣質,然後教人纔有功效。如果我們自己的氣質都不能變化,而就要使一般青年學生所無依據和效法,而且受到種種不良的感應,我們的教育就要完全歸於失敗。」(五)

「我們對教育界人士，固然不應當苛求責備，……學記上說：『凡學之道，嚴師為難，師嚴然後道尊，道尊然後民知進學。』這所謂師嚴之嚴，並不是夏楚之威，執朴之施的末技，乃是說為教師者，必須嚴於自律，而後師道乃尊。所以今天我們要昌明教育，必先確立師資，師資本身有了可尊之道，學生青年和一般民眾自然相觀而善。」㈥

倫理教育的第一步，也是第一個條件，在於教師具有道德、品格高、人格健全，在以往中國的傳統教育都以師道爲要，教師本人實踐倫理規律，然後乃能教導學生敦品修行，建立人格。現在學校的教育，以知識爲主，而且以考試爲主，教師不注重人格的陶冶，學生更不注重陶冶人格了。因此倫理教育的根基，在於師範教育。在培植教師的學校裡，應特別培養學生的人格，給他們講人生哲學，使這些將來爲人師的人，有正確的人生觀，有克制情慾的勇氣，有堅強的意志。我們天主教的學校應給教師們有反省自己人格的機會，互相勉勵，就如天主教老師的退省，或全校老師倫理修身的座談會。

三、簡明的倫理規範

先總統　蔣公很注意爲提倡倫理教育，爲教導學生去實踐倫理道德，一定要給學生們一種簡單明瞭的規範，使學生知道在實際上怎麼去做。蔣公在「今後教育的基本方針」上，說明：「第二件事，我們要陶冶國民人格，必須有一致的目標，在訓育上要提舉簡單而共通的要目。……我個人的意見，認爲總理忠孝仁愛信義和平的八德，以及黨員守則，可訂爲青年守則，一致信守以外，所有全國各級學校，可以禮義廉恥四字爲共通的校訓。這四個字既簡單而又通行，包含了我國固有國民行爲的基準，也包含了近代國民必具的品格。」(七)

所謂黨員守則，是　蔣公在《國父遺教概要》第四講〈心理建設之要義〉所講的。在那一講裡，　蔣公說清朝康熙皇帝曾定「聖諭十六條」，十六條聖諭條條加有解釋，成爲《聖諭廣訓》一書，這本書舉出十六條倫理規範，作爲全國人民的倫理教本。當時凡是參加科舉考試的人都要讀過這本書，凡考中的人都要向民眾講解十六條聖諭。蔣公乃手訂童子軍守則十二條：

一、忠勇爲愛國之本。

二、孝順爲齊家之本。

三、仁愛爲接物之本。
四、信義爲立業之本。
五、和平爲處世之本。
六、禮節爲治事之本。
七、服從爲負責之本。
八、勞動爲服務之本。
九、整潔爲治身之本。
十、助人爲快樂之本。
十一、學問爲濟世之本。
十二、有恆爲成功之本。

蔣公對於各條，都加有簡單的解釋，這十二條童子軍守則，經中國國民黨第五次全國代表大會定爲黨員守則，這十二則現在也常用爲學校倫理教育的根據或教本，但是對於國民小學和國民中學的學生，還嫌過於抽象。蔣公在對國民小學和中學的倫理教育課本所作指示，則更簡單、更具體，從食、衣、住、行、育、樂，的日常生活方面，指出具體的規則，這些規則現在有些作成標語，貼在學校的牆上，有些收集在《國民生活規範》的小冊裡。我看這篇指示並不長，若能印成小冊子，發給學生，作爲學生生活規範，必定可以收效，輔仁大學今年給學生分發一本小冊子，作爲禮儀生活的手冊。我們天主教中學可以共同編一冊生活手冊，把蔣公的指示以及天主教聖經的指示，簡單明瞭列舉出來，作爲倫理教育手冊，必定更能收效。

但是，單有具體的條文，在教育上效果不能深入人心，必定要同時以簡單的哲學理論，予以講解。我們要求學生去做，便要給學生講解爲什麼要去做，歐美學校從小學就開始哲學教育，對倫理生活教育就講哲學。蔣公曾在「哲學與教育對於青年的關係」，指出目前中國教育忽視哲學訓練的流弊：

「我們要明瞭哲學的重要，首先就要知道中國一般青年不注重哲學，以致缺乏品德訓練與精神涵養所發生的弊病，我以為現在我們中國青年，尤其是學校青年，最大的弊病，就是對於中國人做人的道德缺乏研究。」(九)

因此在輔仁大學我堅持要保全人生哲學爲全校必修課，不接納一些系主任要取消這門課的建議，而且爲表示我的決心，今年我親自教一個大班的人生哲學課，還把講義印成了書。我想我們天主教學校在這一方面一定應該堅守教授倫理課的原則，還要大家共同編一冊倫理教科書，或者最少一本作爲公民課的參考書。

四、人格教育

蔣公對於教育，常常強調人格教育，以教育的目的就在於培植學生的人格。

「人格教育，才是眞正完善的教育。眞的教育才可以使受教的人，明禮義、知廉恥、負責任、守紀律，能擔當建設國家復興民族的責任。」㈩

「人格教育是一切做人立業的基本，比任何學問技術都重要，而且是要隨時隨地注重和自修，所謂『日新又新』、『止於至善』，才能養成偉大的國民人格。」㈩一

「教育要以養成學生健全人格為第一義，應發揚我民族固有之精神道德，以為一切學術技能之基礎—學先立德。」㈩二

現代的青年都非常看重自己的人格，絕不讓人侮辱。然而他們多不明瞭人格不是建築在自己的權利上，也不建築在自己的自由自主上，人格是建立在品德上，人格爲我在人際關係中的代表，人格代表「我」。人們對於我的評價便是我在人際關係中的「人格」。雖然身體的特點，理智力的高低，性格的剛柔都能是自我的代表，也能得到人的評價。但是在人們心目中的「我」，乃是我自己修鍊的品德。品德高的人，人格高；品德低的人，甚至沒有品德則人格掃地，既然青年愛惜自己的人格，便要教導他們培養自己的人格，人格的培養是靠犧牲、靠忍耐、靠苦幹，纔能有成效。中國古人常講克己以變化氣質，使人格就像受過琢磨的玉，經過火煉的金，光明純潔。

我們天主教的教育，目的就在於培養人格。近代教宗的這方面所有的指示非常的多，教宗們的指示歸根在於聖經。聖經上述說基督非常愛護青年，對青年的要求也非常高，要求他們敢犧牲：「你去，變賣他所有的一切，施捨給窮人，你必有寶藏在天上，然後來背著十字架，跟隨我。」（瑪爾谷福音 第十章第廿一節）跟隨基督拯救世界，爲人類服務。

註：

㈠三民主義的本質　蔣公全集　張其昀主編　中國文化大學編印　民國七三年　第一冊。

㈡三民主義的中心思想　先總統　蔣公嘉言總輯　秦少儀輯　第二輯　頁一九九。

㈢民生主義育樂兩篇補述　先總統　蔣公嘉言總輯　第二輯　頁四五五。

㈣治川救國必先整飭綱紀　先總統　蔣公嘉言總輯　第二輯　頁四三九。

㈤青年團工作根本要旨　蔣公全集　第二冊　頁一五二六。

㈥今後教育的基本方針　蔣公全集　第一冊　頁一二四。

㈦同上，頁一二四一。

㈧國父遺教概要　第四講　蔣公全集　第一冊　頁四七—四八。

㈨哲學與教育對於青年的關係　蔣公全集　第二冊　頁一五三二。

㈩教養衛　蔣公全集　第一冊　頁八〇頁。

⑾今後軍校教育的方針　蔣公全集　第二冊　頁二四〇四。

⑿為學做人與復興民族之要道　蔣公全集　第一冊　頁九六三。

從中華文化談道德教育

中華民族已經有了四千多年的歷史，文化遺產一定相當豐富；中華民族目前所處的環境則爲一種變化最快最廣的時代，他的文化必定要有許多的創新。我們今天研究道德教育在中華文化中的重要，就從兩方面去看：第一、從以往的舊文化去看，第二、從將來的新文化去看。

一、從以往的中華文化看道德教育的重要

中國的傳統文化是儒家的人文主義的文化，人文主義的文化以人爲中心。儒家的人爲一個倫理人，和西洋的理性人意義不相同；西洋的哲學以人的特點在於理性，理性可以知，西洋的哲學爲求知真理的學術。儒家的哲學以人的特點在於道德，孟子主張有大體小體，小體爲感覺之官，和禽獸沒有分別；大體爲心思之官，心思之官則天生有仁義禮智之端，人的生活在於養育大體，發展仁義禮智之端，成爲正人君子。歷代的教育就在於做人之道。《中

庸》說：「天命之爲性，率性之爲道，修道之爲教。」《大學》說：「大學之道，在明明德。」這種做人之道，乃是孔子所說「吾道一以貫之」之仁道。

中國歷代的社會爲家族社會，中華傳統的文化爲家族文化。家族制度的關鍵，在於「孝」。儒家的仁道「親親爲大」，儒家的教育以孝爲本，《孝經》的〈開宗明義章〉說：「孝者，道之本，教之所由生也。」家族的文化便是孝的文化，中國古人都求能夠「揚名顯親」，都要舉行祭祀以追念祖宗。

中國歷代政府遵守孔子之道，孔子則要求從事政治的人必定先要正身。《大學》講治國平天下，以修身爲基本，事有本末，不能顛倒。從事政治的人是讀書的人，讀書的士人必定要修身養性。

中國歷代的社會爲一個農業社會，農業社會的生活很簡單樸素；中華民族的特性便是勤勞省儉，又講禮貌。一切行事，有規有矩，不偏左偏右，不太過或不及，中華民族的文化乃有中正的優點。然而儒家的仁道，則遍及宇宙萬物，不僅是天下大同，以人人皆中的，而且還要愛惜萬物，贊助天地生育萬物。

中國歷代的社會沒有固定的階段，雖然讀書人做官，地位較比農工商高；然而農工商人的兒子也可以讀書趕考，並不是不能改變職業。因此，中國歷代的社會是一個沒有固定階級的平等社會。祇是在精神方面，孔子和孟子卻製造了兩個階級的形象，即是君子和小人，君子代表人品的高尚，小人代表人格的低落，中國人最怕被人罵為小人，另外教育上所努力的，在使人做一個君子。孔子、孟子對於君子和小人的形象，描述了很多，但總括起來，祇是兩個字：

「義和利，君子好義，小人好利。」

中華民族的文化可以說是君子的文化。

二、從將來的中國文化看道德教育的重要

今天中華民國的社會，已經是一個工商業社會，邁向經濟開發的國家，一切建設都要求合於國際標準，國民生活擁有一切享受。生活範圍，已經擴展到全世界。

在這樣的環境裡，傳統的文化當然不能應付今天的生活需要，而且在這種環境還沒有造成以前，許多在想望這種生活的憧憬裡，早就盡力摧毀了傳統的文化。目前所表現的中國社會，是一個暴戾的社會：搶竊、強暴、殺人的案件，天天都出現；又是一個欺詐的社會：倒會、假冒、仿造、盜領等等案件，層出不窮；還又是一個沒有禮儀的社會，舊的禮儀放棄

了，新的禮儀沒有制訂，婚事、喪事、見客、宴客，大家都是手足無措。

但是一個經濟開發的國家，一個有五千多年的歷史的民族，怎麼可以沒有一個光明高尚的文化呢?科技的學識，工廠的財富，祇是建造文化的資料，建造文化的動力成因乃是國民的生活品質，生活品質的提升，則在於國民的道德。

現在國民所住的房屋，爲高樓的公寓，公寓應有公寓的規則，尤其要培養互相照顧的公寓道德。

現在國民的行走，是坐汽車或機車，汽車和機車要有交通的規則，尤其要培養交通互相尊重的道德。

現在國民的家庭，是夫婦的小家庭，已經不是傳統的大家庭。小家庭應有小家庭的規則，尤其要養成新的孝道。

現在的國民都進學校讀書，學校有學校的規則，但是老師要有作人表率的品德，學生要有尊重老師的好心。

現在的青年男女，不由媒人和父母之命去結婚，自由戀愛，戀愛不受法律約束，但是戀愛必須有互相尊重、互相負責的精神。

現在的國民都從事自己的工作，或者是公務員、或者是老師、或者是老闆、或者是雇員、或者是自由業者、或者是家庭主婦，關於這一切工作，都有法定的規則，但是需要每人都有負責的精神。

現在的國民完全不像以往的農民，老死不出鄉里，今天的國民，出國經商、出國投資、出國觀光，生活的範圍，海闊天空。這一切活動都有國際法的規則，但是需要每個人看重自己的人格，不投機取巧，彼此誠實相交。

現在的國民都成爲消費者，自己有錢，自己就要享受，關於娛樂，國家有法定的規則，但是每個人都要知道節制。

因此，在今天的生活裡，傳統的方式已經不能應付，要趕緊制訂新的方式。但是在運用新的方式時，尤其需要培養新的道德精神。

以往，我們的祖先遵守孔子的教訓，「不在其位，不謀其政」、「窮則獨善其身，達則兼善天下」，各管各人自己的事，公家的事，由公務員、官員去管。今天則公事需要大家都管，各人的生活又互相連結在一起，所以最重要的，在於培養公德心，以天下的事，作爲自己的事，既要負責，又要做好。

以往，我們的祖先，過的是家族生活，在家族裡以情感爲重，凡事求合於情理，不必求合於法。今天的生活非常複雜，既然很複雜，必須有秩序，秩序則靠法律，所以今天必須培養守法的精神。普通常說中國人不守法，可是香港和新加坡的人不也是中國人嗎？他們守法，爲什麼我們不能守法？問題在於培養不培養守法精神。

以往，我們的祖先，以數代同居爲美德，今天只有夫婦和小兒女的家庭，老父母或窮或病都不管，遺棄了中華文化的特色—孝道。所以最好是三代同居，或和兒子或和女兒住在一家，可以孝敬父母，又可以照顧小兒女，以保全祖傳的一點孝道。

以往，我們的祖先最注重信用，大家相交非常誠實，今天的商場經濟，須簽訂合約，但仍多使用詐術，破壞了國家的聲譽，要趕緊重整商場的道德，誠實守信。

以往，我們的祖先最實踐節儉，今天消費主義和享樂主義盛行，然而爲維持經濟繁榮，生產固然要緊，浪費則能產生許多危險，應該提倡適度的節儉，保持祖傳的美德。

人的生活是心物合一的生活，物質身體在生活上有先天的生理規律，不守生理規律，身體就要生病。心靈的生活也有先天的規律，就是道德規律，中國古來稱爲天理，或稱爲人性，或稱爲良知，違反人性良知，心靈的生活必發生病態。目前，我們的社會，就有這種病態，爲醫好這種生活病態，我們需要道德教育。病態的社會產生病態的文化，生活健全的社會，才能產生健全和高尙的文化。我們所要的，是一種高尙健全的中華新文化。宗教信仰則是道德的基礎，道德的保障。先總統 蔣公主張倫理文化科學，他又是一位虔誠的基督徒，在遺囑上說一生常以基督和總理信徒自居。我雖不敢說中華文化是基督信仰的文化，但是希望在中華新文化裡能將孔子的仁愛和耶穌基督的仁愛結合在一起，中華民族新文化必能非常光彩而高尙。

社會倫理教育

一、社會倫理

1. 社會影響力最大

今日的青年和上一代的青年不同，這是很明顯的事，而且是很自然的事。因爲今日青年從孩童的年齡起，就看電影電視，聽廣播和唱片，又讀畫報，進學校讀書。所以他們所得的知識，較比上一代青年所有的知識，大千倍或百倍。人是理性動物，隨著知識而動；今天的青年便按照自己的知識去行動。今天青年所得的知識是不是好呢？從青少年犯罪的現象看來，他們從電影、電視、廣播、和畫報所得來的知識，大半不是好的。

歲數大一點的青年，對於電影、電視的影響，已經具有相當的抵抗力；但是當他們漸漸踏入社會的實際生活裡，就受社會環境的包圍；因而社會環境的好壞，影響他們的生活。

現在的社會既然有了問題，但問題的來源，不是來自青年人，而是來自成年人。若是現代青年人有不良的嗜好，便是因爲現在的成年人先有了不良嗜好，所以如解決青年問題，應該從改良社會本身入手。

中國一貫的政治社會思想，是《大學》所說的：「身修而后家齊，家齊而后國治」；因此，「欲治其國者，先齊其家；欲齊其家者，先修其身。」這種原則，在現在的社會情況中，大受影響。

儒家的政治思想，素重德治，德治在於執政者的德教。孔子說：「政者，正也。子帥以正，孰敢不正！」（論語 顏淵）「子曰：苟正其身矣，於從政乎何有？不能正其身，如正人何？」（論語 子路）這條原則，在現在的社會情形中，也失去了許多效力。

因爲在民主的國度裡，社會環境的影響，超過任何個人或家庭的影響力。

現在一個父親或母親，願意管教自己的子女。他自己以言語行動作則；可是電視和廣播節目，時刻走進他的家門，他的影響力不一定可以超過外來的傳播工具。

因此，爲齊家、修身，先要端正社會的風氣；爲治國、平天下，也先要端正社會的風氣。

是以社會倫理，便成了民主政治的中心點。

2. 社會倫理急需建立

在集權獨裁的國家，一切政令由上而下，在下面的民眾祇有低首服從。在這種國家裡，談不上社會影響力。但在民主的國家，政治由國民作主，政府是國民的反映，有如何的國民，便有如何的政府。社會倫理，乃成爲民主國家的基本條件。

農業社會的生活，簡單樸素。儒家的倫理常以五倫：君臣，父子，夫婦，兄弟，朋友爲綱要。現在工業社會的倫理，隨著生活的關係更加複雜，五倫已經不足以包括。例如工業道德、商業道德、公寓道德、交通道德、觀光道德、大眾傳播工具道德，這都是工業社會所有的要求。沒有這些道德，社會不足以稱爲文明的社會，國家也不能強盛和安定。

這些新的倫理關係，隨著社會的發展而產生；但是所有的倫理原則，卻不是新造的。中華民族傳統的仁、義、禮、智、信，可以應用到現在工業社會的各種倫理關係上。所以說，引伸傳統的道德，應用於當前的社會，就是復興中華文化。

臺灣目前的社會，正在由農業生活進入工業生活的階段，一般國民的知識和習慣，還是農業生活的知識和習慣，不能適合新的生活，社會上乃有許多違法背理的事。加之一些唯利是求的奸商奸民，利用民眾知識的不足，仿效外國工業社會的不道德行爲，引誘民眾趨於低級的物質享受；現在台灣社會風氣，因著經濟的繁榮，乃愈變愈令人憂慮，所以社會倫理就必須趕快建立。

二、社會倫理教育

1. 社會倫理教育的目標

「子曰：道之以政，齊之之刑，民免而無恥。道之以德，齊之以禮，有恥且格。」（論語 為政）孟子說：「天如施仁政於民，省刑罰，薄稅斂，深耕易耨，壯者以暇日，修其孝悌忠信，入以事其父兄，出以事其長上，可使製挺以撻秦楚之堅甲利兵矣。」（孟子 梁惠王上）

教民爲善，爲儒家傳統的政治理想。現在我們的社會倫理教育，就在教民爲善。

今天的台灣社會，應該有怎樣的倫理道德呢？今天台灣的社會風氣，應該是如何的風氣呢？

這個問題很廣泛很複雜，不是幾句話或一篇文章所可以答覆。但是就政府的政策和我們的希望來說，臺灣的社會倫理，應該是中華民族的傳統倫理；臺灣社會風氣，應該是我們中國固有的優良風氣。

中國傳統的社會倫理和優良風氣，是禮讓的社會，是文質彬彬的社會，是講信用的社會，是人情味濃厚的社會，是知道享受人生快樂社會，是一個奉公守法的社會。

（甲）有禮讓的社會。中國社會素重禮貌，常愛謙讓，在古代已有九禮或六禮，凡是社會活動，都有禮規。現在臺灣的社會反而一切事都失去禮儀。婚姻、殯喪為人生大事，現在沒有禮規可循。甚而至於飲食起居和服裝，處處表示雜亂無章；穿著睡衣或赤著上身，公然在大街行走；在火車裡；在餐廳裡，殘骨、果皮、瓜殼，狼籍滿地。凡此皆須自覺自省，徹底改進。

（乙）文質彬彬的社會。凡是歷史久遠，文化悠久，國勢興隆的國家社會，風氣必是文質彬彬，不露野蠻粗相。英國人以Gentleman作號召，中國古來以君子為標榜。今天臺灣社會，常聽到或看到一些不良青少年在社會上惹事生非，都嚴重地影響了我們的社會風氣，這是急需注意處理的問題。

（丙）講信用的社會。中國古人的商業道德是信用，貨真價實，出言必信；現在臺灣工商界應恢復這種善德。另外在國際貿易上，信用最重，一箱貨物，不能內外變質；貨單定貨，不能一次合格，下次變壞。缺乏信用的奸商行爲，害己害人，影響國家聲譽。

（丁）享受生活樂趣的社會。外國人常以中國人爲樂天主義者，知道享受生活的樂趣。中國的烹調，可稱全球之冠。而烹調且可視爲藝術，文人名士以烹調自娛。有菜有酒，可以賦詩。孔子自己就說過：「樂以忘憂。」（論語 述而）又曾喟然嘆曰：「吾與點也。」「春服既成，冠者五六人，童子六七人，浴乎沂，風乎舞雩，詠而歸。」（論語 先進）中國古人的生活享受，含有文雅之氣。現在我們的生活，不但沒有進步，而且不如古人，這也是值得我們檢討的地方。

（戊）奉公守法的社會。奉公守法雖是一句古話，但對維護社會秩序，促進社會進步而言，最爲重要；現在我們就要培養這種新的風氣。在工業社會裡，人與人的關係非常密切，人人要奉公守法，才可以使社會安定；不能爲一己的私利或方便，而妨害大眾。住公寓，走路，駕車，設工廠，開商店，處處都離不了公、離不了法。譬如亂倒垃圾，亂穿馬路，製造僞藥、假酒、密醫，偷工減料等等弊端，都是不奉公守法的行爲。這種現象不是文明的現象，也不是民主的生活，而是落後地區的象徵，必須加以矯正。

2. 社會倫理教育的途徑

爲達到理想的社會，則非有社會倫理教育不可。社會倫理教育不是學校教育，但也不能離開學校。臺灣現在的學校，已經注重倫理教育，實踐國民生活須知；可是家庭和社會，都反道而馳，學校教育的效力，便化整爲零。

甲、消極的途徑

消極的途徑，在於禁止妨害社會倫理的事，如特種營業的嚴格管制，電影、電視節目的認真檢查，黃色書刊的徹底禁止，都是社會倫理教育的消極途徑。消極途徑，也指著我們不要走的途徑。

爲辦社會教育，要針對社會需要擬訂詳細計劃，確確實實的在那裡推動，不宜專靠開開會貼貼標語，以爲說了話寫了，事情就做完了。

社會倫理教育更要從培養國民的公德心，增強服務觀念著手；服務社會不求表面，而重實際。

乙、村里的教育

為改良社會的風氣，為培養民眾的道德，由里長村長負責，一件一件教給里中和村中的民眾去做，指示民眾去實行。然後政府派人實地考核成績，予以賞罰。

丙、政府規定禮規和法規

「國民生活須知」，國民應奉為規矩。社會生活最要緊的要有禮儀和法規，現在有關單位已制訂國民生活禮儀範例，即將頒佈實施，這是十分必要的措施；想此一範例頒行之後，宜先自村里等著手推行，而後推擴及整個社會人員，日久天長，自然成為一個禮儀之邦。

丁、善用大眾傳播工具

禁止不良的電影、電視、和廣播節目，當可預防社會倫理的墮落。這些大眾傳播工具，若善為運用，可以供給社會倫理教育極大的助力。政府應該製造關於社會倫理的簡單又美麗的節目，和商家的宣傳節目相似，發給電影院、電視臺和廣播電臺播送。

戊、宗教團體

在歐美各國，社會倫理的工作，大半由宗教團體去做。臺灣的民眾，多有信仰的。政府當局宜和教會負責人商量，速制訂頒行社會倫理教育的政策俾有所遵循。

己、政風的改革

民主政治雖從下而上，但是政府的政風，仍舊可以影響社會倫理；尤其現在臺灣正是由農業社會進入工業社會的時代，國民尚都仰賴政府。

目前臺灣政治的革新，在上層很努力，在政策上很有成績；可是在下層效率就比較慢，而值得檢討的地方亦不少。爲了改革政風，須有徹底的辦法。韓國政府改革的前例，可以供作參考。

蔣總統說：「要召回我們的民族靈魂，提振我們的民族精神，恢復我們的民族自信心，就要以倫理爲出發點，來啓發一般國民的父子之親，兄弟之愛，推而至於鄰里鄉土之情和民族國家之愛，以提醒國民對國，對人（對民眾），對己的責任。」（三民主義的本質　見蔣總統　嘉言錄　第二輯　七〇頁）

總統也以倫理、民主、科學，作爲建設國家的標準和文化復興的基礎，沒有社會倫理，不能有民主。「倫理是民族的基礎，民族主義是倫理高度發揚的結果」（同上）。同樣，倫理也可以說是民主生活的基礎，民主生活是倫理高度發揚的結果。

實行社會倫理教育，除政府有決心有方案，還需要負責推行的人有耐心。行之有年，當可看到社會面目一新。

（原載中華文化復興論叢第三集，中華文化復興運動推行委員會編印，民國六十年六月出版）

大學的人格教育

一、中國傳統的教育思想

中國現在的環境和五十年前的環境，完全不相同；中國現在國民的生活和五十年前國民的生活，也根本地變了；這都是擺在眼前的事實，誰也不能否認。環境既然變了，教育當然要變。現在臺澎金馬的教育，和共匪竊據大陸以前的中國教育，有很大的差異。現在的中華民國教育是培植人才的教育，是就業的教育，是配合當前國家需要的反共建國的教育。所以民族思想教育，機械科技教育，爲當前教育的重點。因而產生大學教育應否是通才教育或專才教育的問題。

但是人總是人，中國人總是中國人；人的生活無論怎樣變遷總是人的生活，而不是牛馬的生活；中國人的生活無論怎樣變總是中國人的生活，而不是美國人或法國人的生活。所謂民族思想教育，不僅是反共反分化的教育，而是中國人做中國人的教育。就這一點說，我想研究一下中國傳統的教育思想。

中國第一本講教育的書爲大學。大學普通分爲三綱目和八條目，三綱目講教育的目標，八條目講教育的步驟。教育的目標，在於修身以治天下，就是孔子所說「立己立人」。大學教育的目標：「大學之道，在明明德，在親民，在止於至善」。「明明德」即是中庸所說：「率性之謂道，修道之謂教。」（第一章）教育的步驟爲八條目：格物、致知、誠意、正心、修身、齊家、治國、平天下。這種教育思想乃是倫理教育思想，因儒家以人人爲「倫理」。孟子以人心生來有仁義禮智四端，教育在於培育發揚這種善端，使人真正實現倫理的生活。人沒有倫理便不是人，而淪爲禽獸。人的人格在於仁義禮智的倫理，倫理教育即是人格教育。

倫理生活，即是人的日常生活，不是在日常生活以外，另有倫理生活，而是日常生活恰到好處，《中庸》所謂「中節」，《大學》所謂「止於至善」，日常生活要做到恰到好處，便要「窮理」和「實學」。窮理在《中庸》第二十二章有說明，即「博學之，審問之，慎思之，明辨之，篤行之。」實學便是古代的禮樂射御書數。因倫理的教育是窮理和實學的教育。

中國第二本講教育的書，爲荀子。荀子因主張性惡，乃特別看重教育。教育使人改變氣質而爲善，善乃稱爲人爲的「僞」。《荀子》一書第一篇是〈勸學〉，第二篇是〈修身〉，是正式講論教育，其他三十篇都和教育有關係。他的教育宗旨在於「故木受繩則直，金就礪則利，君子博學而日參省乎己，則知明而行無過矣。」（勸學篇）荀子以教育在改正人性的偏向，使心能正。孟子則曾以「教」去養育人性的善端，免爲惡所沉沒。兩人的教育出發點不同，兩人的教育目的則同爲教人爲善。荀子說：

「學惡乎始，惡乎終？曰：其數則始乎誦經，終乎讀禮；其義則始乎為士，終乎為聖人。……故學數有終，若其義則不可須臾舍也。為之，人也；舍也，禽獸也。」（勸學篇）

荀子所講教育的目的，「始乎爲士，終乎爲聖人」，來自孔子。孔子在《論語》和《易經》的「象曰」，多讀君子。君子爲一般人修身的目標，讀書人則還有另一個目標，即使不能成爲君子，至少應成爲「士」。士爲一個氣節的人，即是有耿骨，有人格的人。所以教育首先要教人做有人格的人，教育便是人格教育。

「士志於道，而恥惡衣惡食者，未足與議也。」（論語　里仁）

「曾子曰：士不可以不弘毅，任重而道遠。仁以為己任，不亦重乎！死而後

己，不亦遠乎！」（泰伯）

「子貢問曰：何如斯可謂之士矣？子曰：行己有恥，使於四方，不辱君命，可謂士矣。」（子路）

「子路問曰：何如斯可謂之士矣？子曰：切切，偲偲，怡怡如也，可謂士矣，朋友切切偲偲，兄弟怡怡。」（子路）

「子曰：士而懷居，不足以為士矣。」（憲問）

「子曰：志士仁人，無求生以害人，有殺身以成仁。」（衛靈公）

「子張曰：士，見危授命，見得思義，祭思敬，喪思哀，其可已矣。」（子張）

《論語》關於「士」的話，都引在上面，從上面的話，就可以看出「士」是一個有志氣，有原則的人。原則是義，義是做自己應做的事，即是負責，責任所在，雖死不辭。自漢代到民國，中國的教育傳統常以倫理爲重，人格修養爲主。

揚雄說：「學者所以修性也；視聽言貌思，性所有也，學則正，否則邪。師哉！師哉！」（法言 學行篇）

張伯行說：「學者誠有志於道，須是無以貨利損行，無以驕奢敗德，而後可以進於向上

一路。」（敬庵學案　困學錄）

朱熹說：「學者總是求仁。所謂求仁者，不放此心。聖心亦只教人求仁。」（語類　卷六　性理三）

張載說「爲學大益，在自能變化氣質；不爾，卒無所發明，不得見聖人之奧。故學者，先復變化氣質；變人氣質，與虛心相表裡。」（橫渠學案）

顧炎武說：「士風之薄，始於納卷就試；師道之亡，始於赴部候選。梁武帝所謂驅迫廉撝，獎成澆競者也。有天下者，能反此二事，斯可以養士而興賢矣。」（日知錄集　卷十九　教官）

很簡單地錄下上面幾段古來賢者的話，就可以看到中國教育的傳統，在於教育學生的人格。

二、當前的教育狀況

我們可以套用顧炎武的話：當前學生求學風氣的不正，開始於聯考；教師師道的喪亡，開始於教學以謀生計。再者，當前大學教育的偏，開始於謀就業。

當前小學和中學的教育目的和方法，都在於求能勝過考試。大學的教育目的，在於使學生能就業。這些現象都成於時勢所逼，一時既不能改正，而且還能變本加厲。

在小學和中學裡，不能或不願勝過考試的學生，便無心教讀，成幫或單獨爲非作惡，國中學生的犯罪率年年加高，影響整個國中學生的心理，大專學生在工商業發達的社會裡，「利」的價値最高，就業乃爲求學的目的。我們在當前的教育法裡；雖找不到人格教育的規定，但有相等的規定。在國民教育法第一條規定「應注重國民道德之培養及身心健康之訓練。」在中學法的第一條，說中學是「繼續小學之基礎訓練，以發展青年身心，培養健全國民。」在修正中學規矩第六章訓育，第三三條規定「陶融青年忠孝仁愛信義和平之國民道德，並養成勇毅之精神與規律之習性。」在大學法第一條則只有「以研究高深學術養成專門人才爲宗旨。」現在正在進行修改大學法，在第一條加入「培養健全人格」在大學教育的宗旨內。

大學的人格教育，不能單獨由大學去做，必須由小學開始，由中學繼續，在大學裡完成。最近幾年，常有人向教育部建議，在小學開始讀論語，在中學讀四書。但若考試制度沒有徹底改革以前，小學中學都以考試爲前題，倫理教育成爲口頭空話，而且沒有時間去執行。小學和中學生不辨是非，不知倫理道德，對於人格根本沒有印象。他們到了大學，既沒有倫理的基礎，大學從何開始教導他的培養人格？現在有很多好青年學生，那是因爲許多家庭的父母，還保留傳統的道德觀念，在家庭予以教導。

大學的教育以專門人才爲目的，專門人才的目的在於就業，就業爲服務國家又爲個人謀生。在學生的心目中，就業以個人謀生爲第一，這就是一個「利」字。人格教育，便應教育青年學生「義利之分」和「義以爲尙」。義利的價值，應以義爲重。然而在今天整個社會謀利不謀義的風氣下，重義的修養確實不容易。前幾天報紙刊載三個大專畢業青年設立應召站，中間有一百多名大專學生充作應召女郎。這種荒唐的事，反映出來青年學生謀利的心情。

大學的人格教育，應是整體的教育，首先應以人生哲學給予學生正確的人生目的和價值觀。其次則應在各門科學予以職業道德的課目訓練。商業有商業道德，工業有工業道德，政治有政治道德，律師法官有本業的道德，大眾傳播人有大眾傳播的道德，體育有體育的道德。再次，應在生活輔導上，輔導學生有責任感，從小事到大事，學生應知道並實行負責；同時要糾正學生的輕浮失態的舉動。如男女關係的失態，如對上課的失態等。又次，應注意教師的品格，教師有失人格的舉動，宜予以辭退。再者，宗教教育爲人格教育的最良途徑。宗教不是迷信，能予人以正確人生觀，給人道德修養的方法，並勉勵學生努力實踐。歐美青年道德的淪喪，就是生活和宗教信仰相脫離；然而歐美的學校和家庭都注重宗教教育，結果仍不能預防青年的失德，若是完全沒有宗教教育，青年不知道什麼是倫理道德，青年失德的現象將爲通常現象。最後，民族思想教育，講明中華民族以倫理道德爲傳統，激發青年愛國愛民族而恢復民族道德。

我不是來講教育法令和教育制度，我是講實際的教育。今天，提倡科技教育，謀求就業機會，我們若不提倡大學生的人格，將來專門人才在社會上雖能謀經濟的發展，財富的增加，享受的提高；但也能破壞整個民族的道德，我們將要和齊景公一樣嘆說：「信如君不君，臣不臣，父不父，子不子，雖有粟，吾得而食諸！」（論語 顏淵）我們希望政府能加強師制，給予合理的待遇。又希望政府在提倡科技教育時也多說說「人格教育」，「全人教育」，使青年明瞭入學的目的；教育部另開小學中國教育會議時也討論倫理教育，研究倫理教育的方法。若從小學中學到大專，能有一套活的、實踐的、有系統的倫理人格教育，則我們的教育對於民族的貢獻將更遠大。

民國七十年十一月三日寫於天母牧盧

天主教學校的目標和應有的特色

第二屆梵蒂岡大公會議曾宣佈了一篇「教會教育宣言」，簡單明瞭的說了天主教對於教育所有的基本觀念和原則，我作這次講演，便以這篇宣言爲根據，另外我也參考了教廷教育部在一九七二年公佈的「多元社會中的天主教學校」這篇文件。

一、天主教學校的目的

大公會議的教育宣言說：

「眞正教育的目的，乃為培植人格，以追求人生的最後目的，同時，並追求社會的公益，因為人為社會之一員，及其成長也應分盡社會的職責。」（第七節）

「在一切教育工具中，學校有其獨特的重要性，因為學校的使命為悉心培養學生的智能，發展正確的判斷能力，傳授上代所得的文化遺產，激勵價值意識，準備職業生活，在不同性格，不同環境的學生中促進友善相處，培養互信互諒的氣氛」（第二十節）

「所謂天主教教育，不僅如上所述之培養完善的人格，其主要者乃為使領受聖洗的教友青年，逐漸認識救世的奧蹟……，能按照具有眞實的正義與聖德之新人的方式度私人生活。」（第九節）

上面所引的三段文字，第一段是說明教育的目的；第二段說明學校教育的目的；第三段則是說明天主教教育的目的。

1. 培育人格

教育的普遍目的在培育青年人的人格。人格是什麼呢？它是一個人自主自立的表現型態。人格的意識乃是現代文明的一種特徵，代表文明前進的一個主要階梯。現代的青年人都看重自己，也要求別人看重他；現代的青年人又要求自主和自立，做事由自己作主張。教育的目的就特別注重培養學生的人格，這就是所謂人格教育。

人格的基礎當然是天生的。天生的基礎即是各人所稟受於天的才能，理智力、意志力、情感、性格、脾氣。每個人要在這種天生的基礎上，建造自己的人格。天生的基礎，好比是一塊一塊的石頭，用石頭建築房屋，必定要把石頭加以琢磨，學校教育的目的就是在於教導學生琢磨自己的天生質料，以建造高尚的人格。

爲培育人格，應先給青年們一個高尚的模範。孔子爲教門生培育人格，指示學生以「君子」作模範。我們天主教的人格模範乃是「基督」。

爲培育人格，應鍛鍊青年人的意志，給他們相當的自由，同時教導他們知道克制自己，自動地接受考驗。

爲培育人格，應培養青年人的判斷力，思想教育，倫理教育，及適當的兩性教育，這些都是培植人格的重要項目。

在以往的社會裡，對青年人的教育以教他們服從爲原則。《論語》第一篇裡說：「有子曰其爲人也孝悌……而好作亂者未之有也。」（學而）教育女子則以三從「在家從父，出嫁從夫，夫死從子」爲要。以爲青年人知道服從就知道了做人之道。這種想法在現在的社會已不合適了。而要以教其自立自主爲原則。但是自立、自主若不知在適當的範圍內表現，便要造成害己害人的大禍。天主教學校教育的目的，便在於培育青年人知道自立、自主，知道自立自主的範圍，習慣在適當的範圍內去活動。

2. 生活的意義

人格不是一個空洞的名詞，而是一個人在具體的生活裡的定型，人格就是生活的表現，爲培育青年人的人格，要緊的是給青年人生活意義的指示。

學校的教育當然是爲給青年人各種謀生的知識和技術。但是目前學校的教育偏重於知識和技術，且因分門別類之愈來愈精，越分越細，而對於人生的整體意義，對於各門學術和人生的關係，以及各門學術間在人生上的聯繫，都棄而不顧。於是青年人只知道了一些學術知識，而無人生的觀念，可以成爲某一科的專家，但對於人生，對於事件卻無通盤的知識，甚至連人生的常識都沒有。社會因此失去協調，失去中庸的和諧。大公會議的宣言說：「教育的真正目的，乃爲培植人格，以求人生的最後目的。」

人生的目的，當然是宗教的信仰；然而，不談宗教信仰也可以講人生目的。孔子、孟子常以自己負有建設倫理，以立己立人的天命。知道自己負有一種使命，就是生活目的。人生的目的，乃是一盞明燈。可以照見各種學識和各種技術的意義。人生的目的又是一根繩索，能把學術和生活聯繫起來。給人一個生活的意義。

生活的意義不僅祇在倫理方面去培植，而且也要在具體上去培育。大公會議的宣言指出，具體的工作即是智能的培植，文化遺產的認識，職業生活的準備以及友誼的建立。

青年人的生活是生活在一個具體的環境內。學校教育應能培植青年人在這種環境內去發展自己的生活。

中國教育的原則，標出德育、智育、體育、群育。此四者若能均衡發展，學生們就能有生活的技能和適應環境的能力。然而，最重要的，是應有人生的最高目的，以聯合這四育，並給予四育應有的地位和價值。

3. 爲基督作見證

每一所天主教學校都具有一共同的特別目的；要把救恩帶給青年學生。宣傳福音爲教會的天責，教會常把這種責任和天主教學校的教育密切聯繫。此目的並非把學校變爲宣傳宗教的機構，更不是把學校變成一座教堂。大公會議的教育宣言是對天主教國家的教會學校而說的。教廷教育部所公佈的文件則是說明天主教學校爲多元性的學校，教育天主教的學生，也教育非天主教的學生。這種學校的宗教教育目標則是多元性的。

天主教學校對於天主教學生，應該培育信仰的知識和實踐施以宗教教育，使學生「逐漸認識救世的奧蹟，能日益領悟信德的恩寵，能以心神以真理崇拜天父。」

對於非天主教的學生，應給他們良好的機會可以「認識救世的奧蹟」，而且更要在不信基督的社會裡，以事實作福意的見證。教廷教育部所公佈的文告「多元社會中的天主教學校」第三十三節內講，教會學校應該是教會和基督的標誌和見證：教會學校見證基督的愛，象徵教會的合作，整個學校的教育是愛的教育，是合作的教育，使教外青年和家長能因此進而佩服基督福音的高尚精神。「天主教學校確保教會在教外社會的存在，且爲教會在知識份子中活動的媒介。」

二、天主教學校的特色

從上面所言之大公會議的教育宣言和教廷教育部所公佈的文件，我們可以指出天主教學校的幾點特色：

1. 開放性

「為了使天主教學校對於社會提供一種非常重要的服務，使應養成一種開放的態度。」（多元社會中的天主教學校　第卅三節）

在學校的招收方面，天主教學校是開放的；在教師的聘請方面也是開放的，在思想方面更是開放的；接收當代的思想，保存民族的傳統，對於學生的錄取不分宗教信仰，絕不強迫學生參加天主教儀典。祇是在學生的心理上，給予走向福音的啓示。

2. 富有福音精神的仁愛與自由

大公會議的教育宣言說：「公教學校的特有任務，乃在學校團體中造成富有福音精神的自由與仁愛氣氛」（第八節）天主教學校素來以實行愛的教育爲特色。校長和老師對學生常以愛爲原則，尤其對於有問題的學生，常以愛去輔導。雖然懲罰在青年的教育上，有其重要性，然而，要使學生在受懲罰時，知道懲罰是出自愛心。

福音的自由，是人格的自由，是天主義子的自由，在學校的校規和教育的法令內，應容許學生有相當的自由，以培植學生之自動自發精神，這種自由應當是健全人格的表現。目前我們的教育因著考試的壓力，學生常是被動地接受教育，缺乏思考的習慣，缺乏正確的判斷力。我們天主教學校要在精神方面鼓勵學生自動自發。雖然國家當前處在共匪禍國的非常時期，爲著保全國家的生存和國家的利益，對於私人的行動稍有限制。學校教育應教導青年養成強烈的民族意識，明辨是非，接受時代的考驗，在求學和做人方面有自立自主的精神。

3. 教師的身教

大公會議的教育宣言特別強調教師的身教。宣言中說：

「然而為教師者應記取：為使天主教學校能實現其目標和計劃，其主要者端賴於教師。故教師應悉心善為預備，務使備有合格的學識和宗教意識，具有合乎現代新與學術的教育方法，常參加在職訓練，對於個人教學的原理和實行作批評和檢討。教師彼此之間及與學生之間，常和愛相處，並具有犧牲精神以身教和言教作唯一師表——基督的現身說法。」（第八節）

我們要求教會的學校是培育人格的學校，我們必須要求學校的教師，人格高尚，品行端重，在目前師道衰頹的時代，我們的學校要尊師重道。爲提倡這種風氣，最重要的一點，是老師們能自重。行爲輕浮，不求仁義祇求利，思想不純潔的人都不可以在我們的學校任教。

4. 尊重民族傳統文化

天主教是一個世界性的普遍宗教，所有信仰的思想及儀式，雖然因原在歐洲養成而又由歐洲向外傳播，帶有歐洲文化的型態，然而，天主教在每一個民族裡，是該民族的宗教，在思想和儀式上應該接受該民族的傳統文化。中國的天主教是中國人的天主教，在中國人主管的教會，中國信友裡有了哲學專家時，便要使神學和教儀中國化。因此，天主教學校應特別看重中國的傳統文化，教育學生實行固有的善良倫理，實踐三民主義，培養民族意識，愛護國家和民族。

我認爲在這一點上，天主教學校可以作成自己的特點。目前三民主義思想和國父思想的教學法，多不合乎教育方法，而民族意識和固有倫理意識的教育也很低落，我們天主教學校在這方面便要努力，徹底改革一般學校在這方面的弊病。

三、結 論

在天氣這麼炎熱的夏天，任主管的主任們坐在學生席上聽講，使我很佩服各位肯犧牲的精神。我們作主教的，在教區爲主管，有時也坐在學生座位上聽神父、修女、教友說教；因爲在職的訓練對每位忠於職守的人都是重要的。

今天，我很簡單的根據教會的正式文獻，說明了教會學校的目標和特色。我很高興，今後我將同各位在同一個教育崗位上，本著教會學校的目標，以求實現教會學校的特色。

民國六十七年七月十八日在天主教學校主任講習會講

儒家和天主教的人格教育比較觀

孔子在中華民族的歷史上，是中華民族歷史的創造人。雖然他說只「述而不作」（述而），自己傳承文、武之道，但是堯、舜、文、武之道卻是經過孔子編造，教導弟子，流傳後世，成爲儒家的人生之道。孔子乃被尊爲中華民族的「至聖先師」，教育也被認爲民族文化的創造工作。

天主教繼承耶穌基督的救世工作，救世工作雖然不以教育去創造，但也以教育去貫徹實行。耶穌離世升天時，吩咐門徒說：「你們到普天下去教訓萬民。」（瑪竇福音　第二十八章第十九節）基督自己在世時，曾經三年教訓門徒。教育在天主教裡，乃爲一種基本的工作。

儒家教育的目標，「在明明德，在親民，在止於至善。」（大學　第一章）也就是《中庸》所說：「率性之謂道，修道之謂教。」（第一章）率性和明明德，教人做人。

耶穌基督以人性遭罪惡的染污，救人脫離罪惡，恢復人性的光輝，再提攜人性昇入天主性的生命中，成爲天主的子女。

儒家和天主教的教育都以「人」爲目標，教導人好好做人，實現人性所蘊藏的天理，發展人心所有的才和情。

一、儒家的人格教育

1. 士的人格

荀子說求學「其義則始乎爲士，終乎聖人。」（勸學篇）朱熹也說：「古之學者，始乎爲士，終乎爲聖人。」（文集 卷七四 策問首條）求學受教育，爲能成爲一個成全的人。「人」的意義在儒家的思想裡，是按人性生活的人，人性則生來爲善，孟子說生來有仁義禮智四端，荀子雖說人性爲惡，實則祇是人情生性傾向於惡。按人性生活的人，必是善人。人受教育的第一步目標，爲實現「士」的人格，最終的目標，則爲實現聖人的人格。孔子曾經說：「聖人，吾不得而見之矣，得見君子者斯可矣。」（述而）儒家常以聖人爲天生，孔子孟子則教人努力成仁人聖人，但是爲普通一般人的人格標準則爲君子，君子爲崇德守義的人，也是忠厚長者。士爲讀書的人，在社會上自成一種階級，君子的人格爲社會一切的人的目標，士農工商都應該作君子。士有自己階級的身份，士讀聖賢的書，當然要效法聖賢；士教授學生，當然要做人師表；士爲官從政，當然要先正自己的身。士的人格便有自己的特點，較比君子的人格，還要高。

在《論語》和《孟子》的書裡，孔子、孟子多次標明了士的人格，有幾點最主要的：

「子貢問曰：何如斯可謂之士矣？子曰：行己有恥，使於四方，不辱君命，可謂士矣。敢問其次？曰：宗族稱孝焉，鄉黨稱弟焉。敢問其次？曰：言必信，行必果，硜硜然小人哉，抑亦可以為次矣。」（子路）

「子路問曰：何如斯可謂之士矣？子曰：切切，偲偲，怡怡如也，可謂士矣。朋友切切偲偲，兄弟怡怡。」（子路）「志士仁人，無求生以害仁，有殺身以成仁。」（衛靈公）「曾子曰：士不可以弘毅，任重而道遠，仁以為己任。」（泰伯）

「孟子曰：有天爵者，有人爵者，仁義忠信，樂善不倦，此天爵也。公卿大夫,此人爵也。古之人,修其天爵,而人爵從之。今之人,修其天爵以要人爵,既得人爵而棄其天爵,則惑之甚者也,終亦必亡而已矣。」(告子上)

「故士窮不失義,達不離道,窮不失義,故士得己焉。達不離道,故民不失望焉。古之人,得志,澤加於民,不得志,脩身見於世。窮則獨善其身,達則兼善天下。」(盡心上)

「貉稽曰:稽大不理於口。孟子曰:無傷也。士憎茲多口,詩云:憂心悄悄,慍于群小孔子也,肆不殄厥慍,亦不隕厥問,文王也。」(盡心下)

士為求學的人,立志為治國平天下。志向很高,必須具有犧牲的精神,孔子說:「士志於道,而恥惡衣惡食者,未足與議也。」(里仁)「士而懷居,不足以為士矣。」(憲問)孔子所以很看重顏回,看著他有甘貧樂道的精神:「賢哉回也!一簞食,一瓢飲,在陋巷,人不堪其憂,回也不改其樂,賢哉回也!」(雍也)孔子對於子路,雖常有責備;但也稱讚他能有不以為恥的胸襟。「子曰:衣敝緼袍,與衣狐貉者立而不恥者,其由也與!不忮不

求，何用不臧。」（子罕）

士的犧牲精神並且還要高，能夠不畏艱難，有為義而犧牲性命的勇氣，「子曰：志士仁人，無求生以害仁，有殺身以成仁。」（衛靈公）「子張曰：士見危致命，見得思義，祭思敬，表思哀，其可已矣！」（子張）

這種精神構成孔子所說的成人，「子路問成人，曰：今之成人者，何必然！見利思義，見危授命，又要不忘平生之言，亦可以為成人矣！」（憲問）士要弘毅，有勇德，如《中庸》所說「中不依國無道，至死不變」又如孟子所說：「貧賤不移，威武不屈的大丈夫。」

士的志向，在治國平天下，自己要有負責的精神。為治國平天下，便接受國君的任命，「子曰：行己有恥，使於四方，不辱君命，可謂士矣！」（子路）既接受國君的任命，便應該「不辱君命」，出國作使臣，在國內作官吏，要有負責的精神。曾國藩在指揮軍隊圍攻洪秀全的南京時，致書給弟弟曾國荃說：「惟此等大事，實有天意與國運為之主，特非吾輩所能為力，所能自主者。虛心實力勤苦謹慎八字，盡其在我者而已。」（同治三年三月十二日致沅弟）

「窮不失義，達不離道。」孔子說他自己貧賤富貴都要按照義理道德求去，求得。吾子不愛錢，士又不該愛錢，而且要有義氣，自己守廉潔，對人則慷慨捐助。中國古代作官的人，常以「兩袖清風」為高尚，因此士人表現有廉節的精神。為守廉節，首該守儉，曾國藩家書告誡弟弟和子姪：「余身體平安，合署內外俱好。惟儉守日減一日。余兄弟無論在官在家彼此常以儉字相勸。」（同治三年正月初四致澄弟書）「今家中境地雖漸寬裕，侄與諸昆弟切不可忘卻先世之艱難，有福不可享盡，有勢不可使盡。勤字工夫，第一貴早起，第二貴有恆。儉字工夫，第一莫看華麗衣服，第二莫多用僕婢雇工。凡將相無種，聖賢豪傑亦無種，只要人肯立志，都可以做得到的。侄等處最順之境，當最貴之年，明年又從最賢之師，但須立定志向，何事不可成？何人不可作？願吾侄早勉之也。」（同治二年十二月十四日禱紀瑞侄）

「仁以爲己任」，士的目標，在能兼善天下，以堯、舜的仁政，養民教民。孔子乃說參加政治，先要正自己的身。「子使漆雕開仕，對曰：吾斯之未能信！子說。」（公冶長）漆雕子者自認沒有實踐孔子所教的道，不能出去做官，孔子讚美他的誠實。孟武伯向孔子說：子路有沒有仁道，可不可以做官？又問，子求，子華可不可以做官治民？孔子答說子路可以爲千乘的國家治理賦稅，子求可以治理一千家人的城市，子華可以作朝廷的禮賓司長，但都沒有仁道，不足當朝廷的大任。孟子周遊列國時，「我非堯舜之道，不敢以陳於王前。」（公孫丑下）又說：「君子之事君也，務引其君以當道，志於仁而已。」（告子下）士以仁道爲志向，施行仁政以兼善天下。范仲淹乃說：「先天下之憂而憂，後天下之樂而樂。」

守義，廉節，負責，愛民，至死不屈，殺身成仁，這等美德，構成中國歷代讀書人的人格。在事實上歷代有了很多的貪官汚吏，也出了許多無德無學的讀書人。但是儒家教育的目標，則在培育標準的人格，實際上每一朝代，都有人格高尚，品德清高的士人。如孔子所說：「篤信好學，守死善道，危邦不入，亂邦不居，天下有道，則見，無道，則隱。邦有道，貧且賤，恥也，邦無道，富且貴，恥也。」（泰伯）

2. 儒家教育的方法

中國歷代的教育，國家的教育機構如國子監太學，所扮的角色很輕，私人的家塾和書院則是教育的主流。孔子爲私人教學的先驅，成爲後代教育界的先師。孟子曾經說：「君子之所以教者五：有如時雨化之者，有成德者，有達財者，有答問者，有私淑艾者。」（盡心上）孔子的教育方法，「有如時雨化之者」，「顏淵喟然嘆曰：仰之彌高，鑽之彌堅，瞻之在前，忽焉在後。夫子循循然善誘人，博我以文，約我以禮，欲罷不能，既竭吾才，如有所立卓爾。雖欲從之，末由也已！」（子罕）孔子自己常說「默而識之，學而不厭，誨人不倦。」（述而）「若聖與仁」，則吾豈敢！抑爲之不厭，誨人不倦。（述而）「其爲人也，

憤發忘食，樂以忘憂，不知老之將至。」（述而）

孔子和弟子構成一個家庭，他把弟子看成兒子，弟子奉他作爲父親。他以言以行，教誨弟子向善，他教訓弟子的課程：

「子曰：志於道，據於德，依於仁，游於藝。」（述而）

「子以四教：文，行，忠，信。」（述而）

「子所雅言：詩，書，執禮，皆雅言也。」（述而）

「陳亢退而喜曰，問一得三：聞詩聞禮，又聞君子之遠其子也。」（季氏）

孔子以詩書禮樂教弟子，朱熹注說：「詩以理情性，書以道政事，禮以謹節文，皆切於日用之實。」在孔子的時代，所有的書籍，祗有《詩經》《書經》和《禮書》，而且都由王官保守。孔子自己把這些經書加以編輯，作爲弟子的教科書。後代的儒家教弟子，則要加上史書和子書。《易經》本是卜筮的書，不是修身的書籍，孔子把卜筮的吉凶改爲行事的善惡，後來成爲《易經》的十翼，孔子晚年向弟子講授《易經》。這些課目屬於「文」，孔子還有「行，忠，信」三項教材：行，爲行事，力行所授予的人生之道，隨事指點；忠，爲忠恕之道，乃仁道的表現；信，爲誠，《中庸》特別講誠。這也是孔子所說：「志於道，據於德，依於仁，還有「游於藝」，習禮習孝，屬於藝；孔子也講究射和御，射和御可以看爲體育，可以看爲藝術。後代的「琴棋書畫」，則都屬於藝術。《中庸》第二十章，指出求學的方法：「博學之，審問之，愼思之，明辨之，篤行之。」孔子自己也說：「不憤不啓，不悱不發，舉一隅不以三隅反，則不復也。」（述而）孔子教學常要求弟子有心得，有心得再予以啓發，能夠著力去實行。

儒家的教育和中國的哲學緊相關聯，中國哲學以人生之道爲對象，儒家的教育也就以人生之道爲目標。中國哲學的方法，重在體驗，不重在分析推理，儒家的教育不重在增加學識，重在實踐倫理道德。因此儒家教育以培育感情爲第一，培養理智在第二。《中庸》第一章標出「率性之爲道，修道之爲教」，就說「喜怒哀樂之未發，謂之中，發而皆中節，謂之和。中也者，天下之大本也，和也者，天下之達道也。」喜怒哀樂代表人的情感，「修道之爲教」便在於使情感發而皆中節，以得中和。孟子也說「養心莫善於寡欲。」（盡心下）情是心之動，修身必先正心，正心必要治情。孔子以及後代儒家的教育，偏重在培育感情，感情屬於意志，西洋的教育，雖注重理智，然也注重意志，訓練青年自任主宰，堅定志向。

在儒家的教育中，家庭教育佔重要的位置；歷代的中國家庭，爲大家庭，數代的人共同居家生活，必須有次序，因此家庭看重家禮，家禮則以青年爲中心，所以曾子說：「孝弟也者，其爲仁之本與。」（學而）《孝經》也說：「孝爲教本，德之所由生也」在家庭裡便教以弟數人。

二、天主教的人格教育

1. 人格的意義

天主教的教育，有目標為培育一般人的人格，不為培植一種階級的人。一般人都是人，人在天主教的教育中，是天主按自己肖像所造，管理宇宙萬物，具有身後的永久生命。現生和來生連接成一線，現生預備來生，來生為歸向造物主天主。但是人卻因罪惡而遠離天主，現生既不圓滿，身後永生更不能歸到天主的永生。天主憐憫人的苦境，天主第二次化生成人，救援人脫離罪惡，以天主的生命賜給人，人成為天主的子女。人在天主教中，乃是天主的子女，天主子女的人格具有兩層意義：實現人性的意義，又加上天主子女的身份。

人性的意義，人為萬物之靈，具有理智，可以管理萬物。人用理智尋求生活的享受，群策群力，共同使用自然界的資源。在人性中，人有生活的規律，亦有基本的權利和義務。人的基本人格，應該是遵守性律，善用理智，有互助和進取的精神。

「眞正教育之目的，乃為培養人格，以追求其個人終極目的，同時並追求社會的公益；蓋因人乃社會之一員，乃其成長，亦應分擔社會之職責。」（梵蒂岡第二屆大公會議　天主教教育宣言　第一節）

這種人格是一個良善公民的人格，善用理性，善於合作，努力進取，勇於負責。在這種良善公民的人格上，加上天主子民的身份，虔誠敬愛天主，衷心熱愛眾人，穩定身後永生的目標，心情超出世物以上。

基督親口教訓說：

「你們聽說過：古人曾告誡不可殺人，殺人的要受法律的裁判。但是我們告訴你們，向弟兄動怒的也要受裁判。………」

「你們聽見古代有這樣的教訓，不可姦淫。但是我們告訴你們：看見婦女而生邪念的，他在心裡已經跟她犯姦淫了。」

「你們曾聽見有這樣的教訓說：「以眼還眼，以牙還牙。但是我告訴你們，不可向欺負你的人報復。」

「你們聽見這樣的教訓說：愛你的朋友，恨你的仇人。但是我告訴你們：要愛你的仇敵，並且為那些迫害你的人行祈禱。這樣，你們才可以做天父的兒女。」（瑪竇福音 第五章第二十一節—第四十三節）

「安貧樂道的人是有福的，受難而悲哭的人是有福的，謙和的人是有福的，渴望正義的人是有福的，仁慈待人旳人是有福的，心地純潔的人是有福的，致力和平的人是有福的，為義而被迫害的人是有福的。」（瑪竇福音 第五章第三節—第十節）基督在一般人的人格上加上了祂的人格：心地純潔，安貧樂道，愛仇釋怨，意善溫良，守己不屈，愛天主為天父。

「所有基督的信徒，既因聖水及聖神再生而為新人，且被稱為也實際是上主的子女，則自有接受基督徒教育的權利。所謂基督徒教育，並不僅在培育以上所描述的人格成熟，而主要的，是使領受過洗禮的人，於逐步被介紹認識求恩奇蹟時，能對其所接受信仰之恩，日益提高意識，能以心神以眞理，尤其在禮儀行動上，崇拜天父。並能按照其有眞理之正義與聖善的方式，調整其個人生活，這樣才能臻於全人之境。……並應協助基督的精神，對於整個世界能有滲透，俾使人性的意義在基督所救贖的人的整體透視下，加以運用，而能有助於整個人類社會的福利。」（梵蒂岡第二屆大公會議 天主教教育宣言 第二節）

天主教的教育在通常的教育課程和修養上，加上宗教信仰，使人認識造生萬物的天主，激發人孝愛天父的孝心，具有天主子女的人格。這種人格是一個虔誠信徒的人格。

2. 天主教教育的方法

「教會盡其教育任務時，不忍一切的適當教育方法，尤其不忘記自己所有的教育方法。其中首要的，是教義個要的講授，因為教義個要（要理）講授照明信仰，鞏固信仰，按照基督信仰培養人生。……

在一切教育方式中，學校有其獨特的重要性，因為學校由其本身使命，悉心培養學生的智能，同時也在拓展他們的正確判斷力，也在將他們引進前代所積蓄的文化遺產，也在提高他們的價值觀念，也在準備他們的專業生活，也在倡導不同性格不同環境的學生友善相處，培養彼此了解的心境。……

父母因有教育子女最先而又不可剝奪的義務和權利，故應在為子女選擇學校方面，享有眞正自由。……

天主教學校的特有任務，乃在學校團體中造成富有福音精神的自由與仁愛之氣氛，協助青年，使之於發展人格時，其由於洗禮而成的新人（天主子女），也同時一起成長，並對整個人類文化，終於與救贖恩訊相配合，使學生之對於宇宙，生命，人類所逐步獲得的知識，蒙受信仰的光照。……」（梵蒂岡第二屆大公會議　天主教教育宣言　第四節－第八節）

由上面所引的文據，可以知道天主教的教育方法，從開始就專注在學校教育，歐洲的重要大學，就是天主教在中世紀創辦的。在中國，現在新式的學校制度，也是天主教和基督教開始的。天主教對於大學教育，一方面「每一學科各依照其固有原則、方法，及學術研究的自由而作研究，俾使各科知識日益精深」；另一方面，「並對時代進步中之新問題及新探討，予以極爲精確之批判，以求深深了解信仰及理性二者，如何同歸於一個真理。」（同上

第十節）在信仰中，包括倫理道德，信仰教育便特別注重人格教育，因爲理智的培養，不能和意志的培養互相分離，務須並駕齊驅，才能培養成全的人格。

天主教又非常注重家庭教育，父母教授兒女知道教義要理，要理中包括十誡，十誡爲倫理規條，又教導兒女實行宗教祈禱，虔誠愛慕天父，這種教育，爲學校教育的基礎，父母若不能辦，則由地區的教士神父負責教導本區兒童，絕對不能疏忽。

三、比較觀

儒家的教育，目標在於「修道之爲教」；所說的「修道」是「率性之謂道」；率性則是修身，修身在於正心和誠實。這些步驟都屬於倫理道德教育；但並不疏忽理智的教育，孔子講「學而時習之，不亦樂乎」《中庸》也講「博學之，明辨之」，然而理智的教育，還是爲達到倫理道德教育的目的。就是政治方面的知識，也是以倫理爲基礎，因爲孔子主張「政者，正也」爲政先要正身，大學所以肯定脩身爲齊家治國平天下的大本。儒家的教育可以說整個是人格教育，荀子所以說求學，首先求作君子，最後求作聖人。

天主教的教育在這基本上，和儒家的教育相同。天主教的宗旨在於救人脫離罪惡，成爲天主的子女。天主教的教育便在培養人成爲天主的子女，這種培養不是理智的培養，而是倫理道德的培植。但是在實行上，天主教的學校教育則又注重理智的培養，教授多種科學，而且以理智的培養爲主，同時，注重倫理道德教育。現在中國的教育採取歐美的學校制度，和天主教的學校教育又相同了。

儒家的人格教育，培育從政的人格，因爲中國歷代的從政人員都是讀書的士人，讀書人的目標，也在從政以治國平天下。所以培養守義、負責、廉節、愛民、勇於艱難的精神，以達到聖賢境界。

天主教的人格教義，對於人性的發揚，按照各國民族的文化去培養，在中國就必接納儒家的人格標準。在中國儒家文化的人格教育上，再加上天主子女的人格教育，一方面培養宗教信仰，一方面按照信仰加強儒家人格的教育，例如愛仇，例如心靈的純潔，例如夫婦的相愛，例如忍苦以救人。儒家以孔子爲至聖先師，作人格的模範；天主教以耶穌基督爲神師，作人格的標準；兩者不相衝突，只是層次不相同，儒家在人性上培育人格，天主教在神性上培育人格。沒有儒家的人格，不能成有一個好的天主教信徒的基本人格；沒有天主子女的人格，不能有一個成全的天主教信徒的人格，但是天主教的天主子女的人格，不低估儒家的人格，亦不扭曲儒家的人格，而是互相完成。

當今中國大學生的價值觀

一、傳統的價值觀

中華民族的文化，從堯舜到民國，四千年來是一個農業社會的文化。中國農業社會的文化，是生命的文化，是大家庭的文化，是倫理生活的文化，這種文化的典型是孔子。孔子編纂經書，教育學生，在中華文化裡承先啓後。中國農業的社會是士農工商的社會，農業社會的領導者，爲士，士則都是孔子的弟子。

孔子的人生觀和價值觀，我們可以看到中國士人的價值觀。

孔子說：「天何言哉。四時行焉，百物生焉，天何言哉！」（論語　陽貨）孔子以天道的價值高於一切，人以天道爲法。《易傳・繫辭上》第十一章說：「天生神物，聖人則之；天地變化，聖人效之。」因此孔子自己效法上天，不多講話，而以行爲來教導人。天道有什麼優點呢？《易傳・繫辭下》第一章說：「天地之大德曰生」。天地間一切都在變化，一年有四季，一天有白天黑夜，這一切的變化都爲使萬物發生。

農人們所接觸的，是五穀，一年四季的二十四節氣，陪著插秧生長成熟，春生、夏長、秋收、冬藏。農人眼中和心目中所看的是五穀的生長，天地的一切都爲著這個目標。因此孔子說：「天何言哉！四時行焉，百物生焉。」

因著生生的宇宙觀，乃有「仁」的人生觀，「仁」爲「愛之理」，愛是愛惜生命，人的生命由家庭而延續，家庭在中國人心目中，象徵人的生命。家庭生命的代表爲父子，父子的關係爲孝，孝道在中國人的生活中形成最基本的道德。孝道有三：「大孝尊親，其次弗辱，其下能養」。養親雖有衣食的奉養，然重要的還是精神上的奉養；而弗辱和尊親則都是道德的修養。因此道德的生活，在中國人的生活裡居著首要的位置。孟子曾說人有小體有大體，小體爲感覺之官，大體爲心思之官，保養小體的人爲小人，保養大體的人爲大人。大體心思之官，即是仁義禮智的道德生活。

孔子曾說：「君子謀道不謀食，……君子憂道不憂貧。」（論語 衛靈公）又說：「飯疏食，飲水，曲肱而枕之，樂亦在其中矣！不義而富且貴，於我如浮雲。」（論語 述而）孔子和孟子又都主張「殺身成仁，捨生取義。」在孔子的人生觀裡，道德的價值最高，仁義的價值居生命的價值以上。

中國古代傳統的價值觀，在社會的階級裡，以「士」爲高。在日常的生活裡，則以孝道爲最重要。而在人生觀裡，以仁義道德爲最貴重。在社會的評價裡，按照孟子所說（公孫丑上），有爵、齒、德三種價值，官爵高，年齒長，道德高，受人尊敬。在家庭生活裡，按照《書經》所說（洪範）以多子多孫爲福。

民國成立以後，我國的社會開始改變，到了中日抗戰勝利以後，大陸遭共匪所竊據，整個社會組織和生活方式，完全遭破壞，生活價值觀徹底變了質。臺澎的社會在三民主義的統治下，三十年來進入了廣泛而深入的改革。中國五千年的文化，遇到了歷史上未曾有過的衝擊，目前正好像一個婦人在懷孕時期，將要生產一種新的中華文化。

大家都知道臺澎是由農業社會進入了工業社會，由工業而進入了商業社會。工商業的社會是生產的社會，是資產流動的社會，是消費的社會。社會的形態既然改變，社會生活的本質和方式也跟著改變，社會的價值觀隨著也改了。

但是歐美的工商業先進國家，在近三十年來，就是在第二次世界大戰以後，也改變了生活的價值觀。

尤其是青年們對人生的看法和三十年前青年人的看法，大不相同了。歐美社會價值觀的改變也影響了臺澎青年的價值觀。

二、新的價值觀

今年輔仁大學社會系的學生作了一次輔仁大學學生心態研究的測驗。他們選擇一千個學生作為全校學生的代表，給他們發出問卷，得到了他們的答覆。社會系的學生現在已經整理完了這些答案，列表統計，社會系作大學生心態研究的資料，在問卷的題目裡，有價值觀的一項。價值觀問卷的目的，在於研究大學生對於價值觀的基本態度，即由某一方面去決定自己對人生的價值。問卷列出六種型態：一、理論型，以求真理的態度去決定價值，人數為百分之三十六點一四。二、經濟型，由實用經濟方面去決定價值，人數為百分之九點二九。三、審美型，由美感去評定價值，人數為百分之十五點三四。四、社會型，以社會福利去評估價值，人數為百分之二十三點零一。五、政治型，由於自己的成就，足以支配別人去評判價值，人數為百分之二點八。六、宗教型，由宗教信仰去建立價值，人數百分之十一點九五。七、未作答，人數為百分之一點四七。從上面統計所表示出來的，我們可以看到大學生對人生的態度，同時也表示出來他們的價值態度，有學術價值、有經濟價值、有美感價值、有社會福利價值和宗教信仰價值。

就一般來說，今天中國大學生的價值觀，有以上的幾種轉變。

一、由讀書人的價值轉到工業家和商業家的價值。讀書人稱爲士，中國的社會原來是士農工商的社會，農居第二，工商在後。現在高等職業學校的學生和普通高中學生的比例，今年已經是百分之二十八點零一比百分之七十一點九九，實際就是三與七的比例。職業學校的學生的目的在於工業商業，普通高中的學生將來繼續讀大學，可稱爲士人。可是大學生畢業以後，繼續作學術研究的人並不比從事工商業的人多。這一點表示中國社會的價值觀，已經把工商業放在士以上，而農業則放在最低的位置。原先是士農工商，今天則是工商士農。

二、由義的價值轉到利的價值，由利再轉到享受。孔、孟的價值觀，以義爲重，以利爲輕，所以「見得思義」。工商的社會以利爲重，得了利便富於金錢，有金錢便要享受。在歐美社會有功利主義，利爲益，凡有益的事就是好事。益是對生活有益，生活有益乃是生活的享受。同時工業的的產品，須由商人去賣，商人賣貨需要買者，工商社會便變成了消費社會，消費社會和享受的功利主義相連貫。享受的價值提高，道德的價值便低落。前些年，中國學者稱西洋文明爲物質文明，就是以西洋社會以物質享受爲人生最有價值的事。今天，這種價值觀也成了中國青年人的價值觀。

三、由人文科學的價值轉到科技的價值。中國四千年來學者所讀的和所研究的爲文學、歷史、和哲學，即是人文科學。自從歐美科學發達以後，科學的價值一躍而居學術的首座。十八、十九世紀，在歐美科學成爲萬能的尊神，到了二十世紀，歐美的人文科學纔漸漸復興。今天臺澎正在經濟開化的階段，需要機械和科技人才。政府極力提倡科技教育，社會迫切需要科技人才。青年大學生爲適應社會潮流，爲自己的將來就業，都以科技爲重，輕視人文科學。

四、參加政治及參加社會福利的意識加高。輔仁大學社會系所作的大學生心態研究的統計，有政治心態一項，問卷中問在國家時局不穩，自己是否想移居海外？答想移居國外的人，祇有百分之十二，百分之八十八則願留居國內，爲國犧牲。有百分之四十六願意在有機會時，參加公職人員競選；而且有百分之九十五點八七的學生願意直接參與改進社會工作。今天的大學生深深具有國家和社會的意識，把國家和對社會的責任，看得很高。

五、自我人格的價值看得非常高。在輔大社會系所作大學生心態研究的問卷裡有一項問題：「我能夠決定並掌握自己的生命。」答覆自己能夠決定的是百分之八十三點三四。這就顯示今天大學生對自己的信心。在以往青年人對於自己的生命不能有把握，因爲一切要聽父母的安排。又有百分之六十三點五七，答覆是「每天以愉快的心情，迎接新的一天。」這也表示今天大學生對於自己的工作有信心，不以國家所處的危難境遇爲憂。對於選擇對象，百分之六十四點九，主張選擇有品德內涵的對象；百分之十七點二六，主張選擇有共同嗜好的對象；這又表示今天大學生看重自我的人格，不看重對象的家世財富和外表。關於在校參加活動的答案，百分之二十三點七五，參加學術性活動；百分之二十四點零四，參加體能活動；百分之三十八點三五，參加康樂活動；參加宗教活動的祇有百分之五點六，參加社會服務的，祇有百分之七點八二。這一答案表示今天大學生在校內參加活動，也喜歡發展自己的個性。

在第二次世界大戰以後，歐美的大學生，尤其美國的大學生，都表現強烈反傳統的心理，各自追求表現自己的個性。因此造成社會上多種不和諧和反常的現象。目前，這種趨勢稍爲和緩。在臺澎目前所謂代溝問題，就是青年人對自我的價值問題。今天我們的青年有自我的意識，看重自己的人格，要求父母看重他們的人格，要求師長看重他們的人格。在上一輩的人裡，父母和師長抱著從前的價值觀，認爲青年人應該服從。兩方的價值觀不相同，因此兩方的中間造成了一種隔閡，稱爲代溝。目前，代溝的問題已經不大嚴重，因爲年長的一輩大都了解青年人的心理。

六、輕視傳統文化，趨向歐美文化。在五四運動發生以後，一般青年學人和大學生都趨向全盤西化，胡適當時喊出「全盤西化」的口號。雖然在理論上，當時有些學人極力反對，但是社會的趨勢繼續向這方面走。今天，政府用心用力提倡恢復中華文化，一般大學生的心理總是對於傳統的文化、傳統的道德有些厭惡。青年人好新奇，好方便，好自由，對於拘束自己行爲的傳統，希望能夠擺脫。對於師生的禮貌，對於男女同學的交往，對於社團的活動，都力求自由，不受傳統禮的拘束。

三、結論

從上面所說的，我們可以總括今天大學生的新價值觀，在工商業的社會裡，以利爲重，由利所得而看重物質的享受，爲能得有高度的享受，須有多而良的產品，因此需要精工的料技。工商科技重在創造和發明，個人的智慧和勤勞乃是基本的動力，工商業社會便看重個人，自我的人格普遍受重視。自我的人格既受重視，則個人的自由，乃是必然的要素，因著實現個人自由，便對傳統發生反抗，而趨向歐美的生活方式。但是因爲國家民族目前處在危難的境遇裡，青年學生意識到自己對國家民族的責任，在爲國犧牲的精神。所以今天大學生的價值觀：重視個人的人格，重視對國家的責任，看重科技的學術，嚮往財富而有享受，然也抱著研究學術的理想，以在科學上有發明爲目標。這種價值觀，是工商業社會的產物，有好的一面，也有壞的一面。好的一面含有很高的建設性、壞的一面也會有很大的破壞性。

我們若要再簡單一點，把今天大學生的價值觀用一句話說出來：「今天大學生的價值觀是功利主義的價值觀。」功利主義是美國詹姆士和杜威的哲學，也是胡適所提倡的思想。這種思想爲新興的工商業社會的產物。我們臺澎的青年，因爲社會趨勢在五十年來揚棄祖先的傳統，因此很容易而且很徹底地接受功利主義的人生觀。我們不能說這種人生觀完全是錯誤的，它有適應現代生活的優點。

但是，中華民族是有文化傳統的民族，中華民族將來的發揚還是要在自己的文化上去發揚。我們青年人的人生觀，應該把功利主義的人生觀予以修改，以保存有傳統的文化精神。

中華傳統文化的模型爲孔子，傳統人生觀的價值觀也是孔子的價值觀。今天，中華民族的新人生觀和新價值觀應以復興民族的偉人先總統　蔣公作爲典範。先總統　蔣公有固有傳統的倫理，有現代科學的智識，一生追隨總理和基督。他以當前國家民族所處的時代，爲求生存而奮鬥的時代，我們的人生觀，應該是革命的人生觀。他說：「生活的目的在增進人類全體之生活，生命的意義在創造宇宙繼起之生命，可以說是我的革命人生觀。」（自述研究革命哲學經過的階段　蔣總統言論彙編　第十卷　頁五十八）這種人生觀的價值是「以國家與亡爲己任，置個人生死於度外」。民國二十四年七月八日，先總統向成都的四川大學學生講中國青年之責任，曾標出五點：

一、在宇宙中——宰制宇宙，征服自然，創造文化。（這是看重科學）

二、在國家中——自覺自強，建立獨立自由的新國家。（這是看重對國家的責任）

三、在社會中——爲社會勞動服務，爲人群謀利造福。（這是看重對社會福利的責任）

四、在家庭中——發揮孝友睦姻任卹的美德，與從事家庭勞動服務（這是看重傳統的道德）

五、在學校團體中——親愛精誠，團結一致，服從領袖，嚴守規律。養成義勇決斷、冒險進取的精神。（這是看重個人的人格，看重責任感，看重團體道德。）（中國青年之責任 蔣總統言論彙編 第十二卷頁一四二——一四四）

先總統又提示青年說：「人的生活，除了物質以外，還有更重要更高尚的精神生活，這精神生活的本質就是生命的所在。」（解決共產主義思想與方法的根本問題 蔣總統嘉言錄一頁五）

先總統 蔣公篤信基督，所以他說「信仰是不可抗衡的力量」（民國四十一年耶穌受難節證道詞 蔣總統言論彙編 第二十二卷 頁一二四）又曾懇切地說：「人生不可須臾無宗教信仰。」（民國四十一年耶穌受難節證道論 蔣總統言論彙編 第二十二卷 頁一二三）

簡要地把 蔣公的人生價值觀提出來，就有下面幾點：

1、精神生活重於物質生活；所以義重於利，道德重於享受；而看重傳統道德。

2、重責任感；看重個人對國家民族，對社會福利，對家庭的責任；而且面對國家興亡，敢於犧牲。

3、重視自己的人格；嚴守規律，義勇決斷，冒險進取。

4、看重科學；求發明，以征服自然，創造文化。

各位青年同學，你們各位一定抱有自己的人生觀，也有自己的價值觀。我上面所講的，不能符合各位的看法。但是就今天青年同學一般心態而論，又就國家民族的要求而著想，青年同學的人生價值觀，應當合於先總統　蔣公的人生價值觀，這項價值觀是積極的，富於建設性的。未來的中國，未來的世界，將由你們去建造。中華民族的命運，將操在你們手裡。你們看清了人生的意義，你們選擇了生活的路途，懷著正確的人生觀，把著正確的價值觀，將來的中國必定是強大而和諧的國家，將來的世界也必定是和平而各國互相尊重的世界。

民國七十年五月十一日講於逢甲大學

向畢業同學講話

各位同學：

你們四年的工夫在輔仁大學求學（夜間部則是五年），你們見到校長的次數不多，又很少的次數聽到校長跟你們講話，在畢業典禮上，普通都有校長的講話，但是天氣熱，不便多講，避免使同學坐著熬熱太久，所以安排了今天的週會，讓我和各位畢業同學見面。四年來，我雖沒有和你們一個一個見面，但我很關心你們各人的學業和品行，今天更關心你們將來的前途。

一、關於個人

輔仁大學是天主教的大學，天主教大學的目標在培養一個具有人格的人。

今天的社會是個工商業社會，是個國際化的社會，是個多元化的社會；每個人都求有工作，求有事業。在這樣的社會裡，當然大家都求能出人頭地，各人有各人的才力，各人有各人的學識，各人有各人的方法。但是一般受人看重的，還是人格品行高尚的人。

人格的培養在學校開始，在社會裡繼續，是一生不能間斷的工作。人格靠品行，品行高人格就也高，品行高就是品行好，品行好在於心好，心好在於正直。大學講修身之道，便是說：「修身在於正心」。正心必須正確的標竿。標準在那裡？就是現在所謂價值觀。

在今天的社會裡，什麼最有價值呢？大家都說是金錢。工業家盡力賺錢，商業家盡力賺錢，做別的職業的人還不都想賺錢嗎？有錢便有享受，今天是享受的社會，但是在今天的社會裡，還有些人，或者是少數人，他們或者盡力在學術科學研究上努力，他們或者在社會政府職位上爲國家的政策盡力策畫推動；他們或者在社會公共福利方面費盡苦心；這般人的價值觀，在於爲人類的生活而服務。我們天主教的人則爲效法耶穌基督，以獻身爲人類服務爲最高的價值。

各位同學，你們心目中的價值觀是什麼？賺錢？是好事，但不是最高的事；賺錢而爲人類服務，才是高尚的價值觀。

你們將來無論在什麼職業上，無論在什麼地位上，總不要把自己關閉起來，要向人開放，每個人的旁邊都有旁人，首先有你們的父母家人，你們要知道爲他們留心，爲他們做點事。

不自私的人，心地就能光明正直。這種人不僅是目標正直，而且方法和手段也正直。立了正直目標，使用方法不擇手段，這種人也不能是心地正直的人，品格不好，人格也不會高。心地正直的人，就中國歷代所稱的正人君子。

我希望你們每個人都要終生做一位正人君子。

二、對於社會

人是生活在社會裡，以往的中國社會爲家族社會，社會以家族爲基礎。現在的社會爲行業的社會，社會以各種行業作基礎，各種行業都有同業組織。

但是家庭乃是先天的社會組織，人生的第一個社會就是家庭。以往家庭爲大家庭，家庭以孝道爲基礎，孝道成了中華民族文化的特色，目前，家庭已成爲小家庭，夫婦兩人同一雙小兒女組成一家。這種家庭要供給生活上的基本需要，又要供給生活上的天倫快樂。因著這種快樂的小家庭，小兒女得到愛心，得到照顧，得到教育。因著這種快樂的小家庭，夫婦要得到工作的安慰、工作的鼓勵。但是現在這種小家庭，是不是供給了生活的基本需要和天倫快樂呢?並沒有做到，將來又難做到。夫婦兩人成天在外工作，漸漸彼此疏忽，而被疏忽最苦的是小兒女還有老年的父母。我現在在提倡三代同堂，父母親同結了婚的女兒或兒子同取，一方面延續中華民族文化中的一點孝道，一方面使小兒女得到祖父母或外祖父母的照顧，關心和教育。大家目前都講代溝，代溝是有，由人所造成，當然也可以由人去解決。

你們一進入社會，就產生人際關係，職業關係，工作關係。中國以往把人生關係包括在五倫以內，在社會上祇有君臣和朋友兩倫。若以君臣代表政府與國民，以朋友代表社會人士，也不能包括各種社會關係，而且還有人和天然環境的關係。現在的社會關係，非常複雜，爲應付這些複雜的關係，第一要保守自己的原則，就是心地正直。第二，要實踐中國傳統的誠實美德。第三，要培養兩種新的美德，就是公德心和守法精神。

輔仁大學近年提倡公德心，培養同學的爲社會大眾服務的精神。我希望各位同學繼續培養公德心，在公德心裏必定要包括守法的精神。

三、對於國家民族

中華民族爲世界上歷史最久遠和文化最豐富的民族，中華民國也是世界上人口最多土地最大的民族。今天因著政治上不幸的遭遇，實際上分成了台灣海峽的大陸和台灣，但是在民族的歷史哲學上，在國家政府的存在上，中國只能是一個國家，中華民族必定要常爲一個民族。中華民族的歷史有好幾次的分合。第一次分，在戰國時期，結果有秦國的一統；第二次的分，在魏晉南北朝，結果有隋唐的一統；第三次的分，在唐末十國，結果有宋朝的一統；第四次的分，在南宋的時期，結果有元朝的一統。元朝是蒙古人，但是他們接受了漢族的中華文化和社會政治制度；第五次的分，在清初時候，明朝永曆帝退居貴州，結果有清朝的一統，清朝是滿州人，然而他們和漢族的中華文化同化了。現在，我們生活在中華民族分的時期，然而分必有合，而且合的一統是要在中華民族文化以內。這種文化目前在自由中國繼續存在，繼續發揚。

各位同學，對於國家民族，必須要有歷史的意識，並且要有歷史的責任感。你們每個人都負有建設中華民族來日生命的重大責任，在國家各種建設裡負責。

你們每個人的價值裡，要以國家民族爲重，不宜自私，放膽擴大胸懷。無論將來在那裡工作，那種職位上，都知道留心旁人，留心自己的國家民族。

最後，我也希望你們愛惜自己的母校，愛惜自己的師長，好好地，隆重地，快活地參加畢業典禮，結束每個人十幾年的求學生活。畢業的日子，就將成爲你們每個人新的社會生活，美好開端的日子。

我求上天天主降福你們，降福你們的前途光明。

民國七十五年四月廿九日畢業同學週會

校長向畢業生講話

各位畢業同學：

峰迴路轉，別有天地。

結束了求學的路以後，從畢業典禮的禮堂出來以後，你們的生活，別有天地，這種天地，是你們生活的社會。

你們生活的社會，眼前急劇地在變，而且會跟著你們的年齡，一直的變下去。你們將是二千年後的社會人士。

二千年後的社會，在科學技術上，進步將非常迅速。在工業製造上，將改變製造的功能和程序；在內銷外銷產品上，將大量多有剩餘的積貨；在工作上班時，將加增休閒和退休的歲月；在社會的生活上，將不斷出現自發自救的表現；在思想和政治結構上，將非常自由多元；在人情世故上，將深深感到孤獨的失敗。

我不是悲觀的人，我相信基督和尊敬孔子，基督以死亡為勝利，孔子常樂以忘憂。我不是守舊的懷念前一世紀的老人；我是你們青年常生活在一起，常是向前觀看的人。

二千年後的社會，雖然不是一個快樂的容易生活的社會，但是一個考驗青年，供給青年創造的社會，有科學技術、有自由平等、有豐盈資金，可以供給你們去發展。

但是我要指你們很簡單的幾項生活原則。

第一，要有團體感。將來的社會是大家競爭的社會，但是爲成功，須由團體去競爭。科學的研究，是團體的研究；工業的產品，是團體的產品；社會的創作，是團體的創作。你們在輔仁大學求學，該當體驗到天主教的生活和工作，是團體生活和工作。但是你們竟不能組織畢聯會，竟不能共同出刊畢業紀念冊，這是團體感的不足，也是缺乏負責的精神。

第二，堅持合理的原則。青年人作人有志氣，志氣合於理想，理想必有原則，抱定原則以穩固自己的志氣。你們在輔仁大學四年或五年，知道輔仁大學是天主教的大學，天主教是有理想有原則的宗教，因爲所信仰的是耶穌基督，耶穌基督一生有理想有原則，而且爲自己的理想和原則犧牲了性命。

第三，具有向前創造的精神。職業沒有貴賤，工作沒有高下；作事的目標和精神則有貴賤有高下。先總統　蔣公以人類生活的目標，在促進人類生活的福利，這種目標是最高尚的。爲人類生活的福利，必須常有新的創造，創造則常在失敗的經驗中發現的。

所以我祝福你們的一生，從困難的失敗中，得有新的創造。但是在失敗的經驗中時，則要保持原則，百折不迴，又要保守團體精神，結合互相友善的意志力，努力前進。你們在各行業中，得有新的創造，爲人類的生活增加福利，你們自己的一生，充滿意義，充滿價值。

民國七十七年三月卅一日

善用教育經費建立學術教育基礎

政府已經決定在下年度的預算中，教育經費要達到憲法的法定標準，佔全部預算的百分之十五，各方面也已經開始關心教育預算的運用。提出好的建議，從事社會文化工作的人，更希望能夠爭取大量的社會文化經費，我想在目前的情形下，教育經費應先運用爲建立高品質的學術教育基礎，使學術研究可以在優良的穩健基礎上向前邁進，帶動國家的各項建設和社會的文化生活。

一、提高教師的待遇

目前我們社會有一種嘔心現象，用「公教人員」的名詞把教師和公務員並列，而且放在公務員以下，一切待遇和保險都和公務員平等。

公務員是公家機關的職員，責任是盡好自己的職責，古代傳統雖然有「政者，正者」，政府的職員先要正身以便正人。現代公務員對於正人並沒有責任，責任祇在對機關負責盡職。教師則是教人做人，培育國家的國民，我們的傳統素來是「尊師重道」，因爲老師教人做人之道，所以尊重老師，老師便必須先修身正心，以作人師。

政府遷臺以後，初期經濟困難，不能給予教師適合的薪金，大學老師便到多數學校兼課。每天講書，往來奔波，筋疲力盡，沒有時間從事研究，中小學老師因著聯考制度逼著學生須要補習，便看輕了課堂的正規教育，偏重了補習教育，以增加自己的收入。大家同聲嘆息「師道衰微」青年犯罪率急加，學校教育放棄了倫理教育，學生既要補習，凡和聯考不直接有關的課目，學生不讀。國民中小學，學生一律畢業，對程度低，品行壞的學生，老師無法管教。

爲改正這種大家嘆息的現象，首先要呼籲各級學校的教師看重自己的人格，有孔子所說「君子憂道不憂貧」的精神。接著政府要給予老師適合的待遇，不能再把教師和公務員「並駕齊驅」，要「尊師重道」，使教師安心在課堂教人做人。以往大學教授地位很清高，生活也清高，這種清高的地位，必須重新建立起來，爲要使教師有時間，有精力，有機會，從事研究工作。我們罵中共泯滅中國文化，可是他們用公費養育成千成萬的學者，從事編著的工作，每年大量出版書籍，他們根本反對宗教，可是他們用公費派人到歐洲研究天主教在華傳教的史料。我們祇有一個中央研究院，政府不撥適當的經費，不用說對人文科學的中華文化思想沒有研究，連對自然科學也沒有研究的成果！

二、建立優良的研究中心

中央研究院回然應該大量提高經費，其他的研究中心也該建立。

第一，建立優良的大學研究所。目前的大學研究所，是供給碩士班和博士班的學生作研究，一切儀器和師資都不夠水準，因爲經費不足。但就是經費足，也不能使學術研究有高深的創作和發明，因此，我們有志的青年都湧向美國。我們政府應該立即選擇有相當好的條件的大學（包括私立大學），分門列類建立幾所優良研究所（包括人文科學），以重金購買精密儀器，重金聘請指導老師，又建立研究員制度，教師和畢業的博士，共同研究。這樣才有希望提高學術研究水準，保留學術人才不外洩。

第二，政府立法促使工業和商業的雄厚資本公司，建立本行的優良研究中心，大醫院應有醫學研究中心。大公司應有本行的學術研究中心，或至少和大學作建教合作，投資支持工作。

目前，政府不是沒有錢，外匯存款不是爲國家在國際上爭面子，應用在國家的基本建設。目前許多的工商業家也不是沒有經濟能力以建立研究中心。另外,在急需改良生產機關,提高生產科技的時候,若沒有優良的科技研究中心,怎樣能夠見效?

三、支持私立學校

目前,社會和政府看公立學校的教師和公務員平列,已經是嘔心的現象,更使人嘔心的,把私立學校的教師看成連公務員都不如。大家口口聲聲喊說在憲法前面公立、私立學校是平等的,私立學校爲國家培植人才所有貢獻不在公立學校以下;但是在實際上,爲著私立學校教職員的保險,若不是故總統　蔣經國先生果決訓令修改不適合的法規,到現在還不能成爲事實。

對於私立學校的支持,我不贊成奬助的辦法,奬助金既然少,而且分配的標準又很難,結果常不生效。就是生效,也造成好的學校繼續好,壞的學校繼續壞,不能翻身。

支持私校的辦法,首先按各系需要提高學雜費。目前也不是實行低學費的時代,祇要看臺北市餐館的多,用餐者的擁擠,又看旅行社之多,出國觀光者之眾,自由中國給人的印象是「暴發戶」的印象。若說還有公務員和每月領薪的階級不能負擔高學費,便要多設奬助學金。

第二，公平訂立支持私立學校經費平準佔全年政府教育經費之百分比，然後按照各私立學校的學生人數和教師人數和研究工作之所需，每年核發各校支助費，使學校安心訂立發展目標和計劃。以往和目前，每次我接到教育部來文催交學校短期和長期發展計劃時，心中有說不出的苦處，按照自己的心願訂立一種發展計劃，使學校進入第一流大學的境界，但是從何處找經費？按照目前經費情形訂立一種研究計劃，顯得太寒酸，拿不出手，不能掉學校的地位！大家都說輔仁大學是教會大學，教會大學可以有歐美教會的支持，這是實話，輔大在復校的最初十年內，大量取得歐美教會的支持，可是近十年來，歐美教會人士聲明臺灣的經濟已進入開發國家的行列，輔大應該有國內經濟的支持，他們的經濟支持要轉向亞洲非洲經濟落後的地區，輔大便再也得不到國外教會的支持，國內人士則還沒有捐助私立學校的習慣。

四、結語——往遠處看

我雖不贊成「百年樹人」的成語，因爲教育政策以百年爲標準，就沒有標準；培植人才以百年爲目的，就沒有人才用；我常說「十年樹人」，教育政策以十年爲標準，培植人才以十年可以有人才用。但是我贊成教育事業是國家的基本事業，影響可以達百年，我們對於目前的教育事業，應看到百年內中華民族的生命！在百年內，中華民族應該統一，應該是開化的大國，應該是傳承四千年文化的大國，應該是科學發達的大國，應該是文化水準高的大國。根據這種前景，規劃教育經費的運用，千萬不要各機關、各中心、各學校以私自的利益，計較斤銖向教育部爭取經費，則教育經費的提高，乃能夠提高全國的教育事業。

此文已在中央日報民國七十七年八月十九日發表

開放教育權導正教育風氣

一、先天人權

現在社會上，各行各業，各色各等的人，都在講求保障自身的權利；然而有一種天生的人權，卻少有人講求，更沒有人申求保障，這種天生人權就是父母教養子女的權利。大家都知道父母在教育子女的責任，大家也都責難父母輕忽了這種責任。但是，父母既然有教育子女的責任，當然就應當有教育子女的權利，而且應該有實行這種權利的法律保障。

在民國以前，小孩在家庭裡由父母教育；小孩長大以後，父母請教師到家裡開私塾予以教育。古代孟子雖然主張庠序的學校，實際上歷代國家的國學祇教育少數的幸運青年。當時子女的教育都由，也都歸父母負責。

民國以來，國家設立各級學校，由幼稚園到大學。青少年的教育，便都由國家辦理。國家當然有權，也有責，辦理教育；因爲國家的目的就是在爲國民謀幸福，青少年爲國家的國民，且是來日國家的主人翁，教育他們，國家負有重大的責任。而且國家的一切建業，一切工作，都靠國民，國民受的教育好，作事的能力就強，國家的建業和政治工作乃能有良好的成績。因此，教育事業便成爲國家的基本工作。同時，政府也把教育看作國家的權利。訂立法律，統制一切教育工作。

在國家至上的納粹主義裡，在共產主義的社會制度中，小孩變成了國家所有物，他們出生以後由政府管理，他們的教育當然屬於政府的權力，父母祇是一架生育的機器。

事實上，無論在什麼制度之下，子女是屬於父母的，家庭爲先天的組織，在法理上，在歷史上，先於國家；國家雖也是先天的組織，乃爲補家庭之不足。因此，爲組織家庭和爲家庭生活所有的基本權利乃是天生之權，國家政府不能予以剝奪。例如成婚的權利、生育子女的權利、教育子女的權利、家庭私產的權利，都是天生的人權。國家爲著全體國民的公益，可以訂立法律，規定這些人權的使用範圍，對於人權的使用加以限制，但總不能予以完全剝削。

二、選擇學校

父母運用教育子女的人權，第一，有選擇學校的權利，尤其是對於國小國中以及高等教育有選擇權。國家設立學校，一方面爲國家培育人才，一方面代替父母教育青年。爲著教育工作的方便和秩序，國家由政府可以訂立教育法規，規定青少年就學的區域。現在我們的教育法有學區制，小孩要在戶籍的區域內入學。這種法律祇能視爲教育行政的方法，不能視爲教育的原則。在需要這類方法時，才能成爲合理的法規。然仍舊不能剝奪父母在同一區域內選擇學校的權利，例如在同一區域內，有多數公立和私立的學校，父母應當有選擇的權利。

目前有些現象，就剝奪父母的權利：例如私立小學、初中招生要抽籤，公立國小、國中入學則不抽。爲什麼要有這種私立小學的限制？說是要進去的學生太多。爲什麼家長不送子女入公立國小，而願花錢送入私立學校。因爲私立學校辦得好。爲什麼不能使公立國小、國中辦好，反而喊取消明星學校，使好學校變成壞學校，而不使壞學校變好，使明星兩字自然消跡呢？

另一點，不開放設立私立國小國中。在法理上，國家不是握有辦理教育的全權，排斥一切私立的國民教育學校。目前，我們的教育界已經有幾種不合理的怪現象。地方政府口口聲聲喊著教育經費不夠，卻每年增設公立學校，每年使公立學校增班，花費大批的費用，卻不准私人設校，且又不許私立學校增班。許多好的私立學校可以收納更多的學生，教育當局卻硬是不許，這是爲什麼？爲花政府更多的錢？這樣間接地也剝削了父母選擇學校的權利。

九年的義務教育，爲國家的德政，但不因此九年的義務教育必定完全由政府辦理，私人不能設立國小國中。目前社會已經多元化，政府的政策在各方面都採開放的途徑，黨禁已開，報禁也開，中小教育也該開放。若說義務教育祇有政府才能辦好，我們祇要看目前少年犯罪的情形，父母怕送子女到公立學校，就知道政府壟斷中小教育的弊病。

然而我並不是贊成私立學校或公立學校盡是增班，青少年的教育最重要在培養人品，人品的培養在每個青少年的教育歷程中，所要求的都不同，國小和國中的校長要能認識每個學生，要能知道導師所用的方法是否適合這個青少年。目前，我們的國小和國中，常是一校幾千，甚至一萬學生，校長連老師都不能認識，何況認識學生。這是辦工廠，不是辦學校！大學院校的學生，應該知道自立，一校人數多，可以不妨礙教育的目的。

三、監督學校

父母有權選擇學校，也有權監督學校。我在羅馬居住很久，知道義大利的中小學組織中，常有家長的代表參加，對於學校行政家長常有發言權。我們的私立中小學設有家長會，那是爲幫助學校的經濟。但是按理說，中小學無論是公立或私立，家長都應該有監督的權利，對於學校教育有發言權。家長參加學校行政，須有法定的制度，在法定的制度裡，家長參加學校行政，對於教育將有助益。

現在學校的監督權責，都歸之於政府。一般說來，監督卻常用於私立學校行政，很少聽到監督公立學校；即使不用監督的名字，改用「輔導」，更是常用於私立學校，不僅是輔導私立中學，也用於私立大學；但是在實際上，負責輔導或監督的機構，避重就輕，遇到棘手的問題，便放置不管。通常指責私立學校的罪名，是開「學店」，是積「家產」，爲預防或改進這種弊病，教育法上都有規定，例如董事長或董事，和校長的親屬關係。一座學校的弊病必不是一天造成，乃是漸漸積成，監督的機構宜在弊病剛發生時，立即糾正；若等到弊病已成沉苛，或者已積成勢力，然後再去改革，便困難重重了。我常想政府取締違法的生啤酒店或違法魚塭，爲什麼不在這些違法事實剛發生時即阻止？卻等到生啤酒店很盛旺了，魚塭產生大量的魚了，才大動干戈，使被取締者因損失資本，對公權力懷恨不平。這表示公權力平日不負責。但又因這些現象封閉設立私立學校的管道，對已有私立學校加上不合理的約束，例如祇許按畢業的人數招生新生，不許增班；又像今年台北市教育局挖走私立學校的教師。

學校不論公立或私立，都要盡力辦好教育工作。我任大學校長，常覺自己應對學生的家長負責，他們把子女託給學校，學校要替他們培育子女。我們校長對國家也要負責，培植國家的人才，在這兩層責任之下，公私立學校，應如姐妹，共同勉力，互助合作。政府和社會，更不應視私立學校爲壞勢力，盡心防制，應視爲教育的活力，盡心予以協助。私立學校法的修改，以「開放」爲原則，不祇是輔導多於監督，而要協助多於輔導；以私立學校爲國家的好事，而不是壞事，讓它們有自由發展的機會。學校多，學校又好，父母可以自由選擇，聯招的方式則可以作廢，教育便會走入正途，現在苦煞學生的補習制度將可消失，入學讀書將成爲樂事，蹺學與學壞的學生不會多出現。

此文主要部份已在聯合報民國七十七年九月十四日發表

人文教育的基本概念

一、人文教育的意義

目前教育界爲預防偏於科技教育所能引發不正常的現象，乃提倡人文教育，以平衡科技教育的偏差。出發點固然是對的，實行的努力也是可欽佩的；但是對人文教育的基本觀念則不完全正確。

人文教育是以人爲對象的教育，以教人好好生活爲目標的教育。人生活在一個國家內，國家舉辦教育，有滿足國家需要的目的。教人好好生活，和滿足國家的需要，兩個目的本身不相衝突，而是互相調協。國民爲好好生活，需要國家的協助；國家的需要就在於國民的福利，使國民能夠好好生活。但是在實際上這兩個教育目的，可能不互相調協，而且可能互相衝突；這就是目前所發生的現象。

這種教育目的不調協的現象所以發生的原因，在於對「人好好生活」和「國家需要」的解釋不正確。「人好好生活」包括一個人的全部生活，人是心物合一體，一個人的生活有心靈方面和身體方面的兩方面生活，而且以心靈生活爲重的生活。「國家的需要」首先在於國家的生存，其次在於國民的福利，國家的生存靠武力以維持，國民的福利藉經濟去發展：然而兩者在最後都需要國民的道德以作基礎。缺乏國民的愛國心和肯爲國犧牲的精神，武力不可靠，缺少國民的公德心和生活倫理，經濟富庶將造成生活的不安定；有如齊景公所說：「信如君不君，臣不臣，父不父，子不子，雖有粟，吾得而食諸？」（論語 顏淵）

人的心靈生活乃是精神生活，精神生活以倫理道德爲重，知識生活和藝術生活須要融化在倫理道德生活以內，中國古人所以肯定求學在求做君子和聖人，《大學》便說「大學之道，在明明德」（第一章）《中庸》也說：「率性之爲道，修道之爲教」。（第一章）當時的知識教育有「書數」，教育有「禮樂」，身體教育有「射御」。

今天，個人在社會裡生活，知識的條件非常重要，處處都要看文憑要看學歷，大家都想進大學，爲求公平政府乃舉辦聯合招生考試。爲能在聯招的榜上有名，高中集中精力預備自己的畢業生，有的高中因著自己畢業生在聯招的優良成績成爲明星學校。國中學生就爭著進入明星高中，高中入學考試也舉行聯招，國中學生遂也日夜補習。因此，今天的中國教育成爲一種聯招的教育，對聯招考試的課目盡心背讀，不考的課目便予荒廢。國中和高中學生從清晨讀書到深夜，眼睛弄壞了，身體發育不均衡，生活教育沒有時間教授。到了大學，則因政府提倡科技以發展國家經濟，構成當前大專教育的趨勢，又因文科就業不易，大學生都想求得一項實際專識，以便尋找職業。大學的教育無形中成了職業教育；而且以出國就業較易較安全，大學生都謀畢業後出國。真正的學術教育，在研究所都不容易發展，又談不上充實的倫理生活教育。

目前，我們的教育，不是人文教育。為挽救弊端，乃提倡通識教育。然而「通識」並不代表「人文」，有了「通識」尚不能成為一個完全的人。一個完全的人，知道發展自己的心靈和身體的生命。人文教育的意義就在於這一點。

二、國小的人文教育

一個成全的人格，應從小時候就開始。小學生的生活，生活在家庭以內。由家庭到學校，由學校回家庭。在家庭，有父母教育小孩走路、吃飯、說話、小孩大了，父母教他禮貌，說話誠實，分別是非。

國小的教育，在於擴大父母的教育。古代私塾就是一種家庭教育，當時所教的方法，也針對當時的科舉考試。民國以來，小學教育旨在幫助小學生的心身發育，後來因著升學的需要，偏重到學科的記誦，疏忽了生活的教育。

小學生的生活在家庭內，所接觸的是父母兄弟姐妹以及其他親人。小學教育第一點就在於教育他們好好過這種家庭生活。孝愛的心情，在小學時就要養成。

第二種心情要在小孩心中培養的，是誠實。小孩最易撒謊，但是誠實卻是一生爲人的重要善德。小學的生活教育要獎勵說實話。

在家庭裡小孩應該學習清潔，愛惜物件，安排東西有次序。這些習慣應在小學裡漸漸養成。

和鄰居小孩，和學校同學，小孩相處歡樂嬉戲，也應教育養成和睦相處的良好習慣。小孩知道聽話，而且喜歡照著老師的話去做，要緊的是老師知道去教，又好心去教。在這種教育上必定要和小學生的家庭密切連繫，以免學校所教的，被在家中所見的和所聽到的，完全抵銷，或甚至於完全相反。

爲發展小孩的身體，學校的教育該是活潑的，多有運動。避免長久坐在椅上死讀書，傷害眼睛，傷害身體。

小學的學識教育，發展小孩好奇好問的學習心理，就他們日常生活所接觸的事物，予以啓發。避免把許多生硬的知識塞進小孩的腦裡，不能懂又不能記。小學的科學教育，必須和小孩學習心理發展順序相配合，爲一種活的教育。（附帶一提，現在不要再教小學生去捉蝴蝶蜻蜓，因為都被捉完，快絕種了）另外，還有一種思考教育，也可以說是小學生哲學教育。小學生說話已經開始進人思考邏輯，在這方面，宜加以訓練指導，對於他們將來思索，說話，求學都有很大的幫助。

三、中學的人文教育

中學的學生，雖然還在家庭以內生活，然而已經漸漸離開父母的懷抱，漸漸走入社會。國中和高中的人文教育，重點在於社會教育，教育學生將來好好在社會內生活。

中學的教育，第一該給學生講明他們所生活的社會，這個社會是學生的國家民族。歷史和地理，就時間和空間兩方面，講述國家民族的以往和現在情況。（附帶一提，現在講本國地理，完全不提中共對大陸地理的改變，地理便成了歷史地理）但最重要的，還是在於講述中華民族的文化史和思想史，講文化史和思想史不是以考古和註釋的方法去講，要以活的哲學方法去講，使青年學生明瞭自己的民族生命。

三民主義教育，在於講明目前中華民國的國民生活，以三民主義爲基礎爲原則。

再擴大社會生活的範圍，進入世界的國際社會，中學課程便有外國史和外國地理，使學生認識自己所處的世界。

再擴大社會生活的範圍，進入宇宙的自然界，中學課程乃有各種科學的課目，中學科學教育重點應在基本科學知識的教育。目前，因著大專聯招的考試，使中學的科學教育，淺的淺，深的深，不能順序而進。

但是最重要的，而又最爲目前中學教育所忽略的，是社會生活教育，也就是社會道德教育。中國歷代傳統的社會道德爲五倫：君臣，父子，兄弟，夫婦，朋友。五倫裡面的父子兄弟夫婦爲家庭道德，社會道德祇有君臣和朋友。然而儒家素來主張「老吾老以及人之老，幼吾幼以及人之幼」，把家庭道德推廣到社會上，成爲社會道德。現在，社會的倫理關係，較比古代複雜的多了，多種行業間的關係，織成一種羅網，把人完全罩在裡面。爲應付這些複雜的關係，要具有「責任感」，「正義感」，「公德心」，還要有禮貌。這種社會生活教育，因著聯考的補習，早已成爲口頭禪，祇說而不做。雖然有些私立的教育學校，仍在注重生活倫理，但也擺不開聯考的牽制。

四、大學人文教育

大學的教育是自立生活的教育。大學生畢業後絕大多數走入社會尋求職務，自力謀生，成家立業。大學的教育就要培養這輩學生有自立的能力；自力的人格，職業的學識，學術深造的基礎。

「子路問成人，子曰：若臧武仲之知，公綽之不欲，卞莊子之勇，冉求之藝，文之以禮樂，亦可以為成人矣。」（論語　憲問）

在孔子的眼中，一個成全的人，應該有好的學識，有好的修養，有好的志氣，又要加上禮儀。這種成人的形像，在今天仍舊是適合時代，仍舊適合大家的要求。好的學識可以是專才，可以是通才，但應有一個稱爲高層社會人的普通學識，即現在所稱謂「通識」，又要有一項學術的專識，或爲就業，或爲繼續研究學術的能力。但目前有種趨勢，每個學系盡量增加課目，想是要使這系的學生都要學到這門學術的全部知識，這是徒增學生的苦惱，也是「揠苗助長」，研究學術宜步步前進，先使學生有研究學術的能力，因此，「哲學概論」講述研究學術方法，講述益於專門學術的原則，應該是大學應有的課程。

好的修養：在大學生活裡，應是建立自己的人格。這方面所指的人格，乃是品格，乃是自我意識。善惡的規範，人生的目標，事物的價值觀，應由人生哲學去學。大學設人生哲學課程，乃是天經地義的事。但是人生哲學不是講哲學者的多種意見，而是講人生之道。學了人生之道，還要立即實行，大學教師對學生的輔導，應就人生之道去協助學生，繼續古人所謂「傳道解惑」之師道。

好的志氣：爲有志氣應有勇氣。先總統蔣公指示「生活的意義，在增進人類全體的生活；生命的意義，在創造宇宙繼起的生命」。孔子和孟子教人「殺身成仁，捨生取義」。蔣公又教人「置個人死生於度外，以國家興亡爲己任」。這都是大學生應該有的志向。

好的禮貌，在文明的社會裡，行動有禮有儀，表現受了好的教育。年輕人好動，好動則不拘守成規，大家都可以諒解。但若是行動粗暴，或者亂無分寸，別人就不會忍耐了。禮儀爲中國傳統的美德，目前則萬般禮儀都廢，形成野蠻社會。既願身於經濟開化的國家下，則也應該設法使社會成一個有禮儀的文明社會。大學的教育便要培養學生好禮的美德。

輔仁大學自始就設有人生哲學課，近年又設哲學概論課；年來常舉辦禮儀週，公德週，宴客禮，舞蹈儀式。現在再設「通識」課程，目的在培養學生成爲一個自立的人。不敢說必定有很多成效，但是我認爲這種教育乃是正規的人文教育。

在結束前，我再重覆一下：人文教育的基本觀念，是培養一個成全的人，在小學培養好的家庭生活，在中學培養好的社會生活，在大學培養成一個自立的人。

校長的話

親愛的畢業同學：

去年我曾被邀請到逢甲大學在畢業典禮中致詞，致詞的內容在勉勵畢業生在今天的社會裡，作爲人文意識的提倡者和領導者。現在我把當日向逢甲畢業生所說的話，略加補充，向我們輔仁大學今年的畢業同學再說一遍。

一、

近年來，我們所看見的社會，是一種「飛蛾撲燈」的社會，在工商業方面，若一項產品銷路好，工廠和商家，就一窩蜂地趕向那方面跑，在學校方面，若一門學科，畢業後就業機會好，學生就一窩蜂地向那一系報名。在社會裡，若一次自救活動得了效果，政黨、農民、環保鄉民，甚至於學生，一窩蜂地街頭遊行，發展成暴力事件。我們只要稍微深入研究，這些一窩蜂的行動中，有幾個主動人，心目中有種目標，其餘百分之九十參加的人，都是跟著走，任人指揮，都沒有考慮自己行動的意義，都是盲目隨從，社會乃呈現多種非理性的現象，成了野蠻的社會。這種社會是獨裁政治家容易運用的社會，而不是民主自由的社會。

民主自由的社會是要每個人對民主自由負責的社會，每一個人都是人，人有理性，自己行動時，先要想一想，對於自己的行動，要能說出理由，而且理由是合理合法，而不是祇憑一己的願望和私利，更不能由於少數野心家高聲呼喊叫罵，便跟著他走，任憑他們驅使。民主自由的社會，是人人對民主自由負責的社會，是一個有理性的社會，不是盲目衝動的社會。大學生乃社會中受高等教育的青年，平日習慣追求真理，對學術上每項問題都要說出理由，而且都學過邏輯學，知道辨別真假；因此大學生的行動應當是理性的活動。是對民主自由負責的活動。我們輔仁大學素來以思想教育爲特色，以哲學概論作每系的必修科，培養同學思考的能力。我辦學的理想，是培植自立的青年，使每位青年學生能夠自己作主，自己負責，你們畢業後，在生活上要有理性，要思考；而且你們要向社會宣傳，使盲目衝動沒有理性的社會，變成有理性的社會；使社會的人知道自己是人，自己的社會要有人文社會的意義。

二、

人不僅是有理性，中國傳統的哲學常常肯定人有仁心，孟子說：「仁，人心也；義，人路也。」（告子上）又說：「仁也者，人也。」（盡心下）《中庸》也說：「仁者，人也。」（第二十章）因爲嬰孩天生知道愛父母，大人見小孩將被車壓斃，必自然地奔往救護。朱熹說這是因爲人由天地之氣而成，得天地之心爲心，天地之心則是仁，常使萬物化生，時刻不停。《易傳》曾說：「天地之大德曰生」（繫辭下 第一章）孔子曾以「仁道」貫通他的全部思想，而仁道的實踐歷代都在於孝道。中國以往的社會是家族意識的社會，「老吾老以及人之老，幼吾幼以及人之幼」（孟子 梁惠王上）仁道和孝道的表現，使社會成爲和平有禮的社會，也可以說是君子的社會。

今天我們的社會，從報章電視所報告的新聞，又從我們親眼所見到的，乃是一個殘暴的社會，搶奪、強暴、綁架、下毒、械鬥，天天都有。另外還有經濟犯罪，欺騙，惡意倒閉，捲款潛逃。整個社會只有一個利字。因著「利」，六親不認，那還認得朋友。這種社會是違反人性的社會是小人的社會。

今天的教育則還是仁道的教育。在每座學校的牆壁上，都寫著「仁義禮智」，又常寫著

「忠孝仁愛信義和平」，我們輔仁大學是天主教會所辦的大學，天主教會當然注重倫理道德。你們都在輔大上過「人生哲學」，就是爲教育你們年輕的一代，養成合於人性的有仁心的人。在大學生的社團活動中，有服務的社團，輔仁大學有爲盲人服務的社團、有爲癩病人服務的社團、有爲社區兒童服務的社團，發揮自己的愛心。孟子曾說：「老而無妻曰鰥，老而無夫曰寡，老而無子曰獨，幼而無父曰孤，此四者，天下之窮民而無告者，文王發政施仁，必先斯四者。」（梁惠王下）我們的社會也少不了這幾種人。你們畢業後，在各種工作上，都要發揮仁道，千萬不要只看自己，不顧別人，更不要只顧求錢，不擇手段。輔仁大學的校訓，爲「聖美善真」；中國的聖人，是以仁心和「天地合其德」的偉人，以這種偉人作同學的模範，你們將來要使社會是一個有仁道愛心的社會，是彼此相關的社會，是充滿人文意識的社會。

三、

孟子又曾說過人有小體有大體，小體爲耳目之官，大體爲心思之官，「從其大體爲大人，從其小體爲小人。」（告子上）小體是我們的感覺的官能，大體是我們的心靈，順從感官的人，追求物質的享受；順從心靈的人，追求精神的享受。今天，台灣的社會，因著經濟的迅速成長，變成了一個暴發戶的社會，滿街都是餐廳飯館，滿街都是錄影帶和傳真的店鋪，耳目口舌的享受，盡量使用，青年人還要開車，喝生啤酒。

人生來固然追求享受，不能實行老子所講的：「聖人之治，虛其心，實其腹，弱其志，強其骨，常使民無知無欲。」（道德經　第三章），但是我們的整個社會也不能是貪利享樂的小人社會，政府現在努力提倡精神的生活。城市鄉間設有圖書館、藝術畫廊，各縣市設有文化中心，設有音樂廳，也有宗教教室，使社會一般人閱讀報章、欣賞音樂、參觀畫廊，整個社會洋溢著文化的氣氛。

在改造文化氣氛的社會上，你們可以有許多貢獻。你們在學校養成愛藝術、聽音樂、跳舞、唱歌、舉辦晚會，又到附近社區作音樂的或舞蹈的表演，到老人康樂中心，幫助老年人閱報讀書，這些都是文化工作。將來在你們自己的生活裡，不要忘掉這種文化的意識，還要盡力在社會裡去提倡、去推動。

各位同學，我講的已經很長了，我就作結束，今年是我們輔仁大學創校六十週年，我們要努力爲學校建設一些好的新基礎，使學校在將來的六十年裡，繼續往前邁進，請你們常和母校取得聯繫，關心母校的發展，最後我祝賀你們學業成功，祝福你們前程遠大，事業有成。

民國七十八年三月八日

校長羅總主教在翡翠灣全校導師會議致詞全文

本校夙以注重學生之人格教育，冀以成爲天主教大學的特色，因此，導師工作也就更爲重要。而今又是個快速變遷的時代，學生亦與往昔大不相同，因此在輔導學生時，如下的重點宜把握住，才能收事半功倍之效。

一、跟學生溝通要講道理。要說出理由所在，在上學年的行政會議中，我曾說過，與學生溝通，可用這個模式：可以，但是……，再跟學生講明其中道理和關鍵之處。

二、注意青年人的心理與行爲，尤其是僑生的問題更應注意和輔導，導師了解僑生的生活適應情形，心理適應和經濟來源。

三、勿將政黨因素放入輔導學生之中。外校曾有學生運動受到老師之操縱，而本校並無此情形。但亦有少數學生故意不畢業，留在學校從事學生運動，亦值得注意。

四、天主教大學的辦學目標是重視人格教育，是倫理道德教育，要使學生自己能站起來，會思考和判斷，自己知道該做什麼事，而不是跟著別人跑。因此，在平時的生活教育宜特別加強。

五、對學生運動，本校的態度：

（一）任何的活動，溝通的模式是：可以，但是……，告訴學生該如何做？讓大家都可得到益處。

（二）學生參與本校各級會議，凡是參加者皆可投票，無論是行政會議或是校務會議。

（三）要有限制。不能妨礙同學求學的環境、不能作人身攻擊、不違背政策（因那是政治問題）、校外行爲自己負責。

在鼓勵、協助與開放的前提下，使得學生的校園活動能步上正軌，也借著本次全校導師會議，大家能彼此交換意見，溝通做法，培養學生之人格教育，以塑造天主教大學的特色。

全校導師會議校長致詞全文

本年度全校導師會議選在風景秀麗的石門水庫舉行，參加的導師非常踴躍，這代表著導師們對輔導工作的重視。導師輔導工作的目標與本校教育的目標是同一個，天主教大學辦學的教育目標，是在培植學生有正確的人格，昨天，我收到了教宗在近日要頒佈的天主教大學憲章，在憲章中教宗提出警惕的訓示，要我們完成學生的人格教育，天主教大學培植青年學生做一個完整的人，因此以上兩點請大家深思：

第一、輔導的目標；第二、輔導的方式。

第一、輔導的目標，是培植學生做完整的人。目標有兩層：第一層是人，第二層是學生。天主教告訴我們人生是有一個永恆的意義。而非暫時性的，人生的目標是分享造物主的真、善、美。同時再看儒家的人生意義和價值，孔子、孟子雖然在年代上距離我們久遠，但是在對人生的意義和目標上，所有其智慧和卓見還和我們相近，儒家人生的意義是在參與天地的化育，儒家把整個宇宙看成是一個生命，宇宙的一切相連，沒有孤獨的，人的生命是最高的，和其他的生命互相關聯，所以人的使命是在幫助宇宙的化育。先總統　蔣公說：「生活的目的，在增進人類全體之生活；生命的意義，在創造宇宙繼起之生命。」而儒家也講大同的思想，人更應彼此相愛、愛萬物，這即是親親而仁民，仁民而愛物的道理。不管有無宗教信仰，在現在的生活中表現出來的是，沒有一個人可以獨立生活，一定要與他人、社會、國家緊密的連在一起，這一點我希望導師們能跟學生講清楚，要他們學習服務的精神，而非現在社會自私、自求享受，要知道人是要在服務中去表現它的意義，走向彼此扶持，在家裡是親親，在社會是仁民，以愛來包容宇宙萬物，因此，幫助天地萬物之化育，即是生生之道。

第二、教育青年學生，是在接受學習，是預備他們將來的工作，是接受的多，而不是在輸出，是儘量吸收，接受學術的薰陶，吸收各種學術，積疊道德的修養，爲參加各種活動，無論是社會性的、娛樂性的、政治性，不可耽誤課業，因爲學生的本務即是在學術的研究，不要到將來要用時，學術沒有技術也沒有，這點請導師協助轉達學生勿耽誤求學光陰。

在輔導的方法，我有三點：

一、希望導師告訴同學，學校與學生不是對立，而是一家人，我們辦學校是替學生服務，老師、行政人員與他們是一起的，不是對立，學校不會把學生看成對立，學生也不應把學校視爲對立。

二、導師擔任學校與學生的橋樑，導師與學生之間千萬不要造成不能溝通，在多元的社會中，學生的思想是可能與導師，學校觀點不合，但若能尊重學生的思想，輔導他們，必不會造成溝通的障礙。以我指導學生的論文來說，對一個問題，他有他的思想，我有我的思想，但我會尊重，所以導師自己要懂得他們的心理，使學生對導師有信心。

三、輔導學生要有愛心，更要有誠懇的態度。本校不是一個封閉、專制的學校，在國內大學中，像輔大這樣開放的可說很少見，各種校內的會議，學生有代表，老師有代表。在校外活動，學校不干涉，自己負責，但若要代表學校去，要學校同意，在校外要遵守國家法律，不要使學生在校外成爲特權階級，若被法院判刑，學校按規定處理，而在校內即要守校規，今年五月有校外的車子到學校來廣播一事，學校也對涉事的同學作了處分，不管其動機爲何，但在校內一定要守校規。

謝謝訓導處策劃這項會議，找了一個好地方，讓導師們充分的交換意見，願天主降福給你們有豐碩的收穫。

愛心教育

一、社會現狀

輔仁大學辦學的精神，在於「愛心教育」。我在許多機會上，許多次講到這種教育；但是今天我要特別鄭重地向你們畢業的同學講，並不是因爲我們辦的不好，而是因爲目前社會很需要這種「愛心教育」。

目前社會常常發生許多事件，都是相反愛心的事件。綁架的事件，層出不窮；強暴婦女，再以姦殺的案件時時出現，因仇縱火或下毒的案件，已發現多種；還有環境方面的污染公害；政治方面的暴力事件，已經成爲每天的新聞；家庭的天倫愛心，在父母子女之間，日漸疏淡，在夫婦兩之人間，也常遭到打擊；連小學的同學間，都發生勒索和打傷的案件；而整個社會，祇流行愛錢的風氣；大學祇求賺錢，不顧傷害別人；在政治的舞台上，民進黨爲求實現政黨的台獨主張，常演暴力問政的方式。台灣社會失去了和睦相處的面貌，毀壞了中庸協調的傳統，拋棄了祖傳的博愛精神，動亂了大家對將來的信心，這種痛心的現象，都是因爲大家只求私利,心中雖然沒有恨,卻喪失了愛心。

二、愛心的意義

我們要找回來「愛心」,在我們心裡好好培養,向別人心裡好好灌輸。

愛心是什麼?愛心是仁愛之心。仁字加在愛字以上,使愛有一種高遠的意義。仁字在中國哲學的意義,代表「生」,代表生命。因爲在春天,草木和稻麥發芽,開始生長。「春」便象徵「元」,「元」是開端。宋朝朱熹根據程顥和程頤的思想,以仁爲生命。例如桃仁、杏仁,即是桃樹和杏樹的生命根源。又例如,手足痲木不仁,就是手足枯乾了沒有生命。朱熹便說:仁不是愛,仁是愛的理由。我們爲什麼愛?我們愛我們的生命,因愛我們的生命,便愛生命的一切。生命是我們的存在,沒有生命,我們就不存在。世上沒有一個物體,不愛自己的存在,不追求保全自己的存在。我們愛惜自己的存在,所以就愛自己的生命。

一個人的生命,絕對不能是孤立的,必定要和別的物體的生命互相連繫。我的生命,不是我自己生的,是父母所生的,我便要愛我的父母。父母生我,又生了別的子女,這些人是我的兄弟姊妹,和我血肉相連,我便愛我的兄弟姊妹。這樣,我們一家的人,一代兩代三代都是血肉的親戚，彼此要相愛。男女兩人結成夫婦，爲造生新的生命，他們夫妻兩人的生命結成新的生命的根源，這種結合使夫妻兩人的生命，結合一個生命，兩心合而爲一，兩人的相愛，便最深最切。

一個人不是關閉在家裡，要生活在社會裡，和社會的人，在生命上彼此連繫，彼此互相要有愛心。由一鎮到一省、到一國，所有的人，生命都有關連，禍福相同，彼此互相要有愛心。現在父通的工具，使全球的人都互相連繫起來。這次波斯灣戰爭，我們在台灣的人，也受到影響，全球的人也便要彼此相愛。而且，中國古人所說宇宙是一個活的宇宙，一切都是有生命的，不僅是植物動物是活動的，山水礦物也是活的。整個宇宙的生命，互相連繫，一種物體受傷害，其他物體連著也受傷害。目前環保問題，一種污染造成公害，人物都受傷。因此，中國古人主張博愛萬物，孟子就教人「親親，仁民，愛物」儒家精神生活的最高目標，在於「天人合一」；「天人合一」是「與天地合其德」，「天地之大德曰生」（易經繫辭下　第一章）《中庸》所以主張聖人「參天地之化育」。聖人的特點，就在於相幫天地使人物都能好好生活。

三、愛心的精神

朱熹曾經說：「天地以生物爲心，人得天地之心爲心，故仁。」（朱子文集 秦八十七 仁說）人的心是仁愛之心，但是，天生的愛是仁愛之心，孟子曾說子孩生下來就知道愛父母。愛心是天生的，不必學習，但是，天生的愛，必須培養。孟子所以教人「養心」，教人要培養自己的愛心。

愛心的精神，是善德的精神。愛心不僅是一種感情，而是一種善德。善德乃是一種良好的習慣，良好的習慣由常久的善行爲以養成。每位同學便需要時時注意，一方面不要做相反愛心的事，不要傷害別人；另一方面要做愛心的事，把愛心在言語行動上表現出來。在家裡愛父母兄弟姊妹，在學校愛老師和同學。今後走到社會去工作，愛同事和長輩，愛自己的國家和同胞，還要愛自然環境中的飛禽走獸，花草和山水。這種愛心的善德，由每天的小小行爲，積聚起來，養成一種仁愛的善德。

愛心的精神，在於求所愛的人物的利益，不在於求自己的一己的私利。普通男女相愛常常於追求獨自佔有，這是因爲男女相愛的天生目的，在於結婚，結婚祇能一男一女相結合。但是就是在男女相愛也要避免自私，要以對方的利益爲重，愛心才是純全的愛。至於家庭天倫的愛、朋友的友情、社會人群的互相，則更是以他人利益爲先。目前台灣社會生活的表現，都是自私自利；青年人乃感到生活的煩惱，心靈的虛悶，將而追求佛教的禪道，以解脫物質的束縛，這都因爲大家缺乏愛心。

愛心的精神，是犧牲的精神。純全的愛心，不僅不追求私利，還要犧牲自利，要讓別人得便宜。爲幫助別人，須要犧牲時間、犧牲精力、犧牲金錢。若是像楊朱一樣，爲他人卻一毛不拔，那是沒有愛心。青年人容易有犧牲的精神，敢爲一種理想而奔走。成年人則機心很重，計較利害，常是縮首縮尾。老年人更是精力衰弱，不想未來，不肯爲別人而犧牲。所以要在青年時期，培養天生的愛心，常有肯爲別人犧牲的素養，則從少到老，才能夠常有赤子的愛心。

四、基督的精神

基督在蒙難的前夕，遺訓十二門徒說：「我給你們一條新的誡命，你們要彼此相愛，如同我愛你們。」（若望福音 第十四章第十二節）基督怎樣愛了他們呢。聖若望宗徒說：「耶穌知道他離開世界回歸天父的時辰已到，他既然愛了世上屬於祂的人，就愛他們到底。」

(若望福音第十四章第一節)而犧牲了自己的性命。聖若望乃說:「我們所以認識了愛,因爲一位耶穌基督爲我們捨棄了自己的性命,我們也應當爲弟兄們捨棄生命,若有今世的財物,看見自己的弟兄有急難,卻對他們關閉了自己憐憫的心腸,天主愛怎能存在他內。」(若望第一書第三章第十六節)聖若望所說的弟兄,不提指著家中的兄弟,而是指著社會的眾人,另外是指自己的同志同道。

基督愛心的精神,便是我們天主學校,特別是我們輔仁大學教育的精神。不僅是爲教育的人,要有這種精神,肯爲學生犧牲自己,也培養學生養成這種精神。

可愛的畢業同學們,你們畢業後絕大多數將進入社會,參加各種工作。你們就要表現你們的愛心:愛你們的人格,愛你們的工作,愛你們的同事。人家或許要說你們太單純、太老實,或許罵你們太傻!因爲現在的社會,是投機取巧的社會,是互相排擠的社會,是踩在別人頭上以求自己上進的社會。可愛的同學們,你們千萬不要同流合污!你們心靈要純淨,目標要正確,行動要有愛心到頭後來還是有愛心的人蒙福,上天天主會降福你們的愛心,同事和所接觸的人會看重你們的愛心,你們自己的心也會因著愛心而享受安樂和愉快。

民國八十年畢業生週會講話

哲學

王船山的歷史哲學

王船山名夫之，字而農，號薑齋，當時人因他住在船山，稱他爲船山先生。他於萬曆四十七年（西曆一六一九年），生於湖南衡陽，年七歲，讀十三經。年十四歲，督學王聞修選拔入學。年十六歲，學詩，讀古今詩人作品很多。他自小，喜歡向人問四方事，對於江山險要，士馬食貨，典制沿革，皆用心研究。年二十，和哥哥介之同應崇禎鄉試，名列前茅。這年十一月，他和介之一路北上會試，到了南昌，道路不通，流寇犯京師。他乃歸鄉。

崇禎十六年（西曆一六四三年），張獻忠陷衡陽，拘拿了王船山的父親王徵，作爲人質，招船山來投誠。船山那時避難衡山雙髻下，聽到了張獻忠的招降，自己把面部和手臂刺傷，敷上毒藥，藥發創重，請人抬著來見張獻忠，獻忠嫌他傷重不堪用，乃把他父親和他都放了。

崇禎帝自盡後，船山聽到了消息，數天不進食，作悲憤詩百首。時年二十五。過了兩年，清世祖順治二年，船山計劃逃入獵洞，因父親害病，不能往。次年，明隆武稱帝。命何騰蛟屯兵湖南，堵胤堵屯湖北。何、堵兩人不相容，船山怕自相殘殺，往湘陰，上書司馬章曠，請調和何、堵，不被採聽，何、堵兩人卒都敗亡。流寇餘黨降明者改組「忠貞營」，明帝不能制。這時船山年二十八歲，有志讀易。次年，清兵下衡陽，船山避居湘鄉，冬十月，丁父喪，乃居「續夢菴」講求易理。

清世祖順治五年，明桂王入肇慶，船山和友人管嗣裘舉義兵于衡山，兵敗，逃往肇慶桂王行在。次年至桂林，大學士瞿式耜特章引薦。父喪制終，就行入司行人介子職。

當時內閣王化澄，奸邪自私，想陷害給陳官金堡，丁時魁等五人，船山和管嗣裘謀救於少傅嚴起恆，王化澄參奏起恆，船山乃三次上疏王化澄。王化澄恨王船山，暫想殺他，幸而有忠貞營降將高必正相救，乃得脫。船山以高必正，原名一功，為闖賊的「制將軍」，係國家的雠人不願為他所用，便不往謝。遂往桂林，依瞿式耜。後聞母病，遂反衡陽，不復出。浪遊於浯溪，彬洲，耒陽，晉甯，漣邵之間。

清世祖順治十六年（西曆一九四九年），明永曆帝奔緬甸，清聖祖康熙元年（西曆一六六二年）殺明永曆帝。康熙八年，王船山定居船山，築土室名「觀生居」，時年五十一歲。

康熙十七年（西曆一六七八年），吳三桂反，據衡陽稱帝，招船山先生，船山遂逃入深山。吳三桂死後，清朝遣湖南中丞鄭端，予以嘉獎。鄭端遣郡守往見，送帛和粟，王船山收了粟，退了帛，拒不見郡守，船山當時年六十歲。

康熙二十四年（西曆一六八五年），王船山年六十四歲，門生弟子請講易學。時身體多病，仍舊講學著書不輟。

康熙三十四年（西曆一六九四年）元月初二，病卒，年七十四。遺命，禁用僧道，自題墓碑曰：「明遺臣王夫之之墓」。自作銘曰：「抱劉越石之孤忠，而命無從致；希張橫渠之正學，而力不能企。幸全歸于茲邱，因銜以恤永世。」葬於大樂山高節里。

《讀通鑑論》，成於康熙二十六年（西曆一六八七年），船山時年六十九歲。宋論的成書年歲，則不可考。

王船山著作很多，據「王譜」所說，共百餘種。

二、王船山的史學思想

歷史學即是史學，史學現在已經成爲一種科學，使用現代最新的科學方法。對於史事資料的研究，對於歷史的作法，對於史事的批判，現代史學家可以應用化學的化驗和數學邏輯和現象論的「還原論」。這些方法，本來屬於科學，不屬於歷史哲學；然而當代的歷史哲學已經承認這方面的歷史學，成爲歷史哲學的一部份。

王船山生於明末清初，科學尙未發達，但是他對於史學的原則，有很深刻的認識。

1. 考據

王船山註解《易經》《詩經》《書經》和四書，很注重考據。他著有「周易考異」、「尙書考異」、「詩經考異」、「四書考異」，開清朝考據學的先聲。考據的範圍，雖不及清朝經學家的廣泛和深刻，可是他對於考據的原則和方法，則知道很清楚，在歷史學方面，他很看重考據。在「《讀通鑑論》」和「宋論」中，凡是不足爲據的史事，常常提出，予以批評。

「司馬遷挾私以成史，班固譏其不忠，亦允矣。李陵之降也，罪較著而不可掩。……遷之為陵文過若不及，而抑稱道李廣於不絕，以奬其世業。遷之書為背公死黨之言，而惡足信哉。……」

「武帝之勞民甚矣，而其救飢民也為得，虛倉廩以振之，寵富民之假貸者以救之……故善於因天而轉禍為福，國雖虛民以生，邊害以紓，可不謂術之兩利而無傷者乎？史識其費以億計，不可勝數，然則疾視臣之死亡而坐擁府庫者為賢哉！司馬遷之史，謗史也，無所不謗也。」

「班超之於西域，戲焉耳矣！以三十六人橫行諸國，取其君，欲殺則殺，欲禽則禽，古今未有奇智神勇而能此者。蓋此諸國者，地狹而民弱，主愚而民散，不必智且勇，而制之有餘也。……光武閉玉門，絕西域，班固贊其盛德。超，固之弟也，嘗讀由之遺文，其往來教超於西域之意，述竇憲殷勤之意，而羨其遠略。則超與固非意異而不相謀也。其言也如彼，其兄弟相獎，誣上徼幸，以取功名如此，弄文墨趨危險者之無定情，亦至此乎！」

「史有溢詞，流俗羨焉，君子之所不取。紀明帝之世，百姓殷富，曰粟斛三十錢。使果然也，謀國者失其道，而民且有餒死之憂矣。……明帝之死，不聞民有餒死之害，是以知史之為溢詞也。」

「孟子曰：『盡信書則不如無書』尚書刪自仲尼，且不可盡信，況後世之史哉。鬱林王昭業之不足為君，固也。然曰：『世祖積錢及金帛，不可勝計，未朞歲而用盡』。則誣矣。……隋煬之侈極矣，用之十三年而未竭，鬱林居位幾何時，而遽空其國耶？……」

王船山批評史事不確，雖沒有從旁去考據，但是他據理去考察，斷定史家有所偏，證據確實，也不失為考據史實的方法。

2. 史學歸納法

現代西洋哲學，盛倡數學邏輯和現象論方法，他們不承認歸納法為科學求知方法，因不能統統舉齊一類的例證，一例不實，則全部為假。他們設還原論方法，以為歷史學方法，不是歸納，而是還原。

我們相信在自然科學上，歸納法可以不全，可以不能保不錯，在歷史上本來就沒有一成不變的必然原則，而是可能如此的原則，則歸納法可用之於史學。

王船山常習慣用歸納法，來作史論。他評論史事時，決不憑自己主觀的見地，而是由同類的史事歸納而得的結論。這種方法，船山用得很普遍。在論一樁史事以前，先提出一結論，然後例舉史事以爲證。這種方法當然也可稱爲還原法，然也不能說不是歸納法。

「人皆有不忍之心，而衆怒之不可犯，衆怨之不可任，亦易喻矣。……」然後舉孔明、王介甫、李斯等史事以說明。

「有天下者而有私財，業業然守之以爲居，而官天地府萬物之大用，皆若與已不相親，而任其盈虛。鹿橋鉅臺之愚，後世開朝之英君，皆庭以爲常，而詒謀不靖。……」然後舉唐宋元各朝創業的皇帝，所取前朝收藏之寶。獨有漢高祖樊噲的譏刺乃得免。

「人與人相處，信義而已矣，信義之施，人與人之相與而已矣，未聞以信義施之虎狼與蜂蠆。……」歷舉宋襄公與楚盟，傅介子誘樓蘭王而斬之，以歸到嚴延年欸奉霍光。

「建大業者，必有所與俱起之人，未可忘也，乃厚信而專任之，則亂自此起。……」乃舉漢朝與晉朝的史事爲證。

「亂與治相承，恆百餘年而始定。而樞機之發，繫於一言，曰利而已」，乃舉五代各朝的變亂爲證。

「不仁之人，不可以託國，悟而弗終，託之則禍，以訖不悟而深信，雖悟而終託之，禍必自此而興。」漢高帝、唐肅宗、楊素、徐世勣、趙普，都可以爲證。

這一類的文據很多。王船山不輕易論史，論時，必以史事爲據，和東萊博議，蘇軾，其他文學家的史論不同。

3. 史事義理

王船山的《讀通鑑論》和《宋論》，是兩部史論，而且是中國唯有的兩部評論史書的專書。以往的史論、或者是夾在歷史的史書裡，或者是各種文集裡的幾篇文章。唐劉知幾的《史通》是一冊專論史書的著作，王船山的史論，則是專論史事的著作。

孔子作春秋，以批評的筆法寫史，在史事的敘述方式上寓有褒貶。春秋是史書，不是史論。王船山作史論，乃是他自己讀史的心得，這種心得就代表研究歷史的人該有的修養和態度，也代表歷史對於後人應有的意義。

王船山評論史事，常以「義理」爲主。每件史事都有自己的事理，事理合於義，則史事爲好爲善，事理不合於義，則史事不好不善。朱子講格物致知，每一物有一物之理，每一事有一事之理，就事物加以研究，便能有事理的知識。王船山對於歷史，研究每件史事之理，然能對於上下幾千年的歷史，便能貫通。

史事的義理，則爲儒家的倫理，儒家倫理見於五經四書。王船山論史，必常以義理爲標準，而以事理與義理相較，絕不憑自己的私意，也不喜激人好奇之心。

在《讀通鑑論》第一篇就說：

「秦以私天下之心而罷侯置守，而天假其私以行其大公，存乎神者之不測有如是。夫世其位者習其道，法所便也。習其道者任其事，理於宜也。法備於三王，道著於孔子，人得而習之。」

在《讀通鑑論》卷末的「敘論三」裡說：

「論史者有二弊焉：放於道而非道之中，依於法而非法之審，褒其所不待褒，而君子不以為楚，貶其所不勝貶，而姦邪顧以為笑。……此編所述，不敢姑容，刻志兢兢，求順於理，求適於用。」

在史論中，有道、有理、有法。不宜用浮詞怪說。王船山因此輕視司馬遷、班固、蘇軾等人。

「噩夢」和「黃書」，屬於史論之書。王船山從《史論》中選出一些平易的史事，一般人都可以懂，也可以實行，乃加以論述，作爲治國者的寶鑑。他在「噩夢」裡說：

「教有本，治有宗，立國有緒，知人有道，運天下於一心，而行其典禮，甚極致不易者也。……雖然，亦有平者，卑之勿甚高論，度其可行，無大損於上，而可以益下，無過求於精微，而特去流俗。」

4. 研究史事的原因

史學上最重要的原則，在於追究史事的原因。原因爲史事的聯絡線，也是史事的意義。歷史哲學的思想，大都由於歸納和研究史事的原因而來的。史事因果的關係，雖然不像自然界因果關係有必然的銜接；然而這種因果關係，可以顯示人們的心理，顯示自然環境和社會環境的影響。第一點對於研究社會學，研究民族文化，和推測將來歷史的變遷都具有很大的助力。因此，研究歷史或是寫歷史，而忽略歷史的因果關係，決不能明瞭歷史的真相。

王船山在評論史事時，很注意史事的因果；在寫歷史時，也能追索史事的因由。王船山在中國史學上的所以能有特殊的地位，也因爲他看重了這種史學方法。

「西漢之衰，自元帝始，未盡然也。東漢之衰，自章帝始，人莫之察也。元帝之失以柔，而章帝滋甚。……託仁厚而溺於床笫，終漢之世，顚越於婦家，以進姦雄而隕大命，帝惡能辭其咎哉。」研究東漢的衰頹。歸因於元帝的「柔於宮闈外戚也。」

「李和之世，袁安任隗丁鴻爲三公，何敞韓稜爲尙書，皆智勇深沈，可與安國家者也。竇憲之黨謀危社稷，帝陰知而欲除之，莫能接大臣與謀，不得已而委之鄭眾。宦寺之亡漢自此始，非和帝寵刑入疏賢士大夫之咎也。微鄭眾，帝其危矣。揆所自始，其開自光武乎。崇三公之位而削其權，大臣不相親也。授尙書以政而卑其秩，近臣不自固也。故竇憲緣之制和帝，不得與內外臣僚相親，而唯與閹宦居，非憲能制錮蔽之法以鉗天子與大臣也，其家法有舊矣。」追考東漢皇帝親信宦官的緣由，乃於光武帝所立的朝臣制度。

「朋黨之興，其始於竇憲之誅乎！霍氏之敗也，止其族類之同惡者，而不及其餘。王莽篡而伏誅，王閎其族子而免，他勿論已。竇憲之即法也，……盡其舉宗族賓客，各之以黨，收捕考治之，黨之名立，而黨禍遂延於後世。君子以之窮治小人，小人即以之反噬君子，一廢一興，刑賞聽人情之報復，而人主莫能尸焉，漢唐以還，危亡不救，皆此之由也，可不悲乎！」追究歷代朋黨之禍的起因，在此竇憲正法時，誅到同黨，創起黨的名字。

王船山對於史論，作有《讀通鑑論》和《宋論》，對於史書，則作有「永曆實錄」。永曆之敗，因永曆懦弱，聽信奸臣，清兵還沒有到，就遷居他處，瞿式耜屢次進諫，請堅守不動，都不聽，又聽信王坤和王化澄，放縱孫可望，終到敗亡。王船山在實錄裡記述得很清楚。

「……（王）坤以贛州覆陷，遂欲挾上西走。式耜上言：今日之立，為祖宗雪恥，正宜奮大勇以號遠近，東人況復不靖。苟自甘巽懦，外棄門戶，內釁蕭牆，國何以立？上為輟狗，尋內批用王化澄為兵部尚書。式耜上言：化澄誠實，自有廷論，斜封墨敕，何可為例？請補部疏，尚為得體。化澄因庸劣，坤為之內主。既見彈劾，坤益怨式耜，思挾上入楚，以遠式耜……。上召劉承胤東援平梧，承胤至，無東下心，遽欲邀上幸武岡。式耜奏言：駕不幸楚，楚師得以展布，自有出處之期。茲乃半年之內，三四遷播，民心兵心狐疑，局促勢如飛瓦。翻手散，覆手合，誠不知皇上之何以為國也。皇上在粵而粵存，去粵而粵危，我退一步則請進一步，我去連一日，則請來亦連一日，今日勿遽出楚，則出楚也易，今日若輕棄粵，則更入粵也難。海內幅員止此一隅。以全盛視西粵，則一隅小，而就西粵圖中原，則一隅甚大。若棄而去之，俾成殘疆，雖他日徼幸復之，而本根亦不足恃矣。疏入，不省。式耜入見，跪曳上袖，涕泣請留。承胤結馬吉翔因王坤挾兩宮皇太后，趣上行甚迫，遂詔加式耜太子少保，便宜行事，留守廣西，上遂入武岡。」

「永曆四年，正月，上在肇慶。清兵大舉寇梅關，羅耀棄南雄走。上棄肇慶，登舟將西奔，大學士瞿式耜奏請上固守肇慶，集援兵禦寇。嚴起恆金堡交諫留駕，皆不聽。……」

輔仁大學教授杜維運曾論王船山重視各事原因，他說：「王氏論史，最重視原因之闡釋，尤能從大處著眼，凡有關歷代治亂興衰之故者，皆暢言之。其沉痛處，令人扼腕，其淋漓處，發人深思。中國史家多能留心於治亂興衰之故，而以王氏言之最詳盡最成體系。」

三、王船山的歷史哲學思想

王船山在中國史學家中，是一位最有歷史哲學思想的學者。他的歷史哲學思想，散見在他的著作，沒有系統的說明。只有在「《讀通鑑論》」卷末的四篇，稍有系統地討論幾個問題，說明他自己的思想。現在我把關於歷史哲學的思想，綜合起來，分段說明。

1. 歷史的意義

「所貴乎史者，述往以為來者師也。為史者，記載徒繁，而經世之大略不著，後人欲得其得失之樞機，以效法之，無由也，則惡用史為。」

王船山對於歷史的意義，可以代表中國所有史學家，對於歷史的看法。歷史是人生的老師，「仰古以治今」就是歷史的意義，也是歷史的效能。因此史家作史，應當敘說「經世之大略」，而對於一些小事，則不要繁碎去描述。王船山說明自己作史論的作法。

「嘗論史之為書，見諸行事之徵也。見諸行事之徵也，則必推之而可行，戰而克，守而固，行法而民以為便。進而君聽以從。無取於似仁似義之浮談，只以致悔吝而無成者也。則智有所尚，謀有所詳，人情有所必近，時勢有所必因，以成與得為期，而敗與失為戒，所因然矣。」

歷史的意義和功效，以史事實徵人類團體生活之道，也即是民族生活之道。歷史使後人從以往的史事裡，證實這種生活之道，乃可以「推而行之」，有成有得，不敗不失。

爲什麼歷史史事所實徵的團體生活之道，可以作爲後世的法則呢？因爲「人情有所必近，時勢有所必因。」

這兩句話道出了歷史哲學的基礎，歷史哲學所以能夠成立，是因爲人的性情相近，又因爲時勢的造成有所以成立的原因。人情既然相近，在相同的的境遇，人心的反應可以相同。時勢的原因在相同的境遇裡，也可以產生相同的效果。藉著這兩項原則，我們才能夠講歷史哲學。王船山認爲歷史的意義，也建立在這種基礎上。

2. 理勢

王船山在中國理學思想上，他有一特點在於解釋「理」字。他以氣爲宇宙萬物之體，理和氣不相離。「天下豈別有所謂理?氣得其理之謂理也。氣原是有理的。盡天地之間,無不是氣,即無不是理也。」

王船山追隨張載的主張,以氣爲天地萬物之成因,理在氣內,氣內有理。他不贊成朱熹的學說,分理與氣爲兩元。一切事物既然以氣爲本,便具有氣內之理,物有理,事也有理。而且因爲他愛歷史,所以特別注重事理。

唐君毅先生曾就事理之性質,予以說明:「而任事之所以成,亦皆只能分別關連於許多人物之一方面,決不能同時關連於此許多人物之一切方面。此即使一事之所以成之理,決不能包括任一人之性理之全,或任一物之物理之全。一人一物之性理物理,除表現於某一事之所以成外,斷然尙可表現於其他事。……事理之爲具體之理,又與性理社會文理之爲具體之理亦不同。其不同在:性理爲普遍者,形而上者;而事理爲特殊者,社會文理乃人與人之諸事之會合所顯,而事理則可分別直就一人一事之所以成上說。」

「中國由明末至清之思想家,最能了解事理之所以為事理者,莫如王船山。依於上所謂事理之本性,凡論事理皆當分別論,又當論事之承續關係,事之順逆成敗之故。船山最能擅此三者,而又能本仁義禮智等性理,以義斷史事之是非。其所最喜論之無器則無道,捨事無以見理,正是指出事之必承事而生之事理。」

「天下惟器而已矣！道者，器之道，器不可謂之道之器。無其道則無其器，人類能言之；雖然，苟有其器矣，豈患無道哉。……無其器則無其道，人鮮能言之，而固其誠然者也。洪荒無揖讓之道，堯舜無弔伐之道，漢唐無今日之道則今日無他年之道多矣。未有弓矢而無射道，未有車馬而無御道，未有牢醴璧幣鐘磬管弦而無禮樂之道，未有子而無父道，未有弟而無兄道，道之可有而且無者多矣。故無其器則無其道，誠然之言也，而人未之察耳。」

有事，便有這事的理。王船山說明事理，由歷史方面去看史事。一樁事既然成立，必有這事之理。然而事之所以成立，多由於「勢」。在湯武的時候，因著當時的時勢，宜有弔伐之事，便有弔伐之理。勢是什麼呢？

「勢者，事之所因；事者，勢之所成。故離事無理，離理無勢。勢之難易，理之順逆為之也。理順斯勢順矣，理逆斯勢逆矣。……夫順遂者，輕重之委也；輕重者，權衡之所得也。權衡立，而輕重不爽；輕重不爽而先後不忒；先後不忒，而上下不拂；上下不拂，則大順而無逆。權衡審於理，順逆成於勢，端舉而委從，故曰理外無勢也。是故成湯之取天下，亦誅君之舉也，文王之專征伐，亦代商之勢也。然而有異焉。湯文之勢，攻可守也；武王之勢，非以守者攻也。……守天下者，正名定分而天下信，惟因理以得勢；攻天下者，厚情準理而天下服，則亦順勢以維理。」

歷史上的史事，常有因勢而成者。勢之所成，是因著各種事理所造成的。勢既成立，則有應有的結果。爲應付這種必然之勢，則是「循理順勢」。但若是造成「勢」的理由是「逆理」，即是不合於理，則應逆勢而動。

在歷史哲學上王船山的「理勢論」，和現在歷史哲學上的「因緣論」頗相似。但是「因緣論」是一種客觀的理論，抽象而冷靜，「理勢論」則是就歷史的變動而談變動，有熱情，有動力。

「粗疏就文字看，則有道之天，似以理言；無道之天，似以勢言。實則不然。……有道無道，莫非氣也。則莫成其勢也。氣之成乎沿之理者為有道，成乎亂之理者為無道。均成其理，則均成乎氣矣。故曰：斯二者，天也。……言理勢者，猶曰理之勢也，猶凡言理氣者，謂理之氣也。理本非一成可執之物，不可得而見；氣之條緒節文，乃理之可見者也。故其始之有理，即於氣上見理。迨已得理，則自然成勢，又只在勢之必然處見理。……天下有道，不可云天下有理；則天下無道之非無理明矣。道者，一定之理也，於理上加一定二字，方是道，乃須云一定之理。則是理有一定者，而不盡於一定，氣不定則理亦無定也。理是隨在分派位置得底，道不然，現成之路，唯人率循而已。」

王船山分「道」和「理」，又分「理」和「勢」。「勢」則爲「必然之勢」和「非必然之勢」。道爲一定之理，即是人生該遵守之道，所謂天道和人道，都是一定不變之理。乃爲人生「現成之路，唯人率循而已。」理，則是每一事物所成的理由，也可以是原因。事物變遷不定，理隨事物變遷而不一定。但並不是說理是隨事變換，而是理在事上的表現不同。湯王伐桀有伐桀之理，漢高祖起義有起義之理，漢光武復興漢室有復興之理。項羽失敗有失敗之理，韓信被殺有被殺之理。這就是所謂歷史史事的事理。

「迨已得理，則自然成勢。」這種觀察在歷史哲學上不容忽視。時勢的造成，必有造成的理由；有了這些理由，時勢不能不成。王船山認爲「勢」爲必然的，或自然的；在「理由」和「勢」之間有必然的關係。這一點要緊有些解釋：歷史哲學上不能講因果的必然關係，必然關係乃是自然界的關係，人事的關係，只能有因果的可能關係。人事關係由人的意志作主，意志是有自由的，自由則不完全受原因的拘束。但是有些人事原因滲雜了許多自然界的原因，例如水災旱災使人民饑寒失所，饑寒失所必使人民不滿，這種因果便是自然的關係了。在這種理由之下所造成的「勢」，便是必然之勢或自然之勢。又如朋黨之爭，最後必使天下分崩；又如閹宦專權，必使朝政頹敗，這也是必然之勢。在這些因果關係之間，夾入了天然之理；因爲區分黨派，朝廷臣僚必分裂；這是自然的道理。忒宦小人若一旦專權，必罷免賢臣，沒有賢臣，朝政必亂；這也是自然的道理。王船山所講的「勢」，常指著這種因著自然之理而造成的勢；因此他稱「勢」爲自然之勢；或必然之勢。他說：

「順必然之勢者理也，理之自然者天也。」

「理勢之自然，各適其時而已。」

3. 歷史的變遷

王船山精於《易經》。《易經》研究宇宙變易之道，人事的變換以宇宙變易之道爲準則，歷史上的變遷便可用《易經》之道去解釋。

歷史的史事，常在變遷，這是人人所知道的事。歷史變遷之道，是不是遵照《易經》所講宇宙變化的循環之道呢？中國古人講歷史變遷，常用循環的原則。王船山也承認這條原則，以一治一亂互相繼續。

> 「天下之勢，一離一合，一治一亂而已。離而合之合者，不繼離也；亂而治之治者，不繼亂也。明於治亂合離之各有時，則奚有於五德之相禪，而取必於一統亡相承哉。……一合而一離，一治而一亂，於此可以知天道焉，於此可以知人治焉。過此，而曰五德，曰正統，囂訟於廷，無文以相炫，亦奚用此曉曉者為。」

「正不正，人也，一治一亂，天也，猶日之晝夜，月之有朔弦明晦也。非其臣子以德之順逆，定天命之去留，而詹詹然為已亡無道之國，延消謝之運，何為者邪！」

歷史的變遷，依循天道，治亂相繼續。但是這種繼續既不是圓周形的循環，也不是普通所謂物極必反。歷史者是循著圓周軌道前進，則常是舊事和舊時勢的重現，便沒有新的發現。歷史的變遷若是物極必反，則治平盛時，將繼有亂世；亂有盛時則繼有太平。歷史卻不是這樣：

「泰極而否，則堯舜之後，當繼以桀紂，而禹何以嗣興？否極而泰，則永嘉靖康之餘，何以南北瓜分，人民離散，昏暴相踵，草夷相持，百餘年而後寧？畜極而通，苟懷才抱德者，憤起一旦，不必問時之宜否，可以為所欲為，而去無不快！以天化言之，則盛夏災風酷暑之明日，當即報以冰雪，山常畜而必水，水常通而必塞矣！故泰極者，當益泰也，否極者，當益否也。……極則必反省，筮人以慰不得志於時者之佞詞，何足以窮天地之藏，盡人物之變，貞君子之常乎！」

「物極必反」，似乎和「一治一亂」相同，王船山乃不贊成。他認爲治後有亂，是治已經不在盛治的時候，開始傾向亂世，漸漸乃大亂。亂後有治，也不是在大亂以後馬上有治，要亂了相當的時期，漸漸平定，然後有治世。就像陰陽在四季的變遷，陽初盛而甚盛，陽漸衰而大衰，陰也是這樣。所以不是嚴冬以後立刻有盛暑，也不是盛暑以後有嚴冬，中間夾著春季和秋季。歷史的變遷也是由漸入深，不能驟然而變。

王船山在理學方面，有「命日受，性日生」的主張。天地的變化在生生，生生則日有新生之物。

天命的授受，爲中國古代帝王繼位的基礎，王船山雖不贊成五德相禪的主張，但也贊成天命的授受、他在《宋論》的第一篇說：

「宋興，統一天下，民用寧，政用是，文教用興，蓋於是而益以知天命矣。天曰難諶，匪徒人之不可扭也。天無可扭之故常也。命曰不易，匪徒之不易承也，天之因化，推移斟酌而成以制命，人無可代其工而相佑者特勤也。帝王之受命，其上以德商周是已。其次以動，漢唐是已。詩曰：鑒觀四方，求民之莫。德足以綏萬邦，功足以戡大亂，皆莫民者也。得莫民之主而授之，授之而民以莫，天之事畢矣。」

4. 道統論

在中國歷史哲學思想的一段裡，特別講了正統論。王船山論史，則反對正統論，更反對五德繼興的學說。

「論之不及正統者，何？曰：正統之說，不知其所自昉也。自漢之亡，曹氏司馬氏乘之以竊天下，而為之名曰禪，於是為之說曰，必有所承以為統，而後可以為天子，義不相授受，而強相綴繫以掩篡奪之跡。折假鄒衍五德之邪說，與劉歆曆家之緒論，文其詖亂，要豈事理之實然哉！……天下之生一治一亂，當其治，無不正者以相干，而何有於不正？當其亂，既不正矣，而又孰為正？有離有絕，固無統也，而又何止不正邪？以天下論者，必循天下之公，天下非一姓之私也。」

天下爲國民所公有，不是一家的私產，民族歷史所以不能用皇室的統系來定斷系統。一個不是正統的時代，所有歷史難道就不算歷史嗎？民族歷史的評價只能由治亂去評分，可以有治統，可以有亂統，所以有治有亂，在於是否遵守民族的道德傳統，王船山仍倡「道統論」以替代古來的「正統論」。

「正統之論，始於五德。五德者，鄒衍之邪說，以惑天下而誣古，帝王以徵之，秦漢因而襲之。大概皆方士之言，非君子之所齒也。漢以下，其說雖未之能絕，而爭辨五德者鮮，唯正統則聚訟而不息。拓拔弘欲自躋於帝王之列，而高閭欲承符堅之火德，李彪欲承晉之水德，勿論劉石慕容符氏不可以德言，司馬氏狐媚以篡而何德之稱焉！夏尚玄，殷尚曰，周尚赤，見於禮文者較然。如衍之說，玄為水，白為金，赤為火，於相生相勝，豈有常法哉！天下之勢，一離一合，一治一亂而已。」

「天下所極重而不可竊者二，天子之位也，是謂治統；聖人之教也，是為道統。……治統之亂……竊之不可以永世而全身，其幸而數傳者，則必有日月失軌，五星逆行，冬雷夏雪，山崩地坼，雹飛水溢，草木為妖，禽蟲為蠥之異。天地不能保其清寧，人民不能全其壽命以應之不爽。」

「道統之竊，沐猴而冠，教揉以升水，尸名以徼利。……石勒起明堂辟廱靈台，拓拔弘修禮樂，立明堂皆是也。敗類之儒，鬻道統以教之，竊而君臣皆自絕於天。故勒之子姓駢戮於冉，閔元氏之苗裔至高齊而無唯類，天之不可欺也，如是其赫赫然哉。雖然，敗類之儒鬻道統於盜賊，而使竊者，豈其能竊先王之至教乎。昧其精意，遺其大綱，但於宮室器物登降進止之容，造作纖曲之法，以為先王治定功成之大美在是，私心穿鑿，矜異而不成章。財可用，民可勞，則擬之一旦而已成，……若夫百王不易，千聖同原者，其大綱則明倫也，察物也，其實政則敷教也，施仁也；其精意則祇台也，躋敬也，不顯之保，無射之保也。此則聖人之道統，非可竊也。敗類之儒，惡能以此媚盜賊，而使自擬先王哉！」

「道統」不在文物制度上，而在治國安民的倫常禮教上，隨著民族的血統往下傳，雖有許多帝王未能予以發揚，但民族則常奉以爲治平的理想。他種民族入主中國，則沒有這種道統，雖想學習，也只能學習外面的制度。因此，王船山最嚴夷夏之分，反對異教治理中華。他的民族思想很強烈。

「可禪，可繼，可革，而不可使異類間之。」

所以道統論，代表中華民族的文化論，民族文化不絕，民族的歷史常存。

中華民國第一屆國際哲學會議

去年十二月廿八日至今年正月一日，輔仁大學爲紀念創校五十週年，召開了中華民國第一屆國際哲學會議，邀請了外國哲學教授二十人，國內哲學教授三十人，討論的主題，爲「現代的哲學與宗教」。

所宣讀的論文共二十八篇，沒有宣讀的論文共七篇，共計三十四篇。

1. 美國華盛頓天主教大學多賀帝教授（Jude P. Lougherty）：「宗教是哲學的對象」。
2. 台大程石泉教授：「中國形上學特徵及其宗教含義」。
3. 英國倫敦大學路易士教授（Hyvel Levis）：「宗教中的真假」。
4. 羅馬傳信大學馬丁斯校長（Joze Saraivu martius）：「當今無神論的現狀」。
5. 美國華盛頓州立大學比秀普教授（Donald Biohob）：「哲學的新趨勢」。
6. 韓國南大學鄭仁在教授：「儒家哲學在當代韓國」。
7. 義大利米蘭聖心大學包索拉教授（Adiuno Banolu）：「宗教與形上學」。

8. 加大金拉瓦爾大學康尼克教授（Thomas Koninck）：「論人性」。
9. 師範大學張起鈞教授：「無—道家的主要觀念」。
10. 菲律賓拉沙大學庫頭教授（Emeritu Quito）：「當代菲律賓的哲學與宗教問題」。
11. 羅馬聖多瑪斯大學卡沙多教授（Afedbardo Lobato Casodp）：「從聖多瑪斯看當今的宗教哲學」。
12. 台灣大學鄔昆如教授：「救援概念在中西哲學中所扮演的角色」
13. 美國南伊利塔大學名譽研究教授韓之一博士（Lewis Z. Hahn）：「一個境遇的人生哲學」（A Contextanlistic philosophy of bqe）
14. 輔仁大學孫志文教授（Arnold Sprersger ）：「唯理思考方式對現代人的衝擊」。
15. 政治大學項退結教授：「中國傳統思想中之目的論與機械論」。
16. 美國維拉諸大學鮑納希教授（B. M. Bonansea）：「有關神與創造之科學與哲學」。
17. 西德漢諸握大學安得斯教授（Peter Antes）：「東方宗教與德國基督信仰」。
18. 東海大學馮滬祥教授：「三民主義的優越性」。
19. 美國若望大學費多瑪教授（Thomas Fay）：「是否有真的基督信仰倫理學」。
20. 日本久幸宮川教授：「中國思想中的罪惡與恥之概念」。

21. 輔仁大學柏殿宏教授（Frank E. budenholzer）：「科學與宗教」。

22. 美國德州大學名譽教教授哈特瑟博士（Charles Hartohorne）：「哲學與宗教」。

23. 羅馬額我略大學達瓦墨尼教授（Mariasusai Dhavamony）：「吠陀的宗教哲學」。

24. 中國文化學院釋曉云教授：「道通乎藝術」。

25. 印度巴拿拉斯大學夏爾瑪教授（L. N. sharma）：「哲學與宗教的閱讀者」。

26. 東海大學蔡仁厚教授：「儒家精神與道德宗教」。

27. 美國福爾丹大學何茨拉教授（Florence Hetzler）：「藝術是哲學智識而予以超越」。

28. 羅馬傳信大學鮑黎樂教授（Lung Boglalo）：「論人的自我」。

29. 輔仁大學張振東教授：「人有敬神的義務」。

30. 輔仁大學黃公偉教授：「莊子哲學的修養論」。

31. 輔仁大學周紹賢教授：「當代哲學與宗教」。

32. 輔仁大學陸達識教授：「今日天主教對非基督教的看法」。

33. 輔仁大學羅光校長：「中國哲學與宗教」。

34. 政治大學趙雅博教授：「現代的中國哲學與宗教」。

上面三十四篇的論文，除少數幾篇主題沒有關係外，極大多數都直接和主題有關。把有關主題的論文分別起來，可分爲三組，一、從認識論研究宗教問題；二、從哲學研究宗教問題；三、從人性和倫理研究宗教問題。

一、認識論的問題

輔大德國籍孫志文教授的一篇論文，詳細討論「唯理性的思考方式對現代人的衝擊」。唯理性思考從古希臘哲學到現代自然科學，一線相承，德國唯心派哲學家康德以先天的理性範疇，調解偏激的理性主義和經驗主義，建立一種新的形上學基礎。費希特、謝林、黑格爾結成一種「超越哲學」系統。二十世紀時，科學進入了哲學，布朗克的量子論和愛因斯坦的相對論都含有重大的哲學意義。因此科學家進而研究科學的哲學基礎，哲學家和神學家著手研究形上學的認識基礎，大家發現科學的認識方法應用到哲學上愈來愈多，精神方面的問題，沒有辦法可以應用科技的實驗去研究。

輔仁大學德國籍柏殿宏教授提出了「科學與宗教」論文，柏殿宏是輔大的化學教授，他在論文裡指出一般人以爲科學和宗教的認識途徑和世界觀，爲兩種涇渭分明的不同邏輯領域，既不能整合爲一，也不會有衝突。又有一些懷有偏激主張的人，以爲科學與宗教爲兩個不能並存的世界觀，一個人必須祇能接受兩個世界中的一個，但是這兩種意見都不能對於問題提出適當的答案，一個較爲適當的答案可以在羅納剛（Bernard Lonergan）的思想裡找到。透過人類認知的分析，發展出來認知行爲基本操作型式的「先驗方法學」，結成一種「批判實在論」，實有體不僅是物質，精神也是實有體。實有體爲一個單一的整體，這整體是可以被認知的。實有體的性質不相同，被認知的型式也相異。但是沒有一種認知是孤立的，科學的認知有相連性，宗教經驗的認知也是有相連性。科學的認知不足以滿足認知的要求，必須連到宗教的對象。

武長德教授認爲神和宗教觀念的起源，是和人類的理性緊密相連。任何人，如果靜心而客觀地對現代科學和技術作一番深省，他會容易地發現，二十世紀的科學和技術，不僅沒有相反神信任的任何因素，反而呈顯著深爲有利於此的不少層面。科學和技術進步越多，我們便越發看出，機械界，生長界，感覺界，和理智界都具有奧妙的特色，然而並不能是無限永存的，而人類的本性具有永恆的企望。

美國鮑納布教授在「有關神與創造之科學與哲學」的論文裡，提出兩個問題：一、是不是可以在科學上建立一個宇宙論，沒有最高的實體，作爲宇宙的創造者？二、最近天文學與太空學的發明，是否對於宇宙的起源沒有一點關係，絕對沒有宇宙被創造的形跡？這兩個問題是相連繫的。雖然有些科學家聲明自己的宇宙不須有造物主，可是蘇聯的唯物論哲學承認人的理性不是物質，理性的動作不能用唯物辯證論去解釋，而最近天文學和太空學對於「力」的發明，都證明宇宙力的量日漸減少，因此物體學便要承認宇宙是有限的。哲學家便提出結論，有限的宇宙不能自有，須要有外在更高的原因。

巴思摩（Jahn Pazsmore）教授所提的論文「爲基督有宗教哲學」。科學的哲學，起因在於認識問題，有的主張一個沒有主體的認識論，有的主張不受未實驗和數學錯誤的認識論，有的主張數理學和邏輯學的合作，有的主張傳統形上學的原則來自科學的發明，有的主張由達爾文進化論建立倫理原則。巴思摩述說了這些學說，結論爲科學與哲學各有自己的領域，不宜相混，但是兩者有些方面互相聯繫，互作研究，互有助益。

政大項退結教授的一篇論文，講「中國傳統思想中之目的論與機械論傾向」，爲一哲學思的問題，自然界的運行，是否有目的。中國傳統哲學中，儒家主張有目的，道家主張有目的自然。西洋的機械論和科學的哲學相連，卡納普想把一切人文科學最後歸納於化學定律，諾貝爾生物學獎金得主莫諾（Jacques Monod）主張生命和思想都可用化學定律解釋。這一部分的論文，都在於說明當代哲學的趨勢，從認識論方面怎樣去看宗教信仰，舉出多方面的問題。

二、宗教與哲學的問題

從宗教和哲學的關係，來講近代哲學的趨勢，會議中所有論文，可以分成三方面：一方面是中國哲學，一方面是西方哲學，一方面是印度哲學。

1. 中國哲學與宗教

在中國傳統的哲學中，宗教的信仰和形上學以及倫理學都沒有顯著的聯繫。形上學的太極，道，天理，性等觀念結成一系統，不上溯到皇天上帝，然而也不否認有上天。倫理的善惡原則，先有天道和天理，後來轉爲禮，又進而爲人性和良知，也連成一系統，不明明歸結到皇天的神律，但是倫理的賞罰則歸之於上帝。在古代哲學中，鄔昆如教授指出有憂患和救援的意識，進而體驗到人事的有限，而要求外面高超的救援力量。久幸宮川教授則指出在中國傳統哲學中有罪和恥的現象，因此，在修身上力求慎獨，不欺暗室。

中國當代哲學與宗教，從民初以來，社會風氣傾向西化科學，學者所介紹的爲西方無神論的哲學思想，如康德、黑格爾和柏格森的唯心論，詹姆士、杜威、羅素的經驗論，馬克思的唯物論，介紹這些思想的人以先期的陳獨秀和胡適最具影響力，後期的殷海光的邏輯學也曾吸引了青年人。但在中國當代哲學中有所建樹的學者，則是方東美和唐君毅，兩人的思想雖不相同，然都承認宗教可以提昇人的精神，進入超越的境界；然而兩人都主張精神生活的最高境地，這是由中國的儒道的心靈哲學而發達至人至善。

2. 西方哲學與宗教

有九篇論文，討論這個問題，可以說是這次會議的中心題材。論文的作者雖各己的觀點不相同，然都深入了「宗教與哲學」這個問題中心。

哲學對於宗教，可以有三種態度：無神論的態度，不討論的態度，有信仰的態度。態度的決定，在對於「神的存在」問題，哲學對於這個問題當然可以深入地討論，討論的態度應是中立的態度，使有信仰者和無信仰者都可以接受。

當前西方許多哲學者和神學者重新討論基督信仰和理性（形上學和科學）的關係，這般學者的中心態度是一切「人化」，而人文的中心思想，則是人的將來和理想，西方乃興起

「希望的神學」和「未來的神學」，因此對於基督信仰，予以「人化」。一切以人作中心，一切知識以理性作標準。基督的信仰不能使人性和時空的生活相脫離，時空生活在歷史內完成，時空當向未來，基督的信仰祇能在人時空生活的未來希望表現意義。

在這種學術風氣所造成的社會生活裡，產生了兩種互相矛盾的反應，一種是西方流行的無神思想，一種是新起的神祕主義。無神思想的流行，原因非常複雜，其中最重要的原因是理性主義和唯物辯證論。由理性主義產生的思想，否認一切超乎人性的存在，基督的信仰應洗除不合理性的部分。唯物辯證論則進而以一切爲物質，物質自有自動，沒有超乎物質的神。同時，人的觀念被神化了，又被物化了，一方面人代替了神，成爲宇宙的主人，一方面人祗有物質性，整個地在於物質享受。

西方社會的人，不滿於這種唯理性和無神的物質生活，又對科學失去信心，乃轉而趨向東方印度的宗教神祕主義，同時基督信仰的天主教內也興起了新的神祕主義。兩種神祕主義既都排斥唯物論，又都輕視理智的推理活動，以直接的靈感，體驗與絕對實體的融會境界。直接的靈感不加分析，不用推論，而是直接趨向整個的絕對實體。破除二元論，主體和客體相融。印度神祕主義和基督神祕主義又有不同之重要點：印度神祕主義爲自然主義，一切由人力，而以人身爲重，在達到頂點時，與絕對實體合由一，去我與他們相對實體的二元。基督信仰神祕主義，爲超乎人性的神祕主義。由心靈超昇與絕對實體—天主相融，然不失人和天主的二元存在。新的神祕主義不是抽象或孤獨的靜觀生活，而是由神祕的與絕對實體的結合而回到日常的生活，成爲行動的神祕主義。西方人現在有許多人偏向默靜，失去政治的興趣。哲學者則以神祕主義爲不可思索，不可言喻的境界，作爲對理性主義，對唯科學主義和唯物主義的反抗。

3. 東方宗教與哲學

在會議裡，發表對東方宗教與哲學的論文者，除中國的教授以外，有菲律賓教授庫頭女士：「當代菲律賓的哲學與宗教問題」，有羅馬的印度籍達瓦墨教授：「吠陀的宗教哲學」。菲律賓的哲學與西方的哲學相彷彿，受西方哲學的影響，又受印度哲學的影響，很少和中國哲學有所聯繫。印度哲學則自成體系，而印度宗教在印度學術上，享有重要地位和中國宗教在哲學上的地位不同。而且印度的宗教和哲學在目前西方的學術界，代表東方的思想。

吠陀的宗教哲學，爲《奧義書》的宗教哲學，所信仰的對象爲梵（Brahman），所有著名學者有羅摩路闍（Ramanuja）和商卡拉（Sankara）（商羯羅）。

印度哲學的基礎在於神的啓示，啓示中的眞理爲理性和感覺所知，祇能以信服權威的信仰而接受。奧義書的神爲至高的梵，乃是絕對的實體，爲宇宙的起源。認識絕對的實體即是人的得救，凡認識梵者即是梵，梵即是我。

吠壇文化（Vedanta），字義是「最後的吠陀」，以《奧義書》爲吠陀思想的極峰。梵爲宇宙的光也是人心的光，人在自己的心內可以見到梵的光明，直接體驗到梵。商卡拉提出一元論。宗教的本質是在靜默，靜默乃是人心和神的融會。靜默可以使心和梵的部份相融，或和整個的梵相融。由各色的靜默產生解救的智慧，人心除去一切束縛，不再有分析或推論，而見整體的梵，完成眞正的自我。

羅摩路闍則反對商卡拉的一元論，主張心物二元物。受造物有心與物，兩者爲宇宙一切變易的原因，神則爲宇宙的創始者，爲永久的實體。人的靈魂也是永久的，爲從時空的束縛中得到解脫，可以用對於神的智慧和愛慕而得救。人心常和梵相結合，結合即是靜觀，靜觀一方面由人舉心向主，一方面神因愛而指引人。人由靜觀而與神相結合。結合由神的恩惠，人和神的結合有似部份與全體的結合，人和神同爲一，又不同爲一。

這種靜默和靜觀的思想和佛教的禪觀，現在風靡歐美的青年，造成新的神祕主義。

三、人性與倫理

韓之一教授說明當代西方哲學不注意形上的問題，所注意的乃是在求語意的正確和邏輯的嚴密，哲學的方法因此更加精明了，但是哲學的範圍則縮少了。在當前哲學的範圍內，人生哲學仍有重要性。美國從皮爾和杜威以來，興起一種境遇人生哲學。什麼是「境遇論」（Contextualism）？境遇論是一種變易哲學，是自然利益主義，一切的變易都不是孤獨的，必定在一種互相銜接的境遇裡，而且每種變易都要從互相銜接的境遇，纔可以懂得它的意義。因此人的活動，爲繼續的變易，人活動的意義和價值，都要從周圍的環境去解釋。周圍的環境在時間和空間裡，非常的複雜，人的生活經驗也是多元性的；因爲倫理的原則和價值，必定要在這種多元的複雜相銜接的境遇裡去追求生活的倫理道德不能是一元的，也不能是不變的，這種追求稱爲「批判的研究」（The method of cutical inqusry）。

這種人生哲學爲杜威思想的人生哲學。美國費多瑪教授則認爲可以真正有一種基督信仰的倫理。倫理雖是哲學，哲學的研究途徑雖爲理性推論，然而倫理乃是生活的規律，人在生活裡很可能有宗教信仰，信仰範圍生活；生活的倫理便可以和信仰相聯繫，而以信仰作爲原則。

羅馬鮑黎樂教授指出人的自我（Identity），在於人的精神價格，也就是人的人格。人的精神由理智以求真，由意志去求善，理智和意志傾向於無限的絕對目標，絕對的實體—天主，就是人的自我基礎。加拿大康尼克教授，概論當前哲學對於人性所加的各種解釋，大都認爲人性不是一成不變的單元，在一切變動的宇宙中，人性也成了難以捉摸的對象。然而人應有自己的自我（Identity），自我就是一致，一致的自我便建立在人性上，人性的表現則表現於變易之中，表現也有變易。

從中國哲學去講倫理，蔡仁厚教授肯定儒家的道德宗教精神，具體地表現在中國的禮教之中，禮教的形式雖已衰微，但內涵的思想精神，仍然活躍在文化心靈之中。黃公偉教授舉出莊子的道德修養論和莊子的心性修養論。莊子善用「用」而捨「異」，以成物我統一之宇宙大全。由主觀的大覺大悟，以實現統一，主客一致。

四、結論

在以上所介紹的論文以外，還有幾篇和會議主題沒有聯繫的論文，也各有各的價值。

這次會議的論文和討論，表現出來當前的哲學趨勢。十八十九世紀的科學獨尊以及唯理性主義，已經在歐美失去了地位，雖然仍舊還有一些走在這種趨勢的哲學者，然而所引起的反抗，已造成歐美哲學的新趨勢。一種是傾向東方哲學的新神祕主義，一種是以自我爲中心而「人化」一切的思想。這兩種趨勢雖不純正地標明宗教信仰，然都從相反的地位各有各的宗教追求。新神祕主義所追求的是爲消失自我於絕對精神的默觀宗教，自我思想所追求的是神而「人化」以滿足自我的宇宙宗教。

在我們中國，目前社會處在道德崩潰時代，人心也常對未來生活產生徬徨的心情，我們需要有信仰的精神，來支持，來振作國民的心靈。

目前我們爲整理和創作中國哲學，要使傳統形上學有一最高的根基。太極和上天可以相連結；要使倫理學有一超越宇宙的至善，使天人合一的境界，能成爲一種滿全人心要求的至善。因此，我們講士林哲學的學人，努力使宗教和哲學相聯繫，人生沒有孤獨的現象，生命的活動由理智意志的有限目標而介入無限。

中國人的歷史觀

一、

我們人對於我們人生活的意義，不能單憑理智去推想，要從實際人生的經驗去研究。個人的生活經驗是有限的，不能概括人生，我們衹有從以往人類的生活去研究。以往人類生活的經驗爲歷史，歷史所以是人類生活的借鏡。

古今中外的人對於歷史，都賦以特別的意義。在歐洲方面，最古的希臘人以歷史爲人和神的交往，交往的情況和經歷，記述在史詩裡。羅馬人看歷史爲羅馬民族的統治世界史。凱撒寫他的戰史，最有名的一著，是「我到了，看見了，得勝了。」即是中國古語所說「旗開得勝」，「馬到成功」。但歐洲的第一冊歷史哲學書爲聖奧思定的「天主之國」，聖奧思定以人類的歷史爲人類的救恩史，人類沉淪於罪惡裡，不能自拔。天主聖子基督降生人寰，捨生以救人，人類因祂的寵祐而自罪惡裡得被救出。人類的歷史爲善和惡的鬥爭史。以基督爲人類歷史的中心，人類歷史分爲降生以前的救恩預備時期，和降生以後的救恩實現時期。人類歷史的終結，乃是人類救恩的完成。聖奧思定的救恩史觀，成爲天主教的歷史觀，一直流傳到現在。法國大革命，孔德由社會學去看歷史，以人類歷史爲人類的進化史，人類由神權時代進到君權時代，然後進到民權時代。德國哲學家黑格爾根據他的哲學思想去講歷史，以人類的歷史，爲人類爭自由的經歷史，宇宙爲絕對精神的自我表現而成爲非我，由正而辯證到否，宇宙重新自覺爲精神而再回到絕對精神之自我，乃有辯證的合。宇宙的自覺即是自由。馬克思套用黑格爾的辯證法造出辯證唯物史觀，宇宙都是物質，物質常動，動的方式遵循正反合的辯證法，人類的歷史便成爲階級鬥爭史。當代歷史家湯恩比和魏爾以人類的歷史爲人類的文化史，人類歷史不是戰爭政治史，而是人類生活史，人類生活史乃是文化史，概括人類生活多方面的表現和成就。稱爲西洋現代史之父的蘭克（Leopoldvon Ranke）以文化的表現在於國家，歷史乃是國家完成天主的「人類理想」的工作，國家在人類理想中互相連繫。歐洲在十八世紀時國家主義興盛，歷史便成爲國家的活動史。到了二十世紀文化史的觀念興起，國家在歷史的地位，乃由民族去代替。同時歐洲新生了一種歷史主義，把社會的一切都由歷史去估計，時間在人類的價值觀上佔著重要的位置，一切便都成了相對的，沒有不變的規律。

二、

中國人對於歷史非常看重；最古的史有尙書，後來有春秋，再後從漢朝司馬遷的《史記》和班固的《漢書》，以及到淸朝，有記述中華民族歷代生活的廿四史。這是全世界各民族裡唯有的特點。

中國人對於歷史的意義，有好幾種看法。孔子作《春秋》以大義微言，繼承古代的王道。王船山說：「春秋者天下之公史，王道之大綱也」。又說：「王道衰而春秋作，春秋者以續王道之絕也。」孔子看歷史是倫理道理的評判，他的歷史觀爲道德史觀。這種道德史觀成爲後代中國人一貫的歷史觀。司馬遷作《史記》。在自序裡說：「通古今之變，究天人之際。」（又見於報任少卿書）司馬遷認爲歷史爲研究天和人的交往，以貫通古今社會的變遷。司馬光編《資治通鑑》，在序文裡說：「詩書春秋，皆所以明乎得失之迹，存天道之正，垂鑑於後世者也。」司馬光看歷史特別從得失去看，從得失中顯明天道，爲後世的鑑戒。他的歷史觀反映一般人對歷史的看法，以歷史爲後人的垂鑑；我們研究歷史，在於「仰古以治今。」宋朝理學家提出天理爲人生的規律，天理在人爲人性，在社會國家爲「道」，歷史便是「道」的實踐。國父孫中山先生創民生史觀，以歷史的主體爲人民，歷史爲人民生活的經歷。中國廿四史，以君主爲主體，以良相賢臣爲輔，歷史的範圍，在於政治，歷史的作者，乃是傑出的個人。所以廿四史的內容，都是本紀、世家、列傳。中山先生革新這種歷史觀念，以歷史的主人乃是人民，歷史所記的應是人民生活的經歷。先總統　蔣公以歷史爲人類求生存的行程，人類求生存在橫的方面爲社會，在縱的方面爲歷史。當代中國人的歷史觀，則多採取歐洲的歷史觀，梁啓超曾著新史學，他以爲歷史爲研究時間的現象。

中國人的歷史觀，從孔子到先總統　蔣公，觀點有所不同，然而有一貫之道。歷史的一貫之道爲「天道」。司馬遷說「究天人之際」，司馬光說「存天道之正」，就是指著貫通歷史的天道。

中國古人常相信有天命，古代歷史的中心在於君主，君主的選擇在於天命或天意。尙書對於舜王禹王以及湯王武王的選立，明明說是由於天命。《書經・泰誓》說：「大降下民，作之君，作之師。」後代開國的皇帝，常常說自己是「承天啓運」。承天即是承受天命，啓運則是開啓時運。王船山論宋太祖說：「宋興統一天下，民用寧，政用乂，文教用興，蓋於是而益以知天命矣。……天之因化推移斟而曲成以制命，人無可代其工，而相佑者特勤也。帝王之受命，其上以德，商周是已。其次以功，漢唐是已。詩曰『鑒觀四方，求民之莫。』德足以綏萬功，功足以戡大亂，皆莫民者也。得莫民之主而授之，授之而民以莫，天之事畢矣。乃若宋非觀鑒於下見可授而授之者也。……嗚呼，天之所以曲佑下民，於無可付託之中而行於權，於受命之後天自諶也，非人之所得而豫諶也。而天之命之也亦勞矣。」王船山可以說是中國的史論專家，他縱觀中國歷代的朝代，認定都由天命而興。

天命在歷史的顯示有兩種：一種是民心，一種是時運。民心代表天心，人心的向背象徵天命。《書經》曾說：「天聰明，自我民聰明；天明畏，自我民明威。」（皐陶謨）孟子也曾說：「天不言，以行與事示之而已矣。……昔者堯薦舜於天而天受之，暴之於民而民受之。故曰：天不言，以行與事示之而已矣。」（萬章上）當文王在西伯時，民心向他而背紂王。孟子便說紂王已經不是王而是一獨夫，武王可以殺他。第二種天命的顯示，爲時運。中國人的歷史思想來自《易經》，《易經》講宇宙的變化，以陰陽兩氣爲元素，陰陽兩氣遵循變化之道，稱爲天道，循環不已。人事的變化也遵循宇宙變化的規律；然而人有心意，可以操縱人事變化歷程，但不能改變天道。陰陽變化之道在人的歷史上，造成氣數。氣爲天地之氣和人之氣，同類相感，漢朝人稱爲「天人感應」君王或人民行善，天地的善氣相感應而生祥瑞的徵兆，預告天將行賞。君王或人民行惡，天地的戾氣相感應而生災異的凶象，預告天將行罰。歷史上有許多獻祥瑞的事，也有更多次因災異凶象皇帝下詔罪己。數則是陰陽變化而相交結之數，《易經》說是一而二，二而四，四而八；漢儒說是一而二，二而五。兩爲兩儀，四爲四象，五爲五行，八爲八卦。陰陽五行的學說盛行漢初；於是朝代的更替，有「五德終始說」，五德代表五行，終始代生五行的相生相剋。每一朝代有一行爲代表，這個朝代的繼起朝代，按照五行的相生或相剋而生。

再者，按照宇宙變化的規律，陰陽常循環不息。人類歷史的轉變也循環相繼，一治一亂，一盛一衰，一分一合，常互相繼續。這種繼續有一種數運。宋朝邵雍曾用《易經》卦爻的數目去計算世代，清末康有爲曾按〈公羊傳〉的三統而造三世說，不是祇是學者的構想，中國普通的信念，則像孟子所說：「五百年必有王者興，其間必有名世者。由周而來，七百有餘歲矣，以其數則過矣，以其時考之則可矣。夫天未欲平治天下也！如欲平治天下，當今之世舍我其誰也！」（公孫丑下）王船山也說：「天地之氣，五百餘年而必復，周亡而天下一，宋興而割據絕。後有起者鑒於斯以立國，庶有待乎。平其情，公其志，立其義，以奠其維，斯則繼軒轅大禹，而允爲天地之肖子也夫。」

在氣數的變化中，有理有勢，理爲天地變化之道，人不能違，就有順理纔能成事。勢爲時勢，勢由機而顯，機在於事將變而未變時所呈現的先兆。明君賢臣能順理而乘機；以得人情和時勢。王船山說：「受天下之歸，太上得理，其次得情，其次得勢。」

得理、得情、得勢，有一定的原則，這些原則就是歷史事件的原則。第一，以大義服天下，大義在於道德，而不在於術。「以大義服天下者，以誠而已矣，未聞以術也。」

第二，天下的勢，常盛衰循環。「天下之勢，循則極，極則反。極而無憂，反而不陂者，尟矣。」「勢極於不可止必大反，而後能有所定。」「極重之勢，其末必輕，輕則反之也易，此勢之必然也。」這些原則方面的話，都是王船山讀歷代的史事而得，從經驗中提出。

第三，對於時勢，應當知道應付之道。「太上治時，其以先時，其次因時，最下亟違乎時。亟違乎時，亡之疾矣。」治時，是時有反覆不定尙未成時勢，使時勢不成。先時，是走在時勢以先，予以引導。因時，時勢已成，不得已順著時勢。違時，是時勢已不善，自己又再爲不善，以加重時勢之惡，則喪亡必快。

第四，但是最重要者，還是在於有德。「天之使人心有君也，莫之爲而爲之，故其始也，各植其德。」「天子之仁，性也；君臣之義，夫婦之禮，道也；道率性而成乎性之用。」《中庸》說「天命之謂性，率性之謂道。」人君和人民要率性在行事成性之用。

中國人的歷史觀，乃是天命的歷史觀。在國家民族的歷史轉變上，必有天命；在人君人民的生活上，也有天命。

用中國人的歷史觀，去觀察當前中華民族的大事，我們有樂觀的心情。

三、

當前中華民族的大事，是大陸和臺灣的分治。從這種現象去看，我們決定相信將來必有合的一統而治。

這種合的一統而治，不能是大陸共產黨之治，而是在臺灣的國民政府的三民主義之治。中國人的歷史觀，是物極必反。共產黨統治大陸的淫威已經達到極峰，正走入反的路途，他們已經在審判自己；四人幫的審判不是審判江青等四人幫，而是審判共產黨的暴政。「勢極於不可止必大反」，共產黨內部的奪權，勢必繼續不能自止，終必自相吞食而造成反共產黨的政局。「極重之勢，其末必輕，輕則反之易也。」共產黨暴政的勢力，目前已有減輕的趨勢，這是「其末必輕」，暴政勢力減輕，反對共產黨就比較容易了。

「天下之治也，有漸，而亂也有餘。亂無餘可以興矣，而猶未遽興也。未遽興則將流而復甚。天道虧盈而人心樂動，盈而動，一旦戢之難矣。」

這正是當前共產黨在大陸的處境。共產黨企圖治理中國大陸，但是他們的亂卻不止，亂不止則治不能興，治不能興則亂將加甚。天道對於滿心驕淫殘暴的共匪必然厭惡，而大陸人心又思動，在天厭惡驕淫殘暴的時候，大陸人心一動必不能戢止，必定要達到物極必反。

「動以正動，失而弗失，非無失也，失而有不失者，固無喪也。動以不正者，得而失之，其得也捷，而其失也烈。」這又是正好歸在共產黨暴政上的一項原則。當共匪竊據大陸時，先總統　蔣公把政府遷到臺灣，這項舉動是正當的，在軍事上是失敗的，但是雖然失敗而又沒有失敗，因爲保全了中華民族的文化和命運。共產黨竊據大陸，這種舉動是不正當的。尤其是用暴政壓迫人民，更是不正當，雖然他們得了大陸，卻失了大陸的人心。所以他們奪得大陸非常快，可是他失掉大陸一定非常慘。

「大勝不必力，大力不必爭，大爭不以遽。」我們反共的奮鬥乃是一種大勝，因爲我們要光復大陸。這種大勝不能用力量去爭，光復大陸不是兵力的戰爭，而是用人心和文化的大力。用人心和文化的大力，不是和共產黨去爭鬥，而是感召大陸同胞的向心，這便是一種大爭。這種爭不能馬上得勝，必要用耐心和毅力。我們是要以大義去服大陸同胞的心，「以大義服天下者必以誠，未聞以術也。」我們不以詐去取大陸人心，而以致誠去感召。中庸說「故至誠無息，不息則久，久則徵，徵則悠遠，悠遠則博厚，博厚則高明。博厚，所以載物也；高明，所以覆物也；悠久，所以成物也。博厚配地，高明配天，悠久無疆。」（中庸

第二十六章）我們的誠心，恢復中華民族的文化，這種文化誠心的力量，將配天配地，覆載大陸同載，悠久無疆！

中國人的歷史觀爲天命的道德史觀，共產黨不信天，不講倫理道德，將會被中國歷史的力量擠在中國歷史以外。

民國七十年正月廿六日於東海大學文化研討會

由價值觀看中國的未來

一、價值的意義

價值的名詞，普通用於商業上的商品，意思是一項物品可以值多少錢，以錢作價值標準。在商品中，有的物品價值昂貴，有的商品價值低賤，乃有價值的高低程度。

商品的價值雖以金錢爲標準，金錢的多少則另有標準。最通常的標準是物產多寡和購買者的需要，若供過於求則值錢小，求過供則值錢多；另一標準則是物品自身的精美或粗糙，精美的東西則貴，粗糙的東西則賤。但若我們再追下去，值錢多少的標準還是在於人的需要；人需要一件物品，是因爲這件物品對自己有益，因此，價值的標準是在於人的利益。從這個根本點去看，價值究竟有什麼意義呢？價值是人對事物所有利益的評判。

不過有些學者可能要提出抗議：價值的標準絕對不是利益，例如道德的價值、智識的價值怎麼能夠由利益去看呢？然而問題就在於利益這個名詞了。

利益是什麼呢？中國儒家和墨家在「利」字上，互相競爭。孔子標出人生的原則，在於好義不好利;墨子標出人生的原則,在於看重利益。兩家思想所以不同,是因爲孔子以利爲私利,爲求自己一人的利益;墨子所講的利爲公利,即是公益。故追根究底,孔、墨兩人所追求的對象都是同一的。

我解釋「利益」,由哲學的觀點去看—利益是能協助人發展並成全自己本體的事物。人一出生就有自己的本性,本性的表現就是本體。人的本性雖然在出生時就是全的,但是需要發展,不然就會成爲枯木槁灰。《中庸》第二十二章,講至誠的人知道「盡」自己的性,「盡」即是盡量發展自己的人性,以至於能夠發展萬物的物性,贊天地的化育。孟子講人心有仁義禮智的善端,人要努力發展自己的心裡的善端,成爲仁義禮的善德。

人除了人性外,有自己的本體。本體當然包括人性,此外還包括人的智力、情慾、個性和身體。這一切在人出生時,祇是一些能力、一些質料,等著人在一生中去培植、去成全,否則,就會是一個殘缺而不完全的人。

爲發展人性和成全本體,人需要種種事物。這些事物對於人都有利益,都是人所需要的,對於人便是有價值的。價值的標準就是人的利益,有利益的是好的,沒有利益的是不好的。

人的人性是善的,人性的需要應當都是善的。不過人性需要的表現,必須穿過人的本體而表現，人性的需要在實際上，就是人本體的基本需要，人的本體則很複雜，有心靈方面的需要，有物質方面的需要。孟子曾說人有小體和大體，小體爲物體，大體爲心靈，保養物體的人爲小人，保養心靈的人爲大人。在人本體的需要裡便有了高下的等級，不能一樣的看待；這就造成價值的等級，也就是我們所說的價值觀。

在人的本體裡有兩種認識的本能，一種是孟子所說的小體，即是感覺之官，一種是孟子所說的大體，即心思之官，我們現在普通說是感情和理智。對於事物爲我們有益否，我們可以用感情去認識，那是一種直覺，直接體驗出來一件事物，使我們喜愛或使我們厭惡。喜愛的事物，我們認爲對我們有益，便是好的；我們認爲對我們有害，便是不好的。我們又用理智去思考，看一件事物對我們是好或是不好。理智所思考的和感情所體驗的不常是一樣。既然理智在感情以上，理智的評判應該比感情的評判較爲準確。我們常說感情是盲目，盲目的感情需要理智的光明去指導。不過在人的生活裡，因爲感情由感覺去表現，感覺是物引物，物引物的吸引力，每每超過理智的指導力，人便每每順從感情而不隨從理智。在價值的評判上，每每輕重顚倒。

人雖然是心物合成的，心靈和身體不能分，然而兩方的需要不常相同，心靈有心靈的需要，身體有身體的需要。心靈既然高於身體，心靈的需要便要高於身體的需要。兩方面需要的價值有高下的分別，合於心靈需要的事物，所有的價值高；合於身體的需要的事物，所有的價值低。孔子曾經說：為政需要食物，需要兵，需要信用；在三者不能同時兼得時，先去兵；若再不能兩者同時有，再去食，而信是最重要的。所以三者的價值以信用為最高，食為第二，兵為第三。孟子也曾說過：若是義和生死不能兩全，則捨生取義，義的價值比生命高。中國古人常說若忠孝不能兩全，則取忠，忠的價值在孝以上。中國傳統的價值觀，以儒家的人生哲學作基礎。儒家哲學為倫理哲學，倫常的次序，是天地君親師；社會的標準是爵、齒、德；生活的標準，是道德高於生命。

二、歷史的評判

所謂傳統的價值觀，乃是歷史的價值觀。人的生命是在空間和時間裡運行，人是生活在一個具體的環境裡，生命的需要便表現在時間和空間裡；空間和空間不同，時間和時間常常變換；每一個地域的人所有的需要，每一個時代的人所有的需要，在基本上相同，但是在具體的表現上則不相同了。因為每一個地域和每一個時代所能供給人需要的事物，常不相同，人對於需要的看法也就不同。再者每一地域和每一時代的人對於生活的觀念，因著環境的不同，觀念也就可以不同，生活觀便不一樣，這一切影響了人的價值觀，因此，每一民族，每一時代的價值便有不同。時間的不同和空間的不同，都存留在歷史裡。討論價值觀的人，便以歷史為價值觀的評判者，而且以歷史還是價值觀的塑造者，歷史為人所造，價值都是人所造。

他們認為歷史顯示出來價值是變的，一個時代的價值和另一時代的價值不同；價值觀的形成，乃由於一個時代的人共同的嚮往。人們共同的嚮往以感情為重，常多為主觀的，因此價值觀常是主觀的。

然而歷史顯示價值觀念，雖然顯示價值觀在時代裡常變，但也顯示出來有些價值觀念在時代裡並不變。這些在時代裡不變的價值，便是超越時間的價值。

中華民族的文化在幾千年裡，沒有遭到外來的重大打擊。魏晉南北朝的五胡亂華，胡人的文化都較中華民族文化低。元朝蒙古人和清朝滿清人入主中華，也都接受了中華的文化。因此中華民族的生活觀念常常一樣，在幾千年歷史裡所有的改變，都是一些枝葉的變換，主幹常是一樣。中國古代的生活觀，以生命為重，認為整個宇宙變化不停以化生萬物，人類的生命為宇宙生命的一部份，應該繼續傳生。中國古代社會看重家族，家族為人類生命的繼續，多子多孫乃為人的一大幸福。因家族生命而重孝，在社會裡重男輕女；因宇宙生命而重仁，仁為生。人人愛惜自己的生命，也就愛惜別人的生命，因愛人的生命也愛物的生命，仁乃是中華民族最高的善德。因著生命，家家供著牌位，牌位上寫著天地君親師，天地最高，乃是生命的根源；君代表天地，號稱天子，保障人民生的生命；親是父和祖宗，爲人生命的近源；老師教導人好好生活，爲生命的導師。在社會裡，有士農工商，士的地位高於一切，農居第二，工商居末位。因著皇帝的地位最高，幫助皇帝治國的官爵地位也高；因著孝敬父母，對於年長者也尊敬；因著精神心靈生命高於身體物質生命，道義便在金錢利益以上，重道義爲可敬的君子，重金錢便是可輕的小人。君子求道不求錢，生活的樂趣，在於內心無咎，在義和生命不能兩全時，則捨生而取義。又以「食色性也」，追求飲食和女色的享受，烹調乃爲傳統藝術之一，娶妾狎妓認作高雅。

可是到清朝末年，歐洲列強侵略中國，摧毀了中國的自尊心。民國成立以後，社會思想自由，全國青年都趨向歐美社會的生活方式，學者又高唱「全盤西化」。接著是軍閥內戰，是日本侵略的全面戰爭。國家常在戰亂之中，社會生活消極的破壞多於積極的建設，舊的傳統遭破壞了，新的生活方式和觀念沒有建立，共匪又乘機竊據了大陸，徹底毀滅傳統的文化，企圖建立共產的生活制度，把以往的價值觀全部掃除，以物質價值掩蓋一切。自由中國在臺澎金馬，抱著延續中華文化的使命，然而爲求保全復興基地，建立復興的力量，乃專心發展工商業，使經濟的成長非常迅速，以往的農業社會，變成了工商社會，生活的價值觀隨著起了大的變化。工商的地位壓倒了士人的地位，科技的知識提升到人文知識以上，金錢的重要超出一切，大家重利不重義，追求享樂。臺灣的社會已經進入了歐美的消費社會，食色的享受每年要消耗千億的金錢。家族的制度已經崩潰，孝道的觀念也已動搖，個人的人格和自由代替了社會的權威，物質的價值漸昇到精神價值以上。因此，目前大家都在問究竟應有什麼價值觀？歷史還沒有給我們一個答案。

三、中國的未來

歷史的答案雖然要在事成以後才能確定，但是由以往的歷史，我們可推測歷史出答案的一些成因。中國的社會環境現在是徹底變了，絕對不能單純地幻想繼續以往的文化模型和價值觀念，大陸共匪是用暴力在改變中國的社會，臺澎金馬的自由中國政府是順著時勢來改變生活方式。中華民族的歷史現在開始一個新的段落，中華民族的文化也正在醞釀新的內容和面貌。因此中國的未來，是一個新的中國，將有新的價值觀。

但是大陸的中國在未來，並不能是一種共產制度的新中國。歷史的運行有兩種權力，一種是掃除不合時代的舊生活觀念和價值觀，一方面是掃除不合民族性的新的生活觀念和價值觀。歷史有變的力量，也有保守的力量！時代的要求是新的觀念和價值，民族所要求的是長存的民族性。大陸共匪施展各種暴力，企圖摧毀中華民族的歷史，建立新的歷史；企圖掃除全部的民族傳統，建設共產的生活制度。然而民族性是存在人民的血液裡，暴力並不能摧毀，除非經過四五代的人，舊的血液都變成了新的血液，這個民族已經不是舊的民族，那時共產黨才能造成一部歷史、一個文化，但這種歷史和文化已經不是中華民族的歷史和文化。然而歷史是有延續性的，而且有力量掃除那些打斷歷史的暴力，歷史要建築在歷史上，文化要建立在文化上。因此，大陸同胞所有代表民族性的價值觀，現在還存在他們的心中。民族性的價值觀，夾著歷史的勢力，必定將要昂起頭來。大陸未來的中國，絕不是共產生活制度的中國，共產黨或者要被掃除，或者是要自己改頭換面而接受三民主義。

臺澎金馬的自由中國，在最近的未來，尙在一個過渡時期，時間的色彩很濃，社會將是工商的社會，科技主義很囂張，青年人還希望出國進修擇業，金錢主義橫霸一切，享樂和消費的思想瀰漫社會，物質價值將淹沒精神價值。但經過二十年後，民族性的持久價值將會重新肯定自己的價值。根據今年輔仁大學社會系所作的大學生心態調查，目前的青年大專學生，對於責任感，對於人格、倫理的價值觀，都已提高，而且因著精神生活的興趣而引起對宗教生活肯定價值。這一點就表示物極必反，物質享受慾過高必將引起對物質享受的輕視。中華民族幾千年都重視精神生活，以仁義爲生活的最高價值，以君子爲人格的模範，孝父母，敬長老，大家和睦相處以守中庸之道。這些傳統的價值，必定會在自由中國復興起來。我對中國的未來抱著樂觀的態度，歷史已昭示我們建立新價值觀的途徑，因此中國的青年將肩擔自己的歷史使命！

民國七十年五月八日在中國哲學會與耕莘文教院舉辦的哲學週演講

中國的歷史觀

一、歷史的意義

今天中國讀《資治通鑑》的人，實在很少；但是在古代，這部書乃是治國平天下的大道，宋仁宗定這部書的名稱爲《資治通鑑》，意思就是說爲治理國家這部書是供參考的綱要。在古代，學術界爲經史子集，而且古代還以爲「六經皆史」，歷史在古代，意義很大。爲治理國家一定要研究歷史，以歷史作爲借鏡，作爲教訓。今天中國學術界則以歷史爲一門考據學，對於治理國家則有政治學、法律學、社會學，等等學問。在大學裡歷史成了冷門，歷史系的學生很難有就業的出路。這種現象是因爲現代人把歷史的意義沒有看得正確。他們以歷史爲考據，歷史祇是考證以往的史事，然而，歷史不是考據，考據是歷史的研究方法。歷史的意義則是記述人類生活變遷的歷程，根據這種意義，近代西洋學術上興起唯史主義，一切都是歷史，黑格爾的全部哲學以歷史哲學爲總綱。

中國古代的歷史著作，在全世界各國的歷史中，也可以稱爲特別豐富，因爲一部廿四史，總括了中華民族的史事，這在別的國家是沒有的事。但是中國廿四史的歷史觀念，以歷史爲朝廷的歷史，朝廷以皇帝和官吏作代表，廿四史所記述的都是他們的事蹟。這種歷史的觀念認爲歷史由特出人物所造成。今天我們的歷史觀念，則以歷史爲人類的歷史，國父孫中山先生乃主張民生史觀，以歷史爲人民生活的歷史。先總統　蔣公也說人類的生活在橫的方面說，是社會學，在縱的方面說，是歷史。

歷史研究人類的生活和考古學研究人類的生活，在意義上有什麼不同呢？兩者的研究方法，可以相同，都是用考據的方法。研究的意義則不同。

考古學研究以往人類的生活，是爲知道當時人類生活的狀況，以區分文化的程度，和文化的內容；考古學所研究的古代，是已經過去的古代，是僵硬化的古代，和現代不發生關係。

歷史研究以往人類的生活，是由以往人類的生活和現代人類生活的關係去研究，再加以歷史哲學追究人類生活的意義和原則，乃能知道以往人類的生活怎樣和現代人的生活連接起來！不僅是現代人類生活各方面的形式制度，都是由古代傳下來的，研究歷史可以知道現代生活的形式制度的由來和意義，而且人類的人性相同，在具體生活上，雖因時間和空間的環境不同而有不同的方式，然而在基本的原則上則都相同；因此，歷史上的因果關係在古代和現代都有共同的原則，現代人便可以由歷史的因果關係去推知自己行動的因果關係，歷史便可以作現代人生活的借鏡，作現代人的教訓。

二、氣運史觀

《易經》的哲學思想，爲宇宙變易的哲理。宇宙爲一變易不停的整體，變易的因素爲陰陽兩氣，兩氣不斷運行，乃化生萬物。兩氣運行在時間上，成爲一年的春夏秋冬四季，在空間上，成爲東西南北四方。時間和空間相結合，東方配春天，陽氣漸盛，陰氣漸衰。南方配夏天，陽氣最盛，陰氣最衰。西方配秋天，陰氣漸盛，陽氣漸衰。北方配冬天，陰氣最盛，陽氣最衰。兩漢的易學，以陰陽生五行，五行生萬物。一切的事物由陰陽五行之氣而成，陰陽五行的運行，遵著循環圓周形而變。五行的變化，則有相生相剋的次序。在兩漢的歷史思想中，乃有氣運的歷史觀。但是這種思想，不是漢朝學者所造，孟子已講五百年必有王者興，《左傳》也講五百年的氣運；五百年爲氣運的一週。漢代學者所造的是「五德終始說」，朝代相替代，依照五行的次序。宋朝歐陽修和司馬光，清朝王船山都反對這種終始說，譏爲荒唐迷信。但是氣運盛衰的思想，則爲中國歷代學者的公論。大家都主張：有合必有分，有分必有合；有治必有亂，有亂必有治；有盛必有衰，有衰必有盛。還有「暴風不終朝」，「人心所背者必亡」。王船山喜歡講「勢」，講「幾」；這些主張都和氣運有關。

歷史爲人事的變遷歷程，人事由氣而成。人心雖有靈而能自作主宰，然也不能居住在氣運以外，人事的變遷也受氣運的影響。氣運的歷史變遷，雖屬自然趨勢，然也須有人去做。我們相信有分必有合，有衰必有盛，有亂必有治，我們便要懷著信心，去創造「合」「盛」「治」的環境，促使中華民族又成爲一個強盛治平的國家。

三、道德史觀

道德史觀有兩層意義：一層意義，是依照倫理道德去評論史事；另一層意義，是在史事的內在關係中，具有倫理道德律。

《春秋》爲中國的第一冊歷史哲學書。孔子作《春秋》，具有一個目標，即是對於史事加以評論。評論的方式是褒貶，褒貶的標準是微言和大義，微言和大義的基礎則是「禮」。孔子依據「禮」而評論歷史。《春秋》的三傳：《左傳》、《穀梁》和《公羊》，也都以「禮」爲評論的標準，常說「禮」也或「非禮」也。「禮」是人生的規律，就是倫理規律。

禮的基礎爲天理，天理爲宇宙變化之道。人爲宇宙的一部份，人的活動就算爲宇宙變化的一部份。人活動的規律稱爲人道，人道和天道地道相合，《易經》乃以聖人法天。禮所以由天理而出，由聖天而制。聖王制禮，因聖天有德有位。有德，聖王乃能知天理；有位，聖王乃能制禮爲民所接受。孔子曾教訓顏淵說：仁就是在於「非禮勿視，非禮勿聽，非禮勿言，非禮勿動。」禮，爲人生的規律，歷史乃是人的生活，因此歷史的評論，以倫理道德爲標準。

中國的史論，由孔子在《春秋》中開端，後來司馬遷作《史記》，常有「太史公曰」的評論，《資治通鑑》裡常有「臣光曰」的評論，歐陽修作《新五代史》和《新唐書》，常有「歐陽修曰」的評論。這些評論都是倫理道德的評論。清初王夫之作《宋論》和《讀通鑑論》兩部史論書，兩書評論的標準，常在於倫理道德。中國歷代的歷史思想，一貫地是道德史觀。

道德史觀的另一層意義，是史事的本身就含有倫理道德。史事以因果關係互相連繫，史事因果的關係，乃是道德的倫理關係。《易經》以整個宇宙爲一生命體，在宇宙以內，生命繼續不停。生命之理是一個理，但是因爲和氣相合，生命的理的表現層次，乃不相同。最高和最圓滿的生命，爲人心靈的生命。心靈的生命爲精神生命，精神生命的規律爲道德律。《易經》曾說：「天地之大德曰生，聖人之大寶曰位。何以守位？曰仁。」（繫辭下　第一章）在天地是「生」，生是宇宙變化的目標；在人是「仁」，仁是人生的目標。孔子以

「仁」字貫通他的全部思想。孟子以人爲仁，朱熹以人得天地之心爲心，天地之心爲仁，人心也是仁。這種倫理思想是以本體論爲基本，人的倫理來自人的本體。因此，在人的生活，從本體上說就含有倫理。

中國歷代歷史思想常有本體的倫理觀念。例如說「親賢人，遠小人，國家必治；親小人，遠賢人，國家必亂。」「狎女色者，國必亡。」「暴政必亡。」這些諺語都表示事實本身的因果關係，就是倫理關係。

四、結論

在今天學術分門別類很複雜的時候，以往齊家治國平天下的哲學和歷史，竟變成了兩類冷門的學術：哲學爲談論知識來源的學問，歷史爲考據古代史事的學術，兩者和日常生活脫離了關係。因此哲學和歷史不再像昔日一樣爲每個讀書人必讀的書。在古代，那個讀書人不讀經史呢？今天我們要重新提倡哲學和歷史的思想，使關心民族國家和社會生活的人，能夠知道應走的路途。歷史的意義即人生的意義，哲學研究乃是人生的目的和價值。我們不贊成黑格爾和馬克思的主張；黑格爾以學術爲歷史，因爲一切都是絕對精神正反合的變遷，馬克思則以人類歷史的變遷，依照自然界現象變遷的原則，歷史所以是唯物辯證史觀。我們以民生史觀為歷史的意義，歷史是人生的變遷歷程，人類生活上下相連，以往現在將來繼續不斷。在人生的變遷中，有內在的原則，物質方面和精神方面有這些原則，傳統的氣運史觀和道德史觀，在今日仍舊具有意義。我們相信歷史的教訓，共產的暴政早晚必亡，兩分的中華民國，必定將重新在適於民族生存的環境下合而為一。衰頹了將近一百年的中華民族，經過目前的浩劫，必定可以復興。中華民族的生命，遵循《易經》生生不息的精神，必將存留於新的中華文化中。

民國七十二年四月廿八日講於淡江大學

中西倫理的根基

一、西方倫理的根基

當代有許多自命清高的士人，倡說「爲道德而爲道德，爲藝術而爲藝術。」他們譏諷也輕視天主教行善而爲求天堂幸福的教義，認爲行善而有另一目的，已經不是行善；又認爲藝術的價值超越人世間的事物，爲人世間的事物而爲藝術，就貶低了藝術的身價。

但是，亞里斯多德卻主張，人是理性動物，理性動物不會有行動，除非有一目的，沒有目的，人不會動。人的行動是由「能」而到「行」，由「能」而到「行」，須由意志發動，意志若沒有理智所現的目標，則不會有決定，意志不決定，人就沒有活動，亞氏所以認定四種原因（動因、理因、質料因、目的因）中，目的因爲始終，一切由因著目的而開始，一切到目的而完成。

亞氏在他的倫理中，說明人行動的根本目的，在於追求幸福。

「我們可以綜合上面的研究，並且可以聲明，根據事實，一切知識和一切追求，都趨向一種利益，就像我們在政治學所說的，也就是一切行動所想取得的。在言詞方面上，普通一般人和上等知識階級的人，大家都同意利益就是幸福，看做好好的生活和好好行動。但是對於幸福的內容，大家意見就不相同，甚至於有些人的意見並不明智。」㈠

「從自足的觀點去看，結果是一樣的，因為最後的利益，被認為自足。現在，我們說自足，不是說一個孤身獨居的人的自足，而是也關於他的父母、妻子、兒女，還有朋友、同胞，因為人生來就是一個國民。但是，一種限界總要指定，否則，我們把自足的範圍延伸到前代祖先、後代子孫、朋友的朋友，便會延伸到無限。這種問題，讓我們在另一個地方去討論。現在我們所說的自足，可以定義為使生命合於希望，而且沒有什麼虧缺。這就是我們所說的幸福，也是人所最希望的。但是我們所說最希望的，不是說在眾利之中所最希望的。因為若說眾利之中所最希望的，則是在利上加利，所加越多，當然更為人所希望。幸福因此乃是最終而又自足，且是行為

的目的。」㈡

幸福爲自足，在心理方面，人所希望的能夠得到，乃心滿意足，於是就覺到幸福。人在行動上，常是爲追求一項滿足，或是身體方面的滿足，或是精神方面的滿足。就是那些主張爲道德而爲道德，爲藝術而爲藝術的人，也是爲求心靈上的一項滿足。弗洛伊德曾說人所追求的滿足，都是性慾的滿足；精神的滿足，即是性慾的昇華。弗氏所說祇是一些變態的心理現象，不是講倫理哲學。

聖多瑪斯從形上學去解釋，所謂人追求滿足，乃是一切物體所共有的天然傾向，一切物體，天然地傾向保全並發展自己的「存有」，一切物件的「存在」，都是有限的「存有」，有限的「存有」爲保全並發展自己的「存有」，需要外在的「存有」，因爲若是自己有了，便不必再求。一種可以保全或發展「存有」的客體，稱爲「利」，得到了，便產生滿足。人的「存有」，當然也是有限的，人性又不是靜止不動的人性，而是具有各種發展的「能」，常由「能」而到「行」的積極人性。因此，人常在求發展，一直達到最後的利，而得到「自足」，乃有完滿的幸福。

天然的傾向，來自「性」（Nature），「性」爲行動的基礎。聖多瑪斯說：

「性既是第一首先的，則凡是屬於性的，便該是基本原則。」㈢

「凡是宜於性而不變的，應該是其他一切的基礎和原則。」㈣

追求自己的存有的保全和發展，即是追求自己的滿足，發自物性；因此，便應該是一切活動的基礎和原則。

「每一行動者的行動是為自己的行動，因為每一物都追求自己的成全，作為自己的目的。」㈤

聖多瑪斯認定人也具有求自己成全的天然傾向，發自人性。但是人是有理性的，天然求自己成全的傾向，也就需通過理智，通過理智的求自己成全的傾向，稱爲對自己的愛(Amor Sui)

「一件歸於性的事，在具有理智的物性裡，也應該予以保全。一切的物性都

有一種共同的傾向，這種傾向是一種天然慾望，或稱為愛。這種天然傾向在各種不同的物體裡，按照各自的本性，都互不相同。」㈥

「因著天性的慾望，或愛，每一個別物體都愛自己的利益。」㈦

人的行動都由這種「對自己的愛」所發動，人常追求自己本性的成全，常追求自己的發展，或是身體的成長，或是靈性的開放。人的「存有」是自己的生命，人的發展，是自己生命的發展。因此，人常愛自己的生命，予以保全，予以發揚。聖多瑪斯說：

「在每一個心裡都有一種天然的愛，愛自己的生命和生命有關的事物；然須按照合理的程序，不以他為目標，而是達到最後目標的方法。因此，凡是不按合理程序而愛自己，便是違反自己的人性，便是罪惡。但是沒有一個人，能夠完全喪失這種天然的愛，因為凡是屬於本性的，是不能喪失的，聖保祿宗徒所以說：沒有人會恨自己的血肉。因此，就是自殺的人，也是為愛自己的血肉而自殺，因為願意從眼前的痛苦中救出。」㈧

愛自己的愛不是自私，在生命的關係裡，有一定的程序，有一定的規則。天然的程序和規則，即是性律，即是自然法。在自然法以外，人類社會又加上「人為法」，結成倫理律和國家法律。「對自己的愛」便要在倫理律和國法裡行動，否則便是罪惡。

愛是發於自己的本性，第一個對象是自己的生命。從自己的生命而發展到與生命有關的人、物。因此，愛的誡命是愛人如己，對自己的愛為一切愛的標準。

每一項行動都在於追求一件對自己生命直接或間接有益的事物；但是人世的事物，乃是有限的事物，都不能滿足人的需要和追求。因此，應該有一個最後的目標，使人完全自足，享得完滿的幸福。

「在目的中和一切歸於目的的程序中，不能延續到無限而沒有止境。如同在行動開始時，有一開始的行動的第一目的，同樣在終結時應有一最後目標。」(九)

人的最終目標，為人的完滿幸福；完滿幸福不能在世人世物中找到，便祇能在絕對真美善的實體內，人認識並直見到絕對精神體的上帝天主。聖多瑪斯說：

「天主既然是第一原因，人的理性為認識一切效果的願望，天然地是在於認識天主的本性，則人的行動的幸福便必要放在對於天主本性的認識。」(十)

因爲絕對的精神體，爲絕對的眞美善。人的願望追求絕對的眞美善，必定要在直見絕對精神體，纔能滿足。同時，人性的發展，也達到完成，人能完滿自足了。

這種以「對自己的愛」爲倫理的根本，是把倫理連結到人的本體。因爲「對自己的愛」，是一切「存有」的天然傾向，發自本性，以求自己「存有」的利益。倫理的善，乃是人性的成全，乃是人性的自足。康德曾以倫理爲人性的一種非理性的要求，理性不能予以解釋。聖多瑪斯則以倫理是人性求「存有」利益的天然傾向，很合於理。(十一)

二、中國儒家倫理的根基

儒家倫理由孟子理出第一系統。孟子以人性爲善，由心而顯，心天生有惻隱、羞惡、辭讓、是非之心。

「由是觀之，無惻隱之心，非人也；無羞惡之心，非人也；無辭讓之心，非人也；無是非之心，非人也；惻隱之心，仁之端也；羞惡之心，義之端也；辭讓之心，禮之端也；是非之心，智之端也。人之有是四端也，猶其有四體也。」（公孫丑上）

人心有善端，就和人身有四體一樣。四體爲人身生來應有的部份，缺少一體就不是完人。人心的善端，是人應有的部份。孟子認爲：沒有善端，便不是人，而是禽獸。人和禽獸之分在於人性，善端便屬於人性。㈩

孟子把倫理的善歸於人性，人的本性具有仁義禮智，稱爲良知良能。仁義禮智之端，乃是人心的天然傾向，爲天生之能。孟子的倫理生活就在於「存心養性」。

儒家倫理的第二個系統，是朱熹的倫理學，朱熹的倫理學上承《易經》和《中庸》，下接程顥和程頤，有集儒家思想大成的氣概。

朱熹倫理思想的基礎，在於《易經》。《易經》以宇宙的變易爲生化萬物，〈繫辭〉說

「生生之謂易」（繫辭上　第五章）易卦象徵宇宙的變易，由陽陰兩爻而成。宇宙的變易，乃是

「一陰一陽之謂道，繼之者善也，成之者性也。」（繫辭上　第五章）

陰陽兩氣，繼續運行，互相結合，生化萬物。萬物以內，有陰陽兩氣變易不停，都有生命之理。《易經》認定宇宙萬物的生化，乃是天地好生之德。

「天地之大德曰生，聖人之大寶曰位。何以守位？曰仁。」（繫辭下　第一章）

天地愛萬物的生命，常使生化不停。宇宙乃是生命的洪流，長流不息。聖人「與天地合其德，與日月合其明，與四時合其序。」（乾卦　文言）效法天地，愛惜萬物的生命，而能「贊天地之化育。」（中庸　第二十二章）《中庸》乃讚揚的善德：

「大哉聖人之道，洋洋乎發育萬物，峻極于天。」（中庸　第二十七章）

朱熹承繼了這種思想，加以發揮，把生和仁連貫起來乃天地愛惜生命，生化萬物。萬物裡每一種也都愛惜自己的生命，因爲生命就是存在。朱熹解釋說：「生的意思是仁。」（朱子語類 卷六）「只從生理上說仁。」（朱子語類 卷六）「仁是天地的生氣。」（朱子語類 卷六）在天地萬物爲「生」，在人爲「仁」。朱熹解釋爲什麼有人心有仁：

「天地以生物為心者也，而人物之生，又各得夫天地之心以為心者也。故語心之德，雖其總攝貫通，無所不備，然一言以蔽之，則曰仁而已矣。」（仁說 朱文公文集 卷六十七）

「天地以生物為心，天包著地，別無所作為，只是生物而已。亙古亙今，生生不窮，人物則得此生物之心以為心。」（朱子語類 卷五十三）

人心和天地之心相同，天地之心有好生之德，愛護生命，使生命延續發展。人心也有好生之德，稱爲仁；仁便是愛護生命。

天地之心可以解釋爲皇天上帝之心的代表，上帝造生萬物，一心愛護，使萬物自然生化；又可以解釋爲自然的傾向，萬物都天生愛護自己的生命（存有），予以保障，予以發展。朱熹乃說：「人物得此生物之心以爲心。」我認爲這兩種解釋互相貫通，互相成全。上天生物，在物內生有愛護自己生命的傾向。這種傾向，在人稱爲「仁」。

朱熹以生爲仁，爲「愛之理」。人既愛自己的生命，一切行動都由這目的而發。孔子曾以仁爲他的一貫之道，易經以仁包括義禮智，如同元包括亨利貞。朱熹接納這種思想，以仁總攝一切的善德。仁所以是倫理的中心，而且是倫理的基本。

仁，不是自私。孔子曾說：「夫仁者，己欲立而立人，己欲達而達人。」（論語　雍也）立，是保全自己的精神生命，達，是發達自己的精神生命。這是對自己生命的愛；同時要對別人的精神生命也要立，也要達。

人的生命，爲精神生命，居在一切生命的上峰，包含整個生命的理。朱熹稱人得生命之理的正和全。由礦物、植物、動物而到人，生命之理層層表現，愈來愈高，愈來愈多，到了人，生命之理完全表現。

仁，愛護生命，由人的生命，及到萬物的生命，這種愛，組成全部的倫理道德。

三、結論

把朱熹的「好生之德」或「仁」，和聖多瑪斯的「愛自己」相比較，基本上有相同之點，即是「愛自己的存有」。

聖多瑪斯主張人的意志常爲「愛自己的愛」而動，人的一切活動，都是爲著這個目標。這不是自私，而是一切物體的天然傾向，人有理智，這種傾向經過理智而達到意志，意志常以他爲目的，「愛自己的愛」的動。必定要遵守自然法和人爲法，乃能成爲善，否則便是自私的惡。「愛自己的愛」是求自己的成全，因爲人性不是靜止而一成不變的，人性是積極的，常求自己的發展，使自己所有的能可以成爲現實的行。到最後，人能達到最終目的，和絕對精神體相結合，而以絕對的真美善爲享受對象，人乃能完全滿足，而獲得幸福。

朱熹所講的儒家倫理，認定人本體就是倫理人。人的生命爲心靈的生命，乃生命的全理。生命由心靈而發展，心靈天生有「好生之德」之仁，人愛自己的生命，也愛別的人物的生命。生命的愛和別的生命互相連繫，互生關係，儒家乃有五倫，由五倫而有倫理，因此倫理的基本在於人心之仁，即在於「好生之德」。人心之仁在精神生活裡得以發揚，便能和天地好生之德相合，以贊天地的化育；（中庸 第二十二章）人就和天地相合而爲一，達到天人合一的境界。

中西倫理的基本相同，中西倫理的頂點也相同。

民國七十二年六月十日

註：

(一) Aristotle, Etica Nicomacea, Book 1. Chaptes 4.
(二) Aristotle, Etica Nicomacea, Book 1. Chaptes 7.
(三) S. Thomas, Summa Theologica, I, q. 60, a. 1.
(四) S. Thomas, Summa Theologica, I, q. 82, a. 1.
(五) S. Thomas, De Coelo et Mundo II, lect. 4.
(六) S. Thomas, Summa Theologica, I, q. 60, a-1.
(七) S. Thomas, Summa Theologica, I-II, q. 90, a. 3.
(八) S. Thomas, Summa Theologica, II-II q. 126, a. 1.
(九) S. Thomas, Summa Theologica, I-II, q. 1, a. 4.
(十) S. Thomas, Summa Theologica, I-II, q. 3, a. 7.

(十一) 參考 Luigi Bogl'iols, Artropologia filosofica. V.I. paste VI.p.221-244. ed. Universita Lateranenes Roma. 1977.

(十二) 請參考羅光 中國哲學思想史 先秦篇 頁四四九 學生書局 民國七一年增訂重版。

王船山對後代三百年學術的影響

王船山，湖南衡陽人，生於明萬曆四十七年，公元一六一九年，到今年爲三百六十四年，按中國的歲數算，恰是三百六十五歲。去世於清康熙三十一年，公元一六九一年，到今年爲兩百九十一年，但還可以算是兩百九十年。因此，船山學會今天集會紀念船山先生的誕辰三百六十五年，忌辰兩百五十年。大家要我講船山先生對後代三百年的影響，我雖然研究過船山先生的哲學思想，但並沒有追蹤他在後代的影響，所以今天我祇能就大綱上和大家談一談。

一、在清代少有影響

清朝統治中國自公元一六四四年到一九一一年，幾乎三百年。清朝三百年的思想，繼續明末的「實學」；但卻變了方向。明末的學者，因感政治的腐敗，朝廷的命運到了末日，憤恨陽明學派空談良知，放縱情慾，群起反抗，提倡「實學」以救國。「實學」爲經世之學，東林書院標榜倡導。然而明朝還是被李自成流寇所亡，流寇又為清兵所滅，清朝便接替了明朝，統治中國。

清初的學者，為明末遺老，有顧炎武、黃宗羲與王船山。顧炎武注意經世之學，遍訪民間疾苦，作《日知錄》三十二卷，《天下郡國利病書》一百二十卷，又專攻音韻學。黃宗羲的實學則是歷史，作《明儒學案》六十二卷，《宋元學案》一百卷。王船山的專長在於哲學，深入地解釋《易經》、《書經》和四書，又作史論，發揮形上學、倫理學、政治學和歷史的哲學思想。然而清朝的學術，在明末遺老以後，轉入了經學，專門從事考據。這是因為清朝初葉大興文字獄，壓制思想。就像目前中國大陸共匪抑制思想，研究國學的人祇好從事考據。清朝學者乃自稱超越宋明理學，直追漢朝經學。船山對於漢朝學者所作經書的注疏，不予信服，尤其對於漢朝的易學，大加攻擊。他也作了《周易稗疏》、《周易考異》、《書經稗疏》、《尚書考異》、《詩經稗疏》、《詩經考異》、《春秋稗疏》、《四書稗疏》、《四書考異》。這些書也都是考據，可是他的注疏，和漢朝人的注疏以及清朝人的注疏都不相同，他有他的思想，對於清朝的經學沒有影響。

船山的思想對於清朝學術沒有影響，主要的原因，還是因為當時學者沒有讀到他的著作。船山是一位徹底反對滿清統治中國的明朝遺老，不單不接受清朝的官職，而且還是隱居鄉村，又常更換住處，使外人不知道他的生活。他因此很窮，有時連買紙筆的錢都沒有。他雖然有幾個徒弟，朋友給他送紙筆，徒弟和朋友等他寫完了一篇稿便拿去收藏。不僅在他生時，就連在他死後，都沒有人敢刻印他的著作。祇有弟子王敔刻了幾種船山遺書，他的七世孫王承佺又刻了幾種，一直等到湖南的曾國藩和曾國荃才有權力刻印他的全部遺書，共五十八種。船山的思想逐漸為世所知，從此便發生影響。影響最大的，是民族思想，湖南譚嗣同和黃興乃成為清末的反清首腦。

二、在民國學術界影響漸大

在民國成立以後，民族思想因著三民主義的傳揚，已得到了發揚的適當途徑。船山的思想在民國學術界的另外兩方面受到重視，一方面是《易經》，一方面是史論。普通一般書店裡從他的遺書裡抽出《周易外傳》，《周易內傳》、《周易大象解》、《發例》、《讀通鑑論》、《宋論》，印成單本，供讀者購買。

在《易經》方面，船山反對漢朝的象數易，提倡宋朝的義理易。他的易學掃除了漢朝的卦氣說和象數說，也不採納邵雍的先天易經以及朱熹的易圖。他以《易經》為伏羲、文王、周公、孔子四聖的大道，包含有天道和人道，為形上學和歷史哲學的基礎。宇宙萬物由氣而成，氣在開始就有陰陽，所以他在易經哲學裡主張「乾坤並建」。陰陽常動，結成萬物。成了物以後，在物以內的陰陽仍舊繼續變動，船山主張「性日生而命日降」。整個宇宙常在動，每個物體也常在動。大陸的馬克思主義者，盡力把船山拉入他們的行列，解釋船山的氣為物質，說他為唯物論者。以船山主張宇宙萬物為動，跟馬克思的唯物辯證相合。然而船山明明主張有精神，以人的心就是精神體，虛靈神妙，且生來具有仁義禮智信。宇宙的變化乃是生化，使萬物生生不息。大陸馬克思主義的學者便稱船山為唯物自生論者，天地萬物自然化生，沒有造物的神靈。但是實際上，船山先生繼承《易經》的思想，相信代生萬物乃是天地之大德，遵循天命。大陸學者在共匪的壓迫之下，故意地誤解船山的思想，這也表示他們承認船山的思想有價值，有感召力，才強拉他為唯物論者。在自由中國研究哲學的人，為研究易經，都遵維船山先生的途徑，研究易經的義理，發揮《易經》的宇宙論和倫理學以及政治學的思想，排除卜卦、醫病、風水的氣數觀念。《易經》的哲理現在被學者認為儒家形上學的基礎，乃是船山先生易學的影響。

第二，船山先生的史論，已經是國內研究歷史的人必論的書，不是為考訂史書，而是為了解史事的意義。船山先生以易經的哲理，解釋史書，史書乃不是一樁一樁的偶發事件，而是另有因果關係貫串在中間。因果關係不僅是人事間的因果關係、政治關係、心理關係，史事中另有更深哲理關係，宇宙的哲理、倫理的哲學，船山先生的史論，常有共同原則。在宇宙哲理方面，他以歷史的變化，是天地的氣在變化，有變化的機，有變化的勢，有變化的理。研究歷史的人，應研究史事發生的機和勢，又要研究所以發生的理，才能了解這樁史事的意義，才能對於目前和未來的事，認識時機，認識時勢，知道應付之道。歷史的變化有宇宙變化的哲理，又有倫理方面的哲理，船山的歷史觀，爲天命史觀和倫理史觀。皇帝是受天命而王，國家的大事也有上天的亭毒。上天常注意人事的善惡，對於善惡的賞罰從不疏忽。船山乃說：「以大義服天上者，以誠而已矣，未聞其以術也。」（讀通鑑論　卷二　頁五　自由出版社　船山遺書）「有一人之正義，有一時之大義，有古今之通義，輕重之衡，公私之辨，三者不可不察。」（讀通鑑論　卷十四　頁二十）我曾評論船山的歷史哲學，說：「王夫之道德史觀很高很深，宇宙有氣化的天德，人性有天命的性理，歷史必順天德性理而行。」（羅光　中國哲學思想史　清代篇　頁二九二　學生書局　民國七十年）他的歷史哲學思想是結合天命史觀和倫理史觀，繼承孔子春秋的思想。現在研究中國歷史哲學思想的學人，都尊重船山的歷史哲學，承認他是中國歷史哲學的代表人物。

在這篇簡單的講詞裡，祇作了一個輪廓式的報告，報告船山思想在三百年來的影響。在三百年後去研究王船山，我們要肯定他是三百年內第一位偉大的思想家。清朝三百年沒有一位哲學家，顏元、李塨、戴震，都是講修身之道的學者，其他清朝學者則是經學考據家。考據是一種學術，但不是哲學思想。王船山在經學方面，在史學方面，在《易經》方面，都有他的哲學思想，而且他的哲學思想有一貫的系統。所以他可以稱得起是一位大哲學家。

民國七十二年十月二日講於船山學會。

中國哲學的時代意義

一、

宇宙的一切都是爲著人，人的存在是人的生命，生命的表現爲人的生活。人的生活有多方面的需要，需要的供給來自宇宙的自然界。然而人有智慧，智慧常能創新。創新才能使人的生活有進步，造成生活的文化，進而結成民族的文明。先總統　蔣公曾說：「我們人類爲萬物之靈，有征服自然，利用萬物，改造世界，造福人類的大責任。」（現代國民必備的條件）

人的智慧在運用時，成爲思想，思想代表人的智慧。智慧的運用，爲歷史的產物，卻又創造歷史；因此思想常帶有歷史性。人在運用思想時，要有思想的資料，作爲基礎，前代人的思想，作爲後代人思想的資料；後代人的天才在前代人思想資料的基礎上，往新的途徑發展。人在運用思想時，也靠運用思想的方法。在古代人們的思想簡單，運用思想的方法全靠人的心思，當時的思想便簡單，思想綜合於一。思想是人對外界事物的考慮，和對人生活的認識，這種思想就是哲學，古代各民族的思想便都包括在哲學以內。到了後代思想的基礎深厚了，尤其人們發明了使用自然資源的方法，各門科學漸漸發達。歐洲到了第十八世紀和第十九世紀，科學到了統攝思想的境界，逼迫哲學要科學化。歐洲傳統的形上學遭受了否定，科學化的哲學逐漸升起。但是到了第二十世紀，歐洲人對科學已開始懷疑，懷疑科學可以揭發宇宙的一切奧秘，尤其害怕科學將毀滅人類。形上的哲學又重新來討論科學的意義，也重新來估定人生的各種價值。歐洲思想界的這種變遷是逐漸的，是社會生活在經濟上的變遷，影響到思想；不是由政治的力量，改變社會生活，影響思想。因此，這種思想變遷不妨害社會的安定，也幫助了思想的自由。

我們中國古代的思想都包括在哲學以內，經史子集都有哲學思想，而且都是由哲學思想所結成的。科學在古代算爲技術，不能登哲學之門，不算爲思想的一部份。中國社會建築在家族團體和君主專制的體制上，歷代沒有變更，又沒有和任何其他高度文化的民族相接觸，中國古代的哲學乃能持久不衰，保持了五千年的影響力。但是在十九世紀，和歐洲科學發達的民族相接觸後，民族生活發生了危機。這種危機，第一是政治的危機，中華民族將被歐洲民族所征服，受人奴役。第二是經濟的危機，中華民族的資源將被歐洲民族所利用，自己將長處處貧窮之中。而觸發這些危機的原因，在於缺乏科學，歐洲民族所以能征服中華民族，是他們知道利用科學。因此，中國有心人士極力設法拯救民族於危亡，以科學發展經濟，對抗歐洲列強。但是，爲拯救民族決不能追隨歐洲社會自然變遷的緩慢途徑，必須用急進方法，使用政治力量推動經濟建設。國父　孫中山先生乃提倡民主革命，推翻君主專制。然而國內的軍閥和鄰國的日本破壞了民主革命的命運，共產黨遂出而專制獨裁，推行共產制度。但是這種由蘇俄移植來的制度，違背中華民族傳統的文化，遭受全民的抵抗，招致國家動亂，不能推動經濟發展的政策。中國國民政府遷居台灣，力求社會安定，以三民主義建設台灣，作復興基地。三十年來，政府訂立經濟政策，推動民間人力財力，改革農業，建立工業，使台灣進入「開發國家」的境界。台灣經濟的發展，提高中國人民的生活水準，改變了衣住行的方式。當民國初年，政治制度改變以後，思想界就爆發了思想改革的問題，有「全盤西化」的主張，有「中學爲體，西學爲用」的主張，有「保留傳統，參以西學」的主張。但因連年戰爭，思想改革問題沒有得到結論。目前台灣生活安定，生活享受很高，政府由經濟建設已進到文化建設。現在社會一般的趨勢，不主張「全盤西化」，而是希望中華文化復興，因此我們便有中國哲學現代化的問題。

二、

中國哲學以孔、孟爲宗的儒家哲學爲代表，儒家哲學爲生命哲學。宇宙的爲一變易的宇宙，宇宙的變易使萬物生成，「生生之謂易」（繫辭上 第五章）生生之理即朱熹所說的「理一而殊」，宇宙萬物同有一「生生之理」，萬物所分之理，則有偏有全，萬物所得之理爲偏，人所得之理爲全。宇宙的生命乃有高下的程度，人的生命表現整個生命之理，人的生命爲心靈的生命，心靈生命爲精神生命，精神生命即倫理生命，儒家的人乃是「倫理人」。

倫理是什麼？倫理爲精神生命的規律。《易經》曾經說明宇宙的變易包含有變易的原則。陰陽兩氣變易的原則是互相配合，不是互相否定。互相配合則求中庸而不走極端，中庸配合則構成宇宙的和諧，宇宙和諧則使萬物的生命互相連繫，結成一體之仁。仁是生命，生命是「存有」，每種物都愛自己的「存有」，愛自己的「存有」則愛互相連繫的其他物體的「存有」，《中庸》乃說：「唯天下至誠，爲能盡其性，能盡其性，則能盡人之性，能盡人之性，則能盡物之性，能盡物之性，則可以贊天地之化育，可以贊天地之化育，則可以與天地參矣。」（第二十二章）以至聖人所有的仁：「大哉聖人之道，洋洋乎發育萬物，峻極于天。」（第二十七章）「肫肫其仁，淵淵其淵，浩浩其天。」（第三十二章）

儒家的哲學乃成爲一種精神生命倫理學，以仁爲總綱，以中庸爲精神，以禮爲規則，以互助爲途徑。有禮則有次序，有次序則有上下，儒家乃重權威：權威的主體爲每家所供牌位所寫「天地君親師」。有互助則有團體，有團體便有家族；儒家的生活常以家族爲基礎。有中庸具有和諧，有和諧則厭惡極端而愛和平；儒家的傳統精神是和平的精神。以仁爲道德總綱，則人的生命互相連繫，又和宇宙萬物互相連繫；儒家乃講「仁民而愛物」（孟子　盡心章上）的大同主義。

今天我們社會生活是什麼樣的生活呢？是以科學爲基礎的生活，是以經濟價值高於一切的生活，是以物質享受爲主的生活，是以個人的人權爲重的生活，是以民主爲社會制度的生活。總括一句說，是仿效歐美社會生活的生活。因此，便發生了問題，傳統的儒家哲學還適不適合這種現代生活呢？換一句話說：儒家的哲學還可不可以指導這種現代生活呢？人有智慧，人的生活常由智慧的思想去指導，中華民國現代的生活也必定要有一種指導的思想。這種思想是什麼思想？我想應該是儒家思想，然而卻不能是恢復傳統的舊思想，而是現代化的儒家思想。

儒家哲學在目前時代的意義，是生命哲學的意義，宇宙爲一個變化的整體，變化的整體爲生命的洪流，生命互相連繫，互相互助，以達到性命的和諧。

哲學不是科學，兩者所研究的對象和方法各不相同，然而彼此互相關聯，科學以哲學爲根本原則，哲學以科學爲推論的基礎。儒家哲學也要和現代科學相關連，但不是要成爲科學的哲學。現在科學發現宇宙是動的宇宙，宇宙的物體互相連繫，人的生命和自然界的物體不能相分，更不能相反。現代的科學發現宇宙萬物的動，有次序，有規律，宇宙的一切都爲人所用。這種種的科學發明，跟儒家的大同思想不相違背，而且相合。

現代人的生活重民主，不重權威；重個人，不重團體。儒家的禮，在傳統上重權威，重團體，然而禮的意義在於次序，次序的方式可以隨時代而變。而且從重權威的傳統裡進入民主，也不能實行歐美式的民主，目前亞洲和非洲以及中南美的國家都在經歷這種政治的經驗。

現代人的生活，以金錢和享受爲目標；這種趨向觀不是生於今天，古代已經有。儒家的哲學就在於使這種趨向能在規範以內，即是《中庸》所說「發而皆中節」(第一章)中節就在倫理以內。倫理生活就是精神生活，歐美的人也追求精神生活，以宗教爲規範。現代的人豈可以沒有精神生活！

大家對於這些問題，在這次會議裡都將作深入的研究，我便不多談了。

中國哲學不是沒有經過患難，而且是在患難中成長的。春秋戰國的紛亂，使儒家思想更豐富，在漢朝乃能定於一尊。魏晉南北朝的分裂，道家思想得以興盛，到了唐朝，佛教思想遍於全國，但是到了宋朝，理學家吸收了道家，道教和佛教的思想，建立了理學。元朝蒙古人入主中國，許衡吳澄仍能保持儒學。明朝王陽明採取禪宗的思想，創立了致良知的心學。清朝滿人奪了明朝的天下，統治思想，大興文字獄，儒家哲學逐漸衰微。民國初年青年熱心救國，大聲主張廢除儒學，推毀傳統，造成了共黨竊據大陸的慘劇，國民政府遷都台灣，在安定中求進步，發展經濟，民生豐裕。現在已開始追求精神建設，復興傳統文化，今年二月我在羅馬晉見教宗時，教宗說中華民族是一個，中華文化是一個。中華民族暫時分裂，將來的統一是在中國的文化裡，共產主義不是中國文化的一部分，中國天主教人士，應該加強文化工作。文化的根基和指導，乃是哲學。今天我們研究哲學的人，要使中國傳統哲學吸收歐美的思想，採取科學的成績，創造一個現代化的中國新哲學，對於民族的復興大業，貢獻我們的心力。

感謝各位來參加這次會議的盛意，又感謝負責組織這次會議的秘書長和副秘書長。預祝這次會議順利進行，能有豐滿的成績。

生命在儒家的意義

（中華民國七十四年九月二十八日大成至聖先師孔子誕辰中樞紀念典禮報告詞）

總統、副總統、各位先生、各位女士：

先總統　蔣公曾說：「生活的目的在增進人類全體之生活：生命的意義在創造宇宙繼起之生命。」（自述研究革命哲學經過的階段）這句話標明了儒家傳統思想的中心，也指出了儒家傳統思想的特色：儒家哲學乃是一種生命哲學。

一、生命乃是自強

《易經》講宇宙的變易，「一陰一陽之謂道，繼之者善也，成之者性也。」（繫辭上第五章）宇宙萬物常在變易，變易由陰陽兩種動力而成，陰陽相合而成物性，每種物又常自己變易，乃有生滅。整個宇宙由生滅兩個現象而成，生有滅，滅有生，繼續不停。《易經》

稱這種現象爲「生生」，肯定宇宙的變易爲「生生之謂易」（繫辭上 第五章）。孔子曾經說：「天何言哉，四時行焉，百物生焉。」（論語 陽貨）整個宇宙祇見萬物的化生，生氣充滿，宇宙乃是一道生命的洪流。

宇宙生命的發展，以乾坤爲原始，以元亨利貞爲歷程，以四時爲實現。春生夏長秋收冬藏，年年循環不息。朱熹注釋說：「元者，物之始生；亨者，物之暢茂；利，則向於實也；貞，則實之茂也。實之既成，則其根蒂脫落，可復種而生矣；此四德之所以循環而無端也。然而四者之中，生氣流行，初無間斷，此元之所以包四德而統天也。」《易經》乃說：「象曰：天行健，君子以自強不息。」（乾卦 象曰）又說：「天地之道，恆久而不已也。……日月得天而能久照，四時變化而能久成，聖人久於其道而天下化成，觀其所恆，而天地萬物之情可見矣。」（恆卦 象曰）

國父解說宇宙變易所以能創生命，因有「生元」。生元繼續發展，宇宙常在變，宇宙的變就是生命，萬物都在變，萬物便都有生命，山相連稱有山脈，群山的中間有生氣流行。每塊土地藏有地氣，地氣流行可以影響人的生命。時間的年月日，有元氣周流，人的生活要順著周流的元氣，以免受害。用現代的科學去看，可以說是迷信，然而物理學和天主學所講的萬物的力和能，常動常變，常能創新。以哲學的眼光看，就可稱爲創生的力。唯物辯證論以萬物常在變動，而變動常是物質之變。中國儒家的《易經》以宇宙在變，變的內容神奇莫測，不是物質，而是精神，稱之爲生命。《易傳》說：「範圍天地之化而不過，曲成萬物而不遺，通乎晝夜之道而知，故神無方而易無體。」（繫辭上　第四章）中國的繪畫，無論是山水或是花鳥，都要具有生氣，生氣充裕則一幅畫可以進入神境。

二、生命乃是仁

老子和孔子的不同點：在於老子說：「天地不仁，以萬物爲芻狗。」（道德經　第五章）宇宙間一切都自然流變，沒有目的，沒有價值。孔子則說：「天地之大德曰生。」（繫辭下　第一章）儒經乃以宇宙萬物的生生，爲上天好生之德。《書經》和《詩經》講論上天上帝，《易經》以上天上帝的工程，即是宇宙萬物的生化。孔子乃說：「天何言哉！四時行焉，百物生焉。」宋朝理學家程明道和朱熹特別強調天地好生的德。朱熹說：「天地以生物爲心者也，而人物之生，又各得天地之心以爲心者也。故語心之德，雖其總攝貫通，無所不備，然一言以蔽之，則曰仁而已矣。」（仁說　朱文公文集　卷之十七）「天地以生物爲心，天包著地，只是生物而已，亙古至今，生生不窮，人物則得此生物之心以爲心。」（朱子語類　卷

五十三)《易經》本來已經說過:「天地之大德曰生,聖人之大寶曰位:何以守位,曰仁。」(繫辭下 第一章)

天地化生萬物,表現天地的仁心。朱熹說:「仁者,天地生物之心。」(朱子語類 卷五十三)因此又說:「仁是個生理,若是不仁便死了。」(同上)在天地曰生,在人曰仁。人得天地之心以爲心,人心便是仁。孟子說:「仁也者,人也。」(孟子 盡心下)人心是仁,故生來便有仁義禮智四端。

仁,是生,是自己的存在。凡是物,沒有不愛自己的存在,沒有一物自己摧毀自己。朱熹乃說:「愛非仁,愛之理爲仁,心非仁,心之德爲仁。」(朱子語類 卷二十)又說:「愛雖是情,愛之理是仁。仁者,愛之理;愛者,仁之事。仁者,愛之體;愛者,仁之用。」(同上)凡是人都愛自己的生命,也就當愛別的人物的生命。人的生命爲心靈的生命,爲精神的生命。孔子說:「夫仁者,己欲立而立人,己欲達而達人,能近取譬,可謂仁之方也已。」(論語 雍也)

仁,是生命,儒家以宇宙萬物爲互相連繫的生命,爲一體之生命,儒家乃講「一體之仁」,萬物的生命互相關聯,互相協助;生命在萬物裡,流行貫通。若是在一種物裡,生命被阻擋,宇宙萬物的生命都要受害,孟子所以主張「萬物皆備於我」(孟子 盡心上)又主張「仁民而愛物」（孟子 盡心）。理學家張載在《西銘》裡說：「民吾同胞，物吾與也。」王陽明在大學問裡主張「一體之仁」，程明道看到書房窗前的草長得很茂盛，不願意割除，免得傷著生氣。儒家的大同思想，不僅主張凡是人都是兄弟，而且主張凡是物，和我的生命都相連繫，不能傷害，這就是儒家的仁道，也就是儒家聖人之道。《中庸》說：「大哉聖人之道，洋洋乎發育萬物，峻極于天。」（第二十七章）宇宙萬物生命相連，而且構成宇宙的和諧。《易經》講時位以成中正，《中庸》講人生之道在「中庸」。宇宙萬物互相和諧，生命乃得發育。

現在大家都講愛護自然環境，保育自然生態，自然生態的破壞會加害於人的生命。這種思想在儒家的仁道裡早就有了，祇是現代的中國人卻把它忘了。

宇宙萬物常在變易，變易表現生命，生命合成一體，長流不息，宇宙間常有創新。我們人反省自心，體會到自心之仁，謹慎努力予以發揚。發揚了自心的仁道，就發揚了自己的生命，發揚了自己的生命，也能發揚別的人和別的物的生命。先總統 蔣公曾說：「一個人只要真能做到存心養性，慎獨存誠，很自然地就可以達到「天地與我同生，萬物與我為一」的『天人合一』境界。」（解決共產思想方法的根本問題）

隋唐佛教哲學思想史後記

一、

二十年以前，我在羅馬傳信大學教授中國思想史和宗教史時，曾研究過佛經，但也沒有深入。回國以後，主管教會行政，雖仍在輔仁大學和文化學院兼幾小時的哲學課，然從沒有講佛學。五年前我開始寫中國哲學思想史，一邊寫，一邊付印，先就自己所熟識的寫起，第一寫先秦時代，第二寫宋代，第三寫西漢魏晉南北朝時代。前年下半年應該寫隋唐佛教哲學思想，心中茫然，不知道怎樣下筆。家中書房雖有大藏經第一輯四十冊，第二輯八十冊，還有幾十冊中外研究中國佛教的書，卻因爲經冊太多，實在有望洋興嘆的感覺。經過了半年的翻閱，總算有了頭緒。提筆寫稿時，仍舊寸步難行。及到去年暑假時，看到了日本高楠順次郎所著，藍吉富所譯的《佛教哲學要義》，突然看到了我要寫的這冊書的大綱。先有佛教思想的簡史，然後有佛教的基本哲學，最後有佛教各宗的哲學思想。有了大綱，便進行很順利，到本年正月底，完結這冊書的文稿，竟有八百頁，幾乎五十萬字。我想大約字數太多，一些所引佛經文句可以刪除，使行文略爲輕鬆，但又想讀者未必能有機會去翻佛經，書中能多引經典，爲讀者有方便。研究中國哲學思想史，研究西方哲學思想史，方法有些不同。西洋哲學家對於哲學問題常有整本的著作，研究時祇提出他們的思想，註明出處就夠了。中國哲學思想家對於哲學問題沒有專著，所有思想散在他們的文集和語錄裡，研究人要從文集語錄裡去收集有關的資料；因而在提出他們的思想時，必定要舉出文據以作證，否則，就將成爲研究者自己的虛構幻想。

中國哲學思想史上，有兩個最難的題目：一是兩漢魏晉南北朝時代的易學，一是隋唐佛學時代的佛學。兩漢魏晉南北朝時代的思想，並不是因爲五胡亂華，把先秦傳統思想弄亂了，而是當秦始皇焚書以後，又經過戰國時代思想的自由，社會基層所有的思想乘機發揚，幾乎把儒家思想擠出了思想的舞台。當時社會的基層思想：有民間的宗教信仰，以陰陽五行爲代表；有道家的避世無爲，以魏晉清談爲標榜；有天人感應的占卜，以兩漢易學爲大宗；有道教佛教的興起，以求仙和譯經爲工作。因此，這個時代的思想不在兩漢的經學，而在兩漢的易學，和道佛的經典。兩漢易學，爲中國哲學思想史上一個最難說明內容的思想系統。刻薄一點地說，兩漢易學沒有哲學思想，但是在中國思想史上則影響非常廣，非常深，祇要看陰陽五行的觀念，怎樣深入中國民間的生活，便能懂得兩漢易學的重要。研究中國哲學而不懂兩漢易學，就缺了含有關鍵性的一個環串。

中國哲學思想史上的第二個難題，是隋唐時代的佛學。佛學的困難，有內在和外在兩面。外在的困難，在於佛經的譯文難懂，佛經的卷數太多；內在的困難，在於佛教思想爲外來的思想，經過中國高僧的融會，作成了不可以語言文學傳授的禪學，超越了儒家和道家的思想規範。普通一般人說，研究中國佛教思想，必定要懂梵文；這一點相當的正確，但並不合於事實。中國佛教思想的發展，當然以佛典爲依據，然而隋唐時代的中國高僧，能夠懂梵文的人很少，而對於佛教哲學有貢獻的高僧，都不懂梵文。玄奘是一位懂梵文的大師，可是他的工作盡在翻譯。大乘各宗的大師，如慧遠、窺基、智顗、去藏、法藏，以及禪宗的六祖和南禪五家的祖師，都是不通梵文的僧人，他們依據所懂的佛經，以中國的儒家和道家的思想，融會而成一門新的思想。這種佛教思想乃是中國的佛教思想，不能僅由梵文去研究。

二、

佛家到了隋朝，已經進入了創設的時期。魏晉南北朝時代的譯經工作，已到了完結階段。唐朝因著玄奘，譯經工作再度大盛，然而玄奘的工作大都是改正補充前代翻譯。佛教的大經典，在隋以前，幾乎都譯成了中文。隋唐佛教高僧從事著述，作經論，作註疏，發揮自己的思想，建立了佛教的各宗。

北齊慧文，傳授慧思，慧思傳智顗，以「大乘止觀」「摩訶止觀」，創立天台宗。

金陵嘉祥，承鳩摩羅什的法門，綜合南北朝的有和無的觀念，宏揚三論宗。

杜順作《法界觀》和《五教止觀》，弟子智儼作《華嚴略疏》，法藏作《探玄記》，創立華嚴宗，後有澄觀，作大疏及演義抄，宏揚宗義。

淨土宗，律宗，成實宗，俱舍宗，在南北朝時都已發揚，到了唐朝，卻漸衰微。

唯識宗由法相宗而出，在玄奘時，頗盛一時。玄奘弟子窺基，傳述宗義，作有《成唯識論述記》，不久即衰。

唐朝的佛教，以禪宗爲最著。魏晉南北朝時，道安、慧遠等已提倡般若和涅槃，慧遠更實行念佛。達摩僧師東來，在金陵面壁，創立禪宗，以後六傳到慧能和神秀，禪宗風靡大江南北。南禪慧能稱爲六祖，以頓悟爲風，著重禪的體驗。南禪後分五家：臨濟宗、潙仰宗、雲門宗、法眼宗、曹洞宗，禪風各有不同。法眼禪師在「十規律」裡說：

「曹洞則敲唱為用，臨濟則互換為機，韶陽則函蓋截流，潙仰則方圓默契，如谷應韻，似關合符。」

他沒有說他自己法眼宗的禪風。普通常說：「曹洞丁寧，臨濟氣勝，雲門突急，法眼巧便，潙仰回互。」

晚唐時華嚴宗有圭峰宗密，兼傳禪法，爲慧能弟子神管的繼法人，曾倡禪教一致，著《禪源諸詮集都序》。

中國哲學的特性，在於以人生爲中心。《易經》倡天地之大德曰生，以宇宙變易化生萬物。《論語》、《中庸》、《孟子》建立精神生活系統，以人性爲本，人心爲用，人道合於天地之道，存心養性，以明明德，以達到至誠贊天地之化育。老莊的道雖玄妙莫名，然以無爲爲性，自然爲法，應用到人的生活。莊子乃有心齋，以成至人。

佛教傳入中國首先和道家思想相融會，藉清談之名，傳四諦之實。稍後雖因專心譯經，西僧多於華僧，翻譯者備受朝廷帝王的禮遇，印度的氣味頗濃。然而當時的高僧如慧遠、僧肇等人，仍傾慕老莊之學。到了唐朝，佛教成了中國佛教，吸取了中國文人傳統，便拋棄了印度邏輯和玄想，傾向人的生活。三論宗、成實宗，以至唯識論都不繼續發揚，而注重人生的律宗、淨土宗，尤其禪宗則臻興盛。代表唐代佛教的禪宗，雖看來好像印度的玄想，實際上乃是中國傳統文化的特點。禪宗的心學，應上溯到《中庸》《大學》和《孟子》。禪宗的禪風，應上承莊子。而禪宗的直見心性，不是形上哲理，而是活活潑潑的生活。禪宗的祖師們，罵佛毀經，一心專注在生命的中心。宋朝理學家有人責斥禪宗使人變成枯木槁灰；然而禪師們教人能夠「枯木龍吟，髑髏明眼」。

宋朝理學家都反對佛教，然而他們大都在青少年時研究過佛家經典，所以理學深受佛學影響。雖然周敦頤的「太極圖」，源於道教，但是道教和道家對於理學，影響輕微。朱熹可以說是受佛教影響最少，可是他的理氣說，也受有佛教事理說的影響，至於他的人性人心的思想，和修身的方法，也和佛教的心性說有關。陸象山高唱心外無理，這乃是禪宗的學說。揚時，羅從彥、李侗的中論和靜坐，更是禪師的禪法。理學家的「語錄」，也是仿效禪師們的語錄。

這樣，研究中國哲學的人，而不研究佛學，既不能懂得唐代的思想，也不能明瞭宋明理學的來源。

三、

宋朝理學既興，佛學便衰了。唐武宗和後周世宗的破佛，給佛教一個很大的打擊。唐後，又有五代的變亂，佛教僧人散避各省，經論遭燬銷。唯獨不假經論的禪宗，偶有二三同道，在叢林中，可以互相參究，乃能繼續傳流。宋代的佛教仍以禪宗爲主。

禪宗本不立文字，唐朝祖師雖留有《六祖壇經》和《神會語錄》；然其他禪師的語錄，多成於宋代。《碧巖錄》、《無門關》、《宗鏡錄》都是宋代的著作。宋代的禪，已成爲文字禪。儒家的宋代大儒，如歐陽修、蘇軾、黃庭堅等，都喜歡和僧人唱和。水彩畫和茶道，也有禪風影響。

禪宗的五家，從唐末傳到宋朝初年，都有一時的興盛，不久，卻相次衰微，祇有雲門和臨濟兩宗，繼續法統，尤其是臨濟宗分爲黃龍楊歧兩派，流傳長久，幾乎成爲宋代佛教的代表。

宋代禪宗繼承唐代五家的禪風，有點像是「強弩之末」，走向消靡的路途。唐朝的禪宗大師，雖也祖述宗風，然而都是活潑靈巧的天才，隨機指導，沒有固定方式。唐代禪風因此靈活多變，玄妙不可捉摸，宋代禪師則失去了這種活潑的精神，使生龍活虎般的禪體驗，關進了形式的牢籠裡，乃招得了儒家的責罵爲「枯木槁灰」。

宋代禪宗表現了幾種弊病：第一、參話頭，把唐代禪師隨機應變的話，拿來作爲參禪的工具，有《碧巖錄》和《無門關》的公案。參禪的人玩弄古人的一則話頭，有如口中含著鐵丸，株守前人的軌轍。第二、文字禪，唐代禪師本以不立文字爲宗規，但若沒有文字，則又不能使一般人懂得，因而在宋代出了許多禪書，收集了禪師的詩謁。參禪的人不注重禪的直接體驗，專而埋頭於依文解義。第三、禪教相混，唐代禪師常自命爲教外別傳，不專心於經論，宋代禪者傾向禪教一致，有的人傾於律宗，拘守戒律的小節目，有的人習於念佛，求能往生淨土。第四、死求禪靜，唐代禪師力排坐禪求靜的弊端，宋代禪者卻死求禪靜，寂默枯坐。於是有「看話禪」和「默照禪」。看話禪參究古人的話頭，默照禪祇是靜坐，斷絕一切知念與活動。這些禪風在開始時，也都是禪學正統，幾項參禪的方法，後來流於偏激，便成了流弊。「看話禪」的開始人大慧宗杲，「默照禪」的開始人宏智正覺，都可稱爲禪學的大師。他的學徒們則陷於看話，默照，忘卻禪的本來意義。

法眼宗在宋初有天台德韶和永明延壽兩位禪師，以後便衰頹無聞，法統傳於高麗。德韶，處州龍泉人，親參法眼文益，曾答弟子問說：「大道廓然，詎齊今古，無名無相，是法是修，良由法界無邊，心亦無際。無事不彰，無言不顯，如是喚作般若現前，理同真際，一切山河大地，森羅萬象，牆壁瓦礫，並無虧闕。」（五燈會元　卷十　天台德韶禪師傳）延壽，餘杭人，俗姓王，在龍州寺出家，師事翠巖，後參德韶。他在雪竇寺住過，後來住在靈隱山，門下僧徒很眾，弟子一千七百餘人，曾在天台山度戒一萬餘人，著有《宗鏡錄》一百卷，高麗王遣派韓僧三十六人來受印記。

雲門文偃的弟子，六十一人，傳法於五代和宋初，宗風非常興盛。著名禪師有契嵩禪師，懷璉法師。契嵩，藤州鐔津人，俗姓李，住杭州靈隱寺。當時儒者排佛，契嵩抗辯，又著「禪門定祖圖」、「傳法正宗記」，述說禪宗二十八祖的法統。懷璉，漳州龍溪人，俗姓陳，宋仁宗勅住淨因禪院，賜號大覺禪師。

曹洞宗在宋初，已不能繼承唐代的盛況，雖有大陽玄警禪師，五十年授徒弘法，門下得法者二十餘人，然祇能保守餘油。他曾作曹洞五位頌：「正中偏一輪，皎潔正當天，宛轉虛玄事不彰，明暗祇在影中圓。偏中正體觀朗月，秦時鏡隱隱，猶如日下燈，明暗混融誰辨影？正中來脈路，玄玄絕迂迴，靜照無私隨處視，如行鳥道入廓開。偏中至法法無依，即智智橫身物外，兩不傷妙用，玄玄善周備。兼中到外路，當風無中道，莫守寒巖青草異，坐卻白雲宗不妙。」五位為正中偏，偏中正，正中，偏中，兼中。（五燈會元　卷十四　大陽玄警禪師傳）

宋代最盛的禪宗為臨濟宗。臨濟宗在宋初，稍形衰頹，至了宋末和五代反而興盛。這宗的有名禪師，風穴延沼，首山省念，淨陽善沼，石霜楚圓，黃龍慧南，楊岐方會。省念爲延沼的弟子，萊州人，住汝州首山。他的門下弟子六人，都是傑出人才，而最重要的，爲善沼。善沼太原人，俗姓俞，十四歲修道，遍訪名師，後參首山。石霜楚原爲善沼的弟子，全州青湘人，俗姓李，住湖南南岳和潭州興化。他的弟子黃龍慧南和楊岐方會，分爲兩家，臨濟乃有黃龍和楊岐兩派。

黃龍慧南，信州玉山人，俗姓章，十九歲出家，歷訪幾處禪師，不能悟道，乃到衡岳福巖，參拜楚圓，乃得了悟，時年三十五歲。後往住隆興府黃龍寺，開堂說法，學徒眾多，形成黃龍派。曾自頌曰：「生緣有語人皆識，水也何曾離得蝦。但見日頭昇畔上，誰能更喫趙州茶，我手佛手兼舉，禪人直下薦取，不動干戈，道出當處，超佛越祖，他腳驢腳並行，步步踏著無生，會得雲收日卷，方知此道縱橫。」（五燈會元 卷十七 黃龍慧南禪師傳）

楊岐方會，袁州宜春人，俗姓冷，追隨石霜楚圓多年。後往住袁州楊岐山，又移居潭州雲蓋山，創楊岐宗風。曾示眾說：「身心清淨，諸境清淨，諸境清淨，身心清淨，還知楊岐老人落何處，河裡失錢河裡。」（五燈會元卷十九 楊岐方會禪師傳）

臨濟宗素重棒喝，禪風急烈，到了宋代黃龍和楊岐兩家，都趨穩重。楊岐雖有說「放汝三十棒」，但不執行。

楊岐派後來有圓悟禪師和宗杲普覺禪師。圓悟禪師又名克勤佛果禪師，彭州崇寧人，俗姓駱，居澧州夾山靈泉院，名碧巖，作《碧巖集》，記錄禪師公案，如〈雪竇頌古〉。他的門生中，有徑山宗杲。宗杲也名大慧普覺禪師，宜州人，俗姓奚。普覺是謚號，大慧是宋孝宗賜他的號。他幼好儒書，生有辯才，攻擊曹洞宗的默照禪。他自己則重參話頭，成爲看話禪的代表人。他的語錄在淳熙元年，以皇帝詔命，列入大藏經。

宋代的禪宗，也可以說是人才濟濟；但是祖師禪力主承繼祖風，乃少有發展。

天台宗和華嚴宗本是中國佛教哲學的最高峰。天台在宋代分爲山家和山外兩派，兩派的分歧，在於止觀，山家以安心爲觀境，山外以真如爲觀境，已經不是哲學的爭論。華嚴在唐代有圭峰宗密，復興宗義，然他已和禪宗相融會。在五代時，這兩宗的宗法已絕，到了宋代又重有僧人繼承墜緒。

在寫完這冊隋唐佛教哲學思想史以後，自己明知對佛學還是沒有入門，很難以現代哲學的方法，解釋佛學，使一般人可以懂。但是學問無止境，希望研究中國哲學的人，因這冊書可以懂得中國佛學的大綱，再進而深入研究佛學各宗的義理。

中庸的「盡性」

（形上學國際學術會議論文）

一、

《中庸》全章的中心點在於一個「性」字，「性」字指著人性，又指著物性。「性」的來源，來自天命。「天命」首先指著「天然的」和「天生的」。但是講哲學則要追根，「天然的」和「天生的」，究竟又由何而來？應該說是來自上天的命，孟子所以把性和命互相通用，「孟子曰：口之於味也，目之於色也，耳之於聲也，鼻之於臭也，四肢之於安佚也，性也。有命焉，君子不謂性也。仁之於父子也，義之於君臣也，禮之於賓主也，智之於賢者也，聖人之於天道也，命也。有性焉，君子不謂命也。」（盡心下）在《書經》和《論語》裡所謂天命或命，常是指著上天之命。

孟子認爲性和命雖可通用，但意義應加分別。人有耳目之官爲小體，有心思之官爲大體，耳目之官所有天命，應稱爲命，不稱爲性；心思之官所有天命，應稱爲性，不稱爲命。心思之官之性，爲倫理之性，孟子稱爲仁義禮智之端，「君子所性，仁義禮智根於心，其生色也，睟然見於面，盎於背，施於四體，四體不言而喻。」（盡心上）「惻隱之心，仁之端也；羞惡之心，義之端也；辭讓之心，禮之端也；是非之心，智之端也；人之有是四端也，猶其有四體也。」

《中庸》的「性」，明明不是存在之性（Essence），而是行動之性（Nature）；但這兩個「性」實際上同是一個性，祇是由兩個角度去看。就像西方形上學講「有」，中國形上學講「變易」，「有」實際上就是「變易」，「變易」是「生」；中西形上學的比較研究，便是「生」和「有」。「生」是動，生的性（Nature）從動的角度去看；「有」的性（Essence ）從靜的角度去看。

《中庸》講性既從動的角度去看，人的動是生活，性便是生活的基礎，也就是基本規範，《中庸》所以說：「天命之謂性，率性之謂道，修道之謂教」；「率性」是依照「性」去生活，《中庸》稱之爲「誠」，大學則稱之爲「明明德」。

性爲生活的基本規範，性應該是善，《大學》稱爲「明德」。性不僅是善，是生活規範；而且自然顯明，人都可以知道。王陽明後來稱「明德」爲良知，良知自然可以爲人所知，即孟子所說「不學而知」，因爲作一切人的生活規範，當然要被一切人所可以知道。若不知道，則是蒙私欲所掩，就要知力克慾，使明德復明，大學稱之爲「明明德」，《中庸》

稱之爲「誠之」。《中庸》說「誠者，天之道也；誠之者，人之道也。」（第二十章）物，天然誠於物性；人，則須自加努力，擇善固執，自願誠於人性，祇有聖人，心無私慾，自然而誠。

「自誠明，謂之性；自明誠，謂之教；誠則明矣，明則誠矣。」（中庸 第廿一章）性本來明亮，也自然是誠。人常受私慾隱蔽，須要自己努力使性常明，這就是教育的工作。

《中庸》對於性有三點重要思想：一，性爲天之命；二，性是善；三，性是人生活的基本規範。結論便是「率性之謂道，修道之謂教。」

二、

率性爲人生之道，稱爲誠，中庸的下半部乃講論「誠」。誠，不僅是人在一切活動中，須依照「性」而動，以「性」作爲標準，標準是靜止的，常是一樣的；誠，卻同時使「性」也動，使「性」能化。「誠則形，形則著，著則明，明則動，動則變，變則化，唯天下至誠爲能化。」（第廿三章）朱熹註《中庸》對於「變」和「化」，以「變」爲氣變，以「化」爲神化。朱熹從聖人對於外面人物的影響去解釋，他說：「唯天下至誠，爲能盡其性。能盡其性，則能盡人之性；能盡人之性，則能盡物之性；能盡物之性，則可以贊天地之化育；可以贊天地之化育，則可以與天地參矣。」（中庸 第廿二章）

《中庸》對於盡性，標出四個步驟：盡人的個性，盡人性，盡物性，贊化育。這四個步驟是有時間的先後，還是同一時間。即是說應該從一個步驟做起，然後進到第二步驟，然後再進到第三步驟，最後才進到第四步驟。或者是在第一個步驟完成時，同時也完成了其他三個步驟？朱熹的註釋是贊成第二種主張，他以至誠者爲聖人，他說：「盡其性者，德無不實，故無人欲之私，而天命之在我者，察之由之。巨細精粗，無毫髮之不盡也。人物之性，亦我之性，但以所賦形氣不同而有異耳，能盡之者，謂知之無不明，而應之無不當也。」

朱熹的註釋，還是從倫理道德方面去解釋，以至誠之人，完全明瞭自己的性和萬物的性，在生活裡，自己完全按自己的性而行，也按物的物性處理萬物。但是實際上，《中庸》的「盡性」具有形上本體方面的意義，即是在本體上，人性須要發育，「盡性」則人性發育到完全點。後來王船山主張「性日生而命日降」，因爲性因陰陽相合而成，陰陽在物體內繼續變動，繼續結合，性便繼續生成；但一個物或一個人的性卻常是同一個性，那是因爲天命沒有變更，這似乎《中庸》把理和性分別了，天命是理，理常不變，性則繼續發展。朱熹把理和氣分開，性爲理，不變；性的發育乃是氣。所以他稱每個人的性，即是個性，爲氣質之性，有善惡，有發育；人性爲理，稱爲天地之性，常不變易。天地之性，即是抽象之性；氣質之性，即具體之性。《中庸》所講的「性」，應該包括具體之性和抽象的性；因爲第一步的性是個性，第二步驟的性爲人性，第三步驟爲物性，也可以說《中庸》從具體方面去談「性」，中國形而上學的「有」，就是「生」，「生」是生命，是變易。從變易而談「性」，當然是從具體方面去談性。具體的性，是繼續發展的性。人的性，從少到老，應繼續發展，身體雖然到了老年便要衰弱，然而人的生命乃是心靈的生命，心靈到了老年仍舊可以發展，以達到「盡性」的階段而成聖人。

三、

《中庸・盡性》的最後一個問題，是朱熹所說「人物之性，亦我之性」。《中庸》所以說盡了個性，就盡了人性和物性；因此所謂「個性」、「人性」、「物性」，同是一個性；但是《中庸》絕對不主張人和禽獸同是「一性」，人是人，獸是獸。朱熹爲解決這個問題，採納了張載和程顥和程頤的「理一而殊」的思想，主張天地萬物同一理，但因所稟的氣不同，具體的性乃有不同。「西銘要句句見理一而分殊」（朱子語類　卷九十八）「問理與氣？

曰：伊川說得好，曰理一而殊；合天理萬物而言，只是一個理，及在人，則又各自有一個箇禮。」(朱子語類 卷一)

朱熹以氣分清濁，清濁分無數的層次。氣濁，則理不顯，氣清則理顯。人之氣最清，人之理乃全顯出來；朱熹便說人得全部之理，物各得理的一部分。

這個宇宙萬物同一之理，爲生命之理，即生理。易經以「有」和「生」，萬物都有「生」，都有生命，都有內在的陰陽之動。生之理，即生命之理。因此，天地之性，即是「生命之理」；具體之理，爲氣質之理，生命之理和氣相結合，氣最濁則生命之理完全不顯，似乎似有生命。氣稍清，生命稍爲顯出。氣清的程度往上增，生命的表現也往上升。到了人，氣最清，生命完全表現出來，便是心靈的生命，就是仁義禮智之性的生命。這就是所謂「理一而殊」。

但是人的仁義理智之性，在人的生活裡，常能被私慾所蒙蔽，人便要努力克慾以盡性。人若能盡了個性，個性即是完全的心靈生命，包括了人性的生命，也包括萬物的生命。孟子曰：「萬物皆備於我矣。」動者，誠能動物；變者，物從而變；化，則有不知其所以然者。但是，中庸的本來意義，不是從對外面人物的影響而說「動」和「化」，是從「性」的本身而說，是連接上面第二十二章所講的「盡性」而說。

人在生活裡，一切活動要誠於「性」，人便是善人或聖人，這種「誠」或「率性」，使人的活動都是善，合於自己的性。所說的善爲倫理的善，也就是《中庸》所說「喜怒哀樂之未發，謂之中，發而皆中節，謂之和。」和，是喜怒哀樂在行動中，都合於人性的規範，所以是善，發揮了「率性之謂道」的意義。

但是《中庸》所講的「性」，不是靜止的標準，而是常動而常變化。性不是一成而完成的，而是常要發展。《易傳》說：「一陰一陽之謂道，繼之者善也，成之者性也。」（繫辭上　第五章）陰陽變化，結成物性，物性繼續變化。孟子以性有善端，人要「存心養性」；養，不僅是保養，而是養育以發揚。發揚人性，應依照人性去發揚，不能自作聰明，孟子說不要揠苗助長，「天下之不助苗長者寡矣！以爲無益而舍之者，不耘苗者也。」（公孫丑上）性如同苗，須要長成。孟子所講的苗，是仁義禮智之端，仁義禮智爲倫理的善德，善德常須培養，逐漸發揚。但是孟子的仁義禮智不單是倫理的善，而是心靈的生命；因爲人的生命，是大體心靈的生命，心靈的生命，是仁義禮智。仁義禮智既是倫理的善德，又是人性本體的特性。西洋形上學講論「有」時，講「有」的特性；同一律，矛盾律；中國形而上學講「生」時，講「生」的特性：仁義禮智。

「性」，繼續發展，猶如稻，在穀種放在苗圃以後，發芽成秧，秧插在田裡，長成稻，稻結成穀，稻的性才發展完成。穀和秧的性是一個性，這個性是穀之理，理在秧的生命中逐漸發展，至穀成熟時，穀之理完全表現出來，穀之性便到了「盡心」的地步。

《中庸》講人性，就特別提出盡性，人性在人初生時，具有全部的人該有的「理」，即仁義禮智，人逐漸長大，人性應隨著發展，「理」在生活中要能全部表現出來。能表現全部人性之理的人，稱爲至誠的人。（盡心上）所以盡性則盡人性，而又盡物性。性，既是生命之理，生命由上天而來，《易經》乃說：「天地之大德曰生」，生命之來由於天心之愛，朱熹說天地以生物爲心，人得天地之心爲心，故仁。（朱文定公文集　卷六十七　仁說）人若盡心，則表現天地之仁，因仁而「仁民而愛物」（孟子　盡心上），乃能與天地合其德，贊天地的化育。《易傳》說：「夫大人者，與天地合其德。」（乾卦　文言）《中庸》說：「大哉聖人之道，洋洋乎發育萬物，峻極于天。」（第廿七章）

南方之強

「子路問強，子曰：南方之強與？北方之強與？抑而強與？寬柔以教，不報無道，南方之強也，君子居之。衽金革，死而不厭，北方之強也，而強者居之。故君子和而不流，強哉矯！中立而不倚，強哉矯！國有道，不變塞焉，強者矯！國無道，至死不變，強哉矯！」（中庸 第十章）

強爲勇，強者爲勇者。孔子講三達德：智仁勇。最看重仁，其次爲智，最後爲勇。單單有勇的人，孔子不看重。「子路曰：君子尙勇乎？子曰：君子義以爲上，君子有勇而無義，爲亂！小人有勇而無義，爲盜。」（陽貨）

強者勇者的代表，爲軍人，軍人應該是事事處處，表現勇敢的精神；然而僅是勇，孔子認爲將流爲亂！

近兩百年來，在我們國人湘省成了軍人的代表，《論語》竟說：「無湘不成軍！」湘軍的起源，應推自曾國藩。曾國藩的湘軍，因義而起軍。曾國藩治軍，稟承孔子所說的君子之強。湘軍的強勇，乃是孔子所推崇的「寬柔以教，不報無道，南方之強也，君子居之。」

兩百年內，第一位湘省強者曾國藩扶植了當時的正統，第二位湘省強者黃克強則推翻了愚昧喪權的清廷，爲民主共和而起義師，第三位湘省強者黃達雲上將則率義師抗日抗共。

達雲上將今年慶九十高壽，湘省同鄉服膺他的「君子之強」，舉觴共祝。

「君子和而不流」，達雲上將在軍閥割據的時代，在湖南省長投共的時機，不同流合汙，保持革命軍人的精神「強者矯！」

「中立而不倚」，先總統 蔣公曾講《中庸》的「中」，對中央政府軍和共產黨軍在浴血戰鬥時，中央政府中大員和軍中指揮，倡言和談，腳踏兩邊船， 蔣公重語指斥爲缺乏人格，違背傳統的美德。達雲上將中立不倚，寧死不屈，率領部隊轉戰到海南島，然後撤退來台灣，表現了孔子所說：「中立而不倚，強者矯！」

「國無道，至死不變」，達雲上將，在 蔣公下野，國家無主，共黨佔據大陸時，湖南省長，北方和四川雲南的將領紛紛投共，達雲上將「至死不變」，忠於政府，和士卒同苦。「強者矯！」

「國有道，不變塞焉！」達雲上將撤退來台， 蔣公復出視事，政府積極謀國建設，達雲上將任陸軍總司令、警衛總司令、台灣省主席、國防部長，不僅官途通達，而是能在軍隊、能在省府，都做到「政通人和」，使政府的政令達到基層部隊和民間，使基層的意願上達政府，孔子說：「國有道，不變塞焉，強者矯！」

達雲上將，乃「南方之強」，表現了湘軍的精神，承接了曾國藩的儒將風度，國藩曾在家書勉勵季弟說：「吾朝南近日風氣蒸蒸日上，凡在行間，人人講求將品，講求品行，並講求學術。弟與沅弟既在行間，望以講求將略爲第一義，點名看操等粗淺之事必躬親之，練膽料敵等精微之事必苦思之。品、學二者，亦宜以餘力自勵。目前做致湖南出色之人，後世即推爲天下罕見之人矣！大哥豈不欣然哉！哥做幾件衣道賀！」（咸豐十年六月二十七日）

達雲上將做到了湖南出色之人，現在已爲中國推爲罕見的君子上將。全湘省的人都高興，在上將九十高壽良辰，大家都拱手道賀。

現在我們所需要的人生哲學

諸位老師：

各位都是高中的國文老師，國文爲人文科學的重點，在國文的讀本裡，還有歷代名家的作品，在作品裡表現歷代聖賢豪傑的思想。各位在講這些作品時，常常體驗到聖賢豪傑的生活修養。

請我來講演的王壽南教授，給我一個題目是人生哲學，在題目以內隨便我講什麼，因此，我便來向大家談一談「現在我們所需要的人生哲學」。

一、憂患的人生哲學

當前我們所處的時代，是一個「憂患的時代」。

五十年內，經過了兩次世界大戰，共產集團卻又在各處製造戰爭，製造分裂。亞洲有韓戰越戰，非洲有奈戰，安古拉戰，中南美有古巴，尼加集團的變亂。整個世界分裂成兩大壁壘。在經濟方面，通貨膨脹，人民失業，產油國家因者謀利而提高油價，使生產凋零，特別在生活道德上，更令人憂心忡忡，青年人反傳統，濫用自由；中年人追求物質享受，拋棄正義，就是在我們天主教會內，也有思想紊亂。

當前我們自己的處境，更是憂患的時代，大陸被共匪竊據，毀滅民族文化。政府遷移台灣，努力自強，但是共匪不放棄爭奪台灣，使用統戰的陰謀，台澎金馬的生活，日益提高，工商業發達；我們的國家，將進入世界已開發的國家行列中；但是工商業所帶來的社會問題非常複雜，家庭破碎，傳統道德破產，物質享受人慾橫流，惡少年橫行社會。一輩青少年對於民族歷史少有認識，對於大陸的觀念日益淡薄。我們一面要保全復興基地，一面要圖謀統一大陸。然而目前許多青年人的心理，或者是想安居台灣，或者是想以台灣獨立，目前真正爲我們是一個憂患的時期。我們憂慮台灣的安全，又憂患民族文化的毀滅；我們憂慮國家建設的前進，又憂慮國民生活腐化；我們憂慮敵人的分化，又憂慮統一大陸政策的推進。所以我們常說現在是國家民族存亡之秋；那麼這樣的時代還不是憂患的時代嗎？

憂患時代的人生哲學，應該是憂患的人生哲學。

在中外的哲學家裡，有各種不同派別的人生哲學，古希臘有古魯的享樂主義，古羅馬有瑟奈加的道德主義，羅馬帝國有天主教的永生人生哲學，印度有玄想的人生哲學，歐洲文藝復興頌揚人體美的享受，法國革命鼓勵自由的濫用。康德哲學以道德不屬於理性，達爾文進化論主張鬥爭。馬克思以物質爲宇宙的唯一元素，摧毀了心靈；近代相對論以生活倫理由私人作主，使社會淪於無倫理狀況。我們中國歷代思想家也有不同的人生哲學，通常我們分爲儒釋道三家，儒家爲入世，釋教爲出世，道家爲避世，到了目前，則是以科學爲輔，個人享受爲主。

現代我們所需要的人生哲學是什麼呢？是要有憂患的人生哲學，正確的精神物質價值觀，有深厚的道德修養，有自重的人格觀。這種憂患的人生哲學，也就是孔、孟的人生哲學。孔、孟所處的時代，也是一種憂患的時代。他們的人生哲學，很簡單地說是「君子之道」。孔子在《中庸》裡，講論「君子之道」說：「故君子尊德性而道問學，致廣博而盡精微，極高明而道中庸，溫故而知新，敦厚以崇禮。」（中庸 第二十七章）

二、勝過難關的目標

目標就是志向，人生貴有志氣。孔子教導弟子，屢次詢問他們的志向。有一次，弟子也反問孔子說：「願聞子之志。子曰：老者安之，朋友信之，少者懷之。」（論語 陽貨）孔子的志向並不是做大事的志向，而是尋常每個人所可以做的事。因此《中庸》說：「君子之道費而隱，夫婦之愚，可以與知焉，及其至也，雖聖人亦有所不知焉；夫婦之不肖，可以能行焉，及其至也，雖聖人亦有所不能焉。」（中庸 第十二章）

現在我們中國人，每一個人應當有復興國家民族，勝過難關的志向。這個志向，從大的一方面看，沒有一個人敢說自己可以做得到；從小的一方面說，也沒有一個敢說自己不能做。國家是集全國國民而成的，國家民族的復興，是靠每個國民的工作，每個國民所作的事，無論大小，都對於國家民族的復興有關係，有影響。每一個人在各自的崗位上，盡好自己的職責，就是努力使國家民族復興。

但是在目前我們國家民族所處的時代，特別要求國民做好幾件事。在消極方面，不能悲觀，不能分化，不能逃避；不能消沈，不能頹喪；在積極方面，要盡責，要有民族意識，要公而不私，先總統　蔣公說：「置個人死生於度外，以國家興亡爲己任。」這就是現在我們中國人應有的志向。

一個人的生命不是孤獨的，要和別人的生命相聯繫，還要和宇宙間的物體相聯繫。王陽明在《大學問》裡講一體之仁，仁是生命，宇宙間的生命，連成一體，互相有關係。《中庸》第二十二章講至誠的人，發揮自己的個性，也能發揮人類的人性，以及一切物類的物性，而贊助天地的化育。先總統　蔣公說：「生活的目的在增進人類全體之生活，生命的意義在創造宇宙繼起的生命。」在通常的時期，一個人的生活目的應爲人類服務，在目前國家民族危急存亡之秋，每一個中國人不能把自己的生活目標，關閉在自己的家門以內，要以復興國家民族爲目標，特別要教育我們的青年抱著這種志向，而且有爲這種志向敢犧牲一己利益的精神。先總統　蔣公一生信仰基督，基督一生以救人類爲目標，甘願爲達目標而犧牲性命。

三、正確的價值觀

孟子曾說：「魚，我所欲也；熊掌，亦我所欲也；二者不可得兼，舍魚而取熊掌者也。生，亦我所欲也；義，亦我所欲也；二者不可得兼，舍生而取義者也。」（孟子　告子上）這是孟子的價值觀，他說生命可貴，但還有比生命更貴重的，死是我所怕的，但還有比死更可怕的。把生命和仁義相比較時，仁義比生命更貴重，所以孔、孟的教訓是「殺身成仁，捨生取義。」

通常一個人不會遇到這種機會，但是在自己日常的生活中，必定常有兩事相比較的對象，因此，應該有正確的價值觀。孔子常把利義相比較，以義爲重，利爲輕；所以君子取義，小人取利。孟子以人有大體有小體，大體爲心思之官，小體爲耳目之官，「體有貴賤，有小大，無以小害大，無以賤害貴。養其小者爲小人，養其大者爲大人。」(孟子 告子上)在中西的哲學裡，心物的問題，常是爭論不休。我們不能像馬克思以宇宙只有物質，也不能像黑格爾以宇宙祇有精神，我們中國儒家道家都主張宇宙間有精神之心，有物質之物，人則兼有心物。人的心靈爲精神，身體爲物質，心靈和身體合成一個人，兩者不能分離，也不能偏重。然而各有各的價值，精神重於物質，心靈貴於身體。在人的生活中，需要各種事物，對於各種事物，便要具有正確的價值觀。

整個的人類世界，從科學發明增多，物質享受加高以後，生活的價值觀都起了變化，不僅在共產極權的半個世界裡，毀滅了精神的價值，就是在另一半的自由世界裡，精神的價值也大爲減輕。金錢，和金錢所可以買到的物質享受，成爲大家所追求最貴重物品。在台灣社會所看到的，也是這種現象。所以要緊教育我們的青年，分辨精神和物質的價值。物質是人生所需要的，人的本性也是傾向物質享受。然而人的心不能用物質去滿足，心若不安，雖有物質享受也不能安樂。因此，精神的價值，等於物質享受的價值。

目前，在社會上，科技高於一切，工商業爲社會的熱門，以致於大家崇拜科學萬能，把人文科學看作無足輕重。這當然是因爲國家求經濟上的發展，增強國家實力的需要所造成。可是中國前代的聖賢們都說過，國家沒有國民的精神建設，一切建設都不能使民族復興，孔子曾經答覆齊景公說治國最重要的政治在於正民，齊景公感嘆說：「善哉！信如君不君，臣不臣，父不父，子不子，雖有粟，吾得而食諸？」（論語　顏淵）國民因著物質建設成長迅速，而精神崩潰，我們的國家就很危險。

四、深厚的道德修養

精神價值的表現，在於道德的修養，在世界的文化史裡，大家都承認中華民族爲精神生活高尙，道德修養深厚的民族，我們中國古人也常稱自己的國家爲禮義之邦。

目前的世界，因著生活價值觀的改變，道德的修養隨著降低。首先在思想方面，一些哲學提倡道德相對論，以爲道德爲時間空間的環境所造成，每一時代有一時代的道德，沒有長久不變的道德論，連宇宙間的自然和人類的性律都隨時代的學術觀念而改變，跟著來的有青年人反傳統的革命，凡是古代傳下來的都不要，自己要創自己的生活規律。這樣，社會上的道德觀念，掃地無除。在歐美，大家攻擊道德堡壘的宗教，在中國大家唾棄孔、孟的儒家。

家庭有父母子女的代溝，社會有師道和權威的解體。一個社會的人，若不辨是非，別善惡，僅靠警察來維持秩序，這個社會怎樣能夠有和平共處呢？孔子曾說：「道之以政，齊之以刑，民免而無恥。」（論語 為政）若沒有道德律，做惡而不知道是惡，連「恥」都不會有！

倫理道德是生活的規律，是人際關係的次序，一個人對於自己私人所作的事，應該有次序；一個人對於旁人所作的事，也應該有次序。規定次序的規律就是道德律。

道德律的基礎在於人性，人性的規律稱爲天理。中國古人都認爲天理長久不變。《中庸》說「故君子之道，本諸身，徵諸庶民，考諸三王而不謬，建諸天地而不悖，質諸鬼神而無疑，百世以俟聖人而不惑。」（中庸 第二十九章）

現代有些哲學家和法學家說：人性，不是客觀的人性，而是我們人對於人性所有的認識，認識可以隨時代學術的增進而有改變，因此，便沒有一成不變的性律。當然，人性是人對人性的認識，但是人的認識不完全是主觀的，一定也有客觀性，我們對於人性的基本點，可以按人性的基本需求而認識，這種基本的要求是不會變的。孟子說小孩子生來就知道愛父母，人看見小孩子掉在水中，自然奔去救援。孟子所以說人生來有愛心。人性的基本點爲天理，天理長久不變，人的倫理道德便有不變的規律，在實踐道德方面，實踐的方式隨時隨地不同，例如兒子應孝順父母，這是不變的原則，怎樣孝順父母，則因時因地而變。

現在政府提倡恢復民族固有道德，不是要把中國古代的道德規範一律照原樣地恢復過來，那是不可能的事，也是不合理的事。所要恢復的固有道德，第一是歷代不變的道德規律，第二是那些構成我們民族精神的義德，例如孝德，中庸，忠信，家族親睦等等美德。

道德不是理想的觀念，而是實踐所成的良好習慣。古來中國哲學家說：德是有所得於心，是在實踐人生之道，在心靈上積成一個傾向。所以說修德。德行不是天生的，而是人為的，人要日常努力去修養自己的品德。

中國歷代講學的人，以學為修養品德。學而不行，不稱為學；求學是求做人。《中庸》講求學說：「博學之，審問之，慎思之，明辨之，篤行之。」（中庸　第二十章）一次，季康子問孔子，在他的門生中誰是好學的人，孔子答說：「有顏回者好學，不幸短命死矣！今也則亡！」（論語　先進）另一次哀公有同樣的問題，孔子也有同樣的答覆，而且說明理由：「有顏回者好學，不遷怒，不貳過，不幸短命死矣！今也則亡，未聞好學者也。」（論語　雍也）在三千弟子中，孔子祇以顏回好學，因為顏回能實踐所學，努力修養品格。

儒家、道家、佛教在教育方面，都主張修養。所謂修養，無論消極不做惡事，積極做善事，都是積極的功夫；因為要積極鍛鍊自己的意志，使自己作自己的主人，不盲從別人，也不盲從自己的情慾。一個人的脾氣暴躁，為使自己不常生氣，他要費很大的力，下很大的決心，纔能做到。

在我們目前憂患時代，我們中國人不是觀念堅強的人，敢於負責，敢於犧牲；這都需要平日有修養，不是一天所可辦到的。孔子說：「君子有三戒：少之時，血氣未定，戒之在色；及其壯也，血氣方剛，戒之在鬥；及其老也，血氣既衰，戒之在得。」（論語 季氏）

憂患的人生哲學所要求的修養，較比安樂時代所要求的修養更多。安樂的時代，一個人沒有修養，他會毀滅自己的一生；在憂患的時代，一個人沒有修養，他可以禍國。大家乘在一艘船上，漂流在海中，四面風浪很高，船上的人須要大家謹慎小心，一個人若亂動，就有使全舟覆沒的危險。

憂患時代所要求生在憂患中的人，個個有膽量，有勇氣，有耐心，能吃苦，能耐勞，肯節制，肯犧牲，愛公益，愛合群，摒除黨派的私見，以國家民族為重。

在第二次大戰時，英國首相邱吉爾呼籲英國人咬緊牙關。我們中國人在重慶後方，也都度著堅苦的生活。目前，台灣的生活是種奢侈和墮落的生活。我們現在不必像在重慶時忍受物質的困苦，可是要有那時肯吃苦的精神，抗戰時代的忍苦精神，為時勢所造成，現在的忍苦精神，則要我們自動去修養。

五、受人尊重的人格

人格，這個名詞是現代的新名詞，但是意義，在中國已經有了。孔子常教導弟子們自重，孔子說：「君子不重則不威。」（論語 述而）孟子說：「富貴不能淫，貧賤不能移，威武不能屈，此之謂大丈夫。」（孟子滕文公下）大丈夫的氣概是自重的氣概。

現在人講人格，人格是一個人在社會上的象徵，就是我所以爲我，你所以爲你，他所以爲他。包括一個人的名字、聲譽、地位、工作、品格。現代人把這一切看得很貴重，要求別人予以尊重。兒子對於父母，學生對於師長，工人對於雇主，都要求尊重他們的人格。

要使別人尊重自己的人格，自己要有使人尊重的要素，孟子說：「天下有達尊三：爵一，齒一，德一。」（孟子 公孫丑上）有職位的人，受人尊重；有年歲的人，受人尊敬；有德行的人，受人尊敬。目前社會所尊敬的人，都是有錢的人。不過，有德行的人，有學問的人，有志氣的人，有作爲的人，還是受人尊敬。

我們處在憂患的時代，容易受國際上不了解我們的人所輕視。我們要保全，而且要提高我們的國格，使在國際場合裡，我們的政府和國家民族不受人輕視。我們決不向人搖尾乞憐，我們決不毀信圖利。並且常以自己是中國人而自豪。

我們每一個人也要自重，養成廉恥之心。孟子說：「恥之於人大矣！爲機變之巧者，無所用其恥矣！不恥不若人，何若人有！」（孟子 盡心上）孔子說：「士志於道而恥惡衣，惡衣者，未足與議也。」（論語 里仁）

青年人都要求大家尊重他們的人格，於是歐美有些青年故意創作新奇，以顯出不同凡人，嬉皮就是一種表現。我們要教育青年人，人格的代表是自己的品格，有道德的修養，有學問的陶成，有外貌的活潑，青年人必會受人看重。自大自傲的人，祇會使人厭惡，不會受人尊重。自暴自棄的人，常被人拋棄，或至多受人憐憫。

孔子說：「衣蔽縕袍，與衣狐貉者立，而不恥者，其由也與！」（論語 子罕）孔子讚美子路的人格，引衛國雄雉的詩說「不忮不求，何用不臧」。

孟子曾講了一個故事，有一個齊國人，每天回家，都酒氣重重，妻子問他，他都答說在某某富家赴宴，日子久了，他的妻子和妾討論說：丈夫每天赴宴，爲什麼從不見有一個富貴人來家訪問，遂決定要去暗中追蹤丈夫，看看究竟是怎樣。一天早晨，丈夫出門了，妻子暗中跟去，在街上，沒有一個人同他的丈夫談話，丈夫則往城門外的墓園，墓園裡有掃墓祭祖的人，丈夫向祭祖的人討酒討飯。於是妻子和妾站在庭院裡，相對而哭，丈夫回來了，和平日一樣神氣揚揚，一聽到妻妾的哭泣，低頭進屋去了。（孟子 離婁下）這個齊國人真正沒有人格。孟子作結論說：「由君子觀之，則人之所以求富貴利達者，且妻妾不羞也，而不相泣者，幾希矣！」

憂患的人生哲學，也是一種人格教育的哲學。教育青年們認識所處的時代，認識國家民族的處境，訂定生活的目標，爲國家民族服務，以復興中華民族。教育青年學生，養成正確的生活價值觀，精神重於物質，心靈貴於身體，遵守道德的規律，鍛鍊自己的意志，自己作自己的主人，擔負自己的責任，事事有正義感，建立自己的人格，抱定自己的志向，腳踏實地向前走。

憂患的人生哲學是積極的人生哲學，是大丈夫的人生哲學。孔、孟實行了這種人生之道，基督更是爲這種人生之道而殉身，建立了千古的模範。

諸位老師，教育是人生一大樂事，孟子曾說：「君子有三樂，而王天下不與存焉。父母俱存，兄弟無故，一樂也。仰不愧於天，俯不怍於人，二樂也。得天下英才而教育之，三樂也。吾子有三樂，而王天下不與存焉。」（孟子　盡心上）

唐君毅的中國文化意識

牟宗三教授於唐教授逝世十週年紀念會講演，稱唐教授爲「文化意識宇宙中的巨人」，但是很遺憾，在整篇講演稿中，卻沒有一句話講唐教授的文化意識。

唐君毅教授於民國六十七年二月二日逝世，今年爲逝世十週年。當十週年時，正逢全國教育會議開會，我不能參加他的逝世十週年會。後來又因氣喘舊病復發，在榮總住院三個星期，沒有心思寫文章。出院後，事忙；到現在，天氣轉熱，身體頗好，便執筆寫一篇紀念文章，傳述唐教授的哲學思想和生活的精神，兼以代表中華民國哲學會向唐教授致敬。

牟宗三教授在唐教授逝世十週年紀念會講演，稱唐教授爲「文化意識宇宙中的巨人」；但是整篇的講詞裡，沒有一句話講唐教授的文化意識。

虛靈不昧的心，創生文化意識的宇宙。

唐教授的著作豐富，專心整理中國哲學，六巨冊的《中國哲學原論》，對於中國哲學的重要觀念和思想，例如：道、理、性、心、命等重要觀念，原原本本加以敘述，又對佛教哲學也詳加說明。他真正可以說是中國文化意識的講座。讀了他的中國哲學原論，一定可以認識中國的哲學，也一定可以明瞭中華民族文化的傳統。

他自己說明作這種學術研究的目標和方法：「吾書既欲見中國哲學義理有不同之型態，實豐富而多端，而又欲其合之足以見整個中國哲學之面目，故吾之說明中國哲學義理之道，既在察其問題之原，名辭義訓之原，思想義理次第孳生之原；而吾於昔賢之言，亦常略述原心，於諸家言之異義者，樂推原其本旨所存，以求其可並行不悖，而相融無礙之處。蓋既見其不悖無礙之處，則整個之中國哲學面目，自得而見。」（中國哲學原論 上冊 自序）「唯時感中國哲學之中，環繞於一名之諸家義理，多宜先分別其方面、種類與層次，加以說明；而其中數千年聚訟之問題，尤待於重加清理。說明與清理之道，一方面固當本諸文獻之考訂，及名辭之訓詁，一方面亦當剋就義理之本身，以疏通其滯礙，而實見其歸趣。」（同上）

唐教授在《中國哲學原論》六巨冊中，申述了中國哲學的心、理、道、性、命、質、形、象、序、數、時、位，各抽象觀念，系統地講述每個觀念的源起和發展，在歷代學者中的意義。在這些觀念中，當然以「性」的觀念更重要，唐教授對於「原性」，寫了一巨冊，結論是「則吾意中國文字中之有此一合「生」與「心」所成之「性」之一字，即象徵中國思想之自始把穩一「即心靈與生命之一整體以言性」之一大方向。大率依中國思想之通義言，心靈雖初是自然生命的心靈，而心靈則又自有其精神的生命。「生」以創造不息，自無出有為義，心以虛靈不昧，恆寂恆感為義。此乃一具普遍義究極義之生與心，而通於宇宙人生之全者。」（中國哲學原論 原性篇 自序）

中國哲學的中心意義，就在於這個「虛靈不昧的心，創生不息」。所謂「文化意識宇宙」也就是經過虛靈不昧的心，所建立的宇宙。信仰上，西方的歸向一神、佛教的我法二空、儒家的天德流行，可結為單純的超越信仰。

六冊巨著，解釋中國哲學所有的重要觀念，讀者以耐心，以智慧，慢慢研究，從結構複雜的文句裡，可以認識中國哲學的面貌和內涵。這一種認識是唐教授對於中國哲學研究工作的重大貢獻。因為這種認識為基本的認識，有了這種認識以後，才可以貫通中國哲學，才能夠講究中國哲學的現代化。

唐教授作了這一層基本工作以後，他進一步講明他自己的哲學思想，構造了他的現代化儒學。這種學術工作，是他的最後遺作兩巨冊：「生命存在與心靈境界。」這是他思想的邏輯發展，他既然從研究中國哲學中，得到結論，在於精神生命的心靈，通於宇宙人生，便順著這種途徑，發揚精神生命的創造和通於宇宙人生的境界。

唐教授在這書的導論，開端就說：「生命即存在，存在即生命。」人的存在就是人的生命，人的生命和宇宙人物相通，首先以感覺，感覺對於宇宙人物，繼續引起不同的形相，頓起頓滅，然必有一中心，以連繫，以結合，這個中心就是虛靈不昧的心。「當其既次第生起，次第融入，或互相排斥，而更迭生起。則其生起，乃彼此相承、相合、相依而生起，而不可相離，則又應視若一彼此相連結，而表現爲統一之體，而當視此一切可能之相，皆由一統一之中心，而沿不同之方向，次第對各方向中之觀者，而分別散發射出者。則此統一之中心，即當視爲其所以爲體之意義之核心之所在，而不可說其無此統一之中心，或無體，而唯是此一切相之總和矣。」（原性篇　頁三六二）

但是人和宇宙人物相通，是在人的心靈生命；心靈生命以理智生活爲先。人的心靈由理智的活動，和宇宙人物相通而相連，唐教授稱這種境界爲「觀照淩虛境」。這種境界「乃一承前之一般世俗生活之境，而啓後之超世俗生活之境界之中間境，而可上可下者，亦人之純粹知識學術文化生活所主要寄託之境。」（生命存在與心靈境界　上冊頁四三三）宇宙人物因著知識進入人的心靈內，人以語言文字表現於外，構成各種學術。但是人若能脫離個體事物，又能脫離功利的目的，把心靈升上一層，以直觀的理解，反觀事物和實際生活的純意義，便可造物一觀照境。「此如人之以鏡自照，即觀其自己之相。」（同上　頁五四九）

再往上升，則能升入超主客觀之相對之絕對境。這種境界，實現在西洋宗教信仰的歸向一神境，中國佛教的我法二空境，儒家的天德流行境。唐教授對於這些信仰，他相信可以結成一單純的超越信仰，「此一信仰，即「整個宇宙中一切當然者皆必然實現」之信仰，或「整個宇宙之一切善皆必完成」之信仰，「人實現善之願望無不能究竟滿足」之信仰。此即一極單純而極樸實之「一切止於至善」之信仰。而人誠能默存此一信仰於心，亦可涵攝此一切超越的信仰而無遺也。」（生命存在與心靈境界 下冊頁九七七）

在今日，唯有眞實之宗教道德與哲學智慧，能爲一切專門之知識技術的主宰。

「至於專以中國情形而論，則由儒釋道三教所形成之傳統文化，其根底在道德宗教境界。魏晉之玄學，與傳統之文學藝術，皆在高度之觀照境。……至於今日，而中國之命運，則整個言之，皆只是隨順西方之政治、經濟、宗教，與文化學術之風，而轉動。而西方文化中之神魔混雜之情形，亦多見於中國百年來之歷史社會之中。至於近二十年西方之馬克斯主義之征服中國，……此與現代西方之政治社會中之個人主義形態之神魔混雜雖不同，然其皆不能以一人文理想，將人類之生命生活導向於高明、廣大、悠久、神聖之精神境界，則一也。」（同上，頁一一四一）

「在今日唯有眞實之宗教道德與哲學智慧，能為一切之專門知識技術之主宰，以使社會中各分立之階級、行業、職業中之個人，皆多少有其宗教上之篤實信念，道德上之眞切修養，及哲學智慧所養成之識見，互以廣大高明之心境相涵容覆載；然後人類世界得免於崩離分析，而破裂毀滅之虞。則今日救世之道，在宗教道德與哲學。」（同上，頁一一四三）

目前指導人們的工作的，已經不是理想，而是實際的利益，不用說沒有哲學的智慧，就連每種行業求利之道都沒有，祇看眼前利益所在，大家一窩蜂向利益跑。我們近來在社會上所發行的工商業投資，農產出品，社會人士自救的行動，環境保護的抗議，在在都是不加思索。我們民族的傳統，孔、孟必須是「朝聞道，夕死可也。」一切依「道」而行。朱熹和陸象山則爭「格物致知」都認定作事要有「知」，不是盲目衝動。目前，應建立一個理性的社會。

我們祖傳的生活規範，則必重道德，道德的制裁則是宗教信仰，「善有善報，惡有惡報」。

依照唐君毅教授研究中國哲學的結論，儒家的天德流行成爲孔、孟的仁道，貫通儒家全部思想，儒家人生觀的最高點在於贊天地的化育，儒家倫理的實踐基礎在於孝。今天我們的社會變成了殘暴的社會，犯罪行爲愈演愈殘酷，家庭形成破碎，應力求仁道的復興。

仁道的弘揚，將能繼承中華文化的大同精神。孔子的大同精神是「朋友信之，老者安之，少者懷之」，孟子的大同精神是「仁民而愛物」，張載的大同精神是「心大而無外」。這個傳統精神由孫中山先生繼承，提出「天下爲公」的標語，指明「博愛」的原則，又指定《禮記．禮運篇》的大同文章，作爲三民主義的目的。我們若能實現儒家的仁道，貫徹大同精神，可以振興我們社會的文化意識。

牟教授在紀念演講裡，卻說：「我們反對的是因信洋教而斬斷與自己的文化和國族之關係或是那麼用宗教來篡竊歪曲中國文化的人。有些宗教徒，不好好傳他所信的宗教，好好講他自己所擅長的神學，而卻要爭取講中國文化，爭取講四書，講老子，講中國哲學史，而他們講來講去，一定把中國文化套在他的上帝上去講，反正把中國文化講得低一格或一文不值，他們的目的就達到了。」牟教授這種狹隘的心理舉不出實例，既不是仁道，亦不是大同，就不能涵攝哲學的智慧。

中國宗教徒應該研究中國哲學，應該協助復興中國文化，先總統　蔣公以基督的仁愛配合孔子的仁道，使自己的生活更充實，精神更堅定，乃是我們的先知先覺，宗教徒的模範。

歷史的哲學

（民國七十六年三月十四日在成功大學講演）

一、歷史的意義

誰讀歷史，誰都知道歷史文化記載以往的事蹟；讀歷史是要知道以往的情形，我們人不是生活在一個荒島上，也不是獨自一個人在荒島上生活。我們人是生活在一個社會裡，社會由上面一代一代傳下來的，我們便想知道以往社會的情形。爲什麼要知道以往的社會情形？可以說是好奇，也可以說是研究學術。但是我們中國人則說可以得些教訓。資治通鑑便是給皇帝讀的書，要皇帝從歷史裡得到治理國家的教訓，「仰以述古，俯以治今。」是什麼緣故，從歷史裡可以得到教訓呢？這些教訓又是什麼教訓呢？

世界文明史的作家杜蘭，曾寫了一本小冊子，書名《歷史的教訓》，在序文裡他說：「我們爲了再版時要改正許多疏忽，事實，或印刷的錯誤，而重閱了十大巨冊。在那過程中，我們注意了那些能說明當前的事，未來的可能性，人的本性，和國家行爲的一些事件和評論。」㈠他把所注意的這些事件和評論，寫下來便成了那冊小書，全書共十三篇，把人的心理，宗教信仰，民族遺傳，自然環境，社會制度，在過去的歷史事蹟裡，所得到的教訓，簡要說明。

我們讀他這冊小書的十三篇文章，得到的結論是歷史包括人類生活的各方面事蹟，在人類生活的各方面都留下了許多寶貴的教訓。

但是今天研究歷史的學者，不注意歷史的教訓問題，他們所注意的是歷史的事蹟，他們要求歷史所記載的事跡是真的。今天的歷史學，在用科學的方法，去搜集，去証明歷史的史事。歷史的方法，大都是考據的方法，所以今天講歷史便是講考據，考據成了歷史，少講考據的通史和不用考據的現代史，被人輕視爲不是歷史。

歷史當然要有考據，以証明史事是真的；然而這層考據工作只是一種方法，使歷史成爲真的歷史。有了真的歷史我們便可以研究歷史的意義。歷史的意義不在於記載了真的事實，而是在於真的事實，構成人類生活的經歷，人類生活的經驗顯示人類生活的性質，表現了人的本性；歷史的意義便是表現人類的本性，一個人的傳記，表示這個人的本性；一個國家的歷史，表示這個國家的人民所有的民族性；一部世界通史就表示人類的本性，從這方面去研究歷史，便是歷史哲學。

歷史哲學的研究對象，當然不限於歷史的意義，對於歷史的本身也要加以討論。歷史本身的第一個要件是史事的客觀性，歷史的客觀性就成爲歷史哲學的第一個問題，和歷史客觀性相連的，是歷史知識的價值問題。孟子曾經說：「盡信書，則不如無書。吾於武成，取二三策而已矣。」（盡心章下）孟子對歷史所記載事實，不敢完全相信。雖然現在考據方法已經很發達，對於遠古的事，仍舊無法考證。研究哲學的人，另外還有一種大疑問：歷史事實都是偶然發生的一樁一樁事件，這些偶發事件的知識在學術上有什麼價值？

二、歷史的原則

這個問題在歷史哲學上成了一個爭論的大問題，即歷史是否有普遍的原則。

凡是學術都有自己的普遍原則，自然科學採用種種實驗，由實驗以得一結論，所得結論定爲一項原則，稱爲定律或假設。原則既定就普遍地可以運用，必然地推測同樣的結果。人文科學則由多種相同的事例，推論出來一項結論，作爲原則，如社會學，經濟學，法律學，都具有自由原則。

歷史的事實，不僅是樁樁單獨偶發的事，而且每樁事都不相同，歷史的史事，應該都是新的事件，否則不成爲歷史。歷史的事實沒有一件是必然發生的事，只是可能發生，因爲歷史的創造者是人，人則有自由。從自由發生的椿椿不同的事，怎麼能夠得到普遍的原則呢？

有些歷史哲學家，主張歷史和自然科學一樣，具有普遍的原則，因爲自然科學的例證，也都是個別的事例，歷史個別事件的發生也並非偶然，而是基於普遍原則的理由而發生的。

㈡

但是我們研究歷史，必定不能用自然科學的方法，我們要用的是人文科學的研究法。歷史爲人文科學的一種，性質非常特別，即是歷史的事實完全由人運用自由而做的，和別的人文科學的事例不相同。

然而歷史既然是一種學術，而且還是一種新興的哲學，它也應該有自己的普遍原則，祇是歷史的普遍原則，沒有必然性的因果關係，而祇有可能性的因果關係。這種關係是從預測方面去講，即是以後的將來，是不是按照這種原則發生同樣性質的事實；若是從歷史已有的事實去講，則事實已經發生，則是依照原則的理由而發生，原則具有效力。

歷史的原則，所以有兩種特性，一是由個別的事件而推出，一是祇有可能性的效力。由個別的事件而推出普遍原則，那是創造歷史事實者都是人，人人雖有各自的個性，運用自由時沒有一定的規律；但人的人性相同，人的心理遇著相同的事發生的反應相同，在這種前題之下，便能夠使人在行事上根據相同的原則。

中西古代的歷史哲學都承認有普遍的原則。中國古代歷史哲學思想常以循環爲一重要原則。孟子曾說五百年必有王者興（盡心章下）中國古代的傳統思想常以歷史有合必有分，有分必有合；又有盛必有衰，有衰必有盛，盛衰循環有如白天黑夜，王船山爲中國傑出的歷史哲學家，他在宇宙論裡以宇宙萬物爲氣所成，人類歷史的演變，是隨著氣數而變，氣數之變有理，有情，有勢，各有變化的原則。他說：「受天之歸，太上得理，其次得情，其次得勢。」㈢又說：「劫極於不可止必反，而後能有所定。」㈣「極重之勢，其未必輕，輕則反之也易，此勢之必然也。」㈤「大勝石必力，大力石必爭，大爭不必遽。」㈥

在西洋哲學裡，黑格爾特別注重歷史哲學。他主張宇宙乃是一個絕對精神體的變易，絕對精神體的本體是主體的我，主體向外表現，成爲一個非我，非我即是宇宙；宇宙再自覺是精神，在藝術，宗教和哲學裡回到絕對精神體，便是合。所以宇宙的變易就是歷史，歷史的法則就是正反合的辯證法。馬克思追隨黑格爾的邏輯法，也以正反合爲宇宙的變化法則；但是他以爲宇宙祇是物質，沒有精神，他的歷史哲學乃是唯物辯證史觀。

因此在中西的哲學思想裡，都認爲歷史有普遍的原則。我也主張歷史有普遍原則，根本的理由在於人性。歷史是人的生活歷程，人必照人性而生活。雖說人有自由，自由的運用不應該反對自己的人性，人性是永恆的，從人性發出的原則，也應該是普遍的。人在具體的生活中，受具體環境的影響，每人對於影響的反應當然不同，而採取解決對影響的反應所用的方法，也必不相同；然而不相同之中，總有相同的地方。孟子曾經說，口對於滋味，有不同的嗜好，耳對於音樂也有不同的愛好，眼睛對於顏色也有不同的好惡；但是天下的人又大家以一種食物爲美味，以一種音樂爲好樂，以一個女人爲美女，則口耳眼有相同的感覺，那麼，爲什麼人的心就沒有相同的理？（告子上），中國歷代都說：「遠小人，近賢人，賢人在朝，國必疆盛；小人在朝，國必衰亡。」這是我們中國歷史的一個原則。中國歷代又常說：「暴政必亡。」這也是中國歷史的一個原則。

歷史若根本沒有原則，便不能成爲歷史。歷史的事實，雖然是偶然發生的，然而歷史事實常多種事實相連，相連的關係常是因果的關係。因果關係的解釋，便是引用歷史的原則。歷史的因果關係在已往發生的事實中，是必然性的關係，因爲若沒有那個因，就不會有這個果。對於將來發生的事，歷史的因果關係便是可能性的。按一般人的心理，事情在同樣的環境中將會發生；然而人有自由，人雖對環境有同樣的反應，人爲應付所有反應則可能採取不同樣的方法，該發生的事實就不發生了，歷史的原則便是可能性的原則，而不是和自然科學的原則應是必然性的。

三、歷史的目的

歷史哲學上最難的一個問題，乃是人類歷史是否有目的。從歷史上去看，各國的歷史所有事實一樁接一樁，偶然而發，漫無目標，誰能說出中華民族的歷史究竟有什麼目的？中華民族的歷史究竟往那方面走？

然而歷史是人的生活，人的生活應該有目的，先總統 蔣公曾經說：「人生最重要的，就是要充實其真美善的有目的之生活與有意義之生命。我以爲人生乃就是有目的之生活，和有意義之生命。兩者配合，而成爲其整個人生。」㈦蔣公又指出生活的目的和生命的意義，他說：「生活的目的在增進人類全體之生活，生命的意義在創造宇宙繼起之生命。」㈧人類的生活便是有目的的生活。人類的生活既然有目的，人類的歷史便應該有目的。

在西方的歷史哲學裡，黑格爾很明顯的提出歷史的目的，歷史的目的在於爭取自由，他便以自由運用的多少，區分人類歷史爲多種階段：一人的自由，君王專制：少數人的自由，貴族政治；多數人自由，封建制度；全民自由，民主制度。因爲黑格爾主張人類的生活是回到絕對精神體，爲正反合之意，合的表現爲精神自由，馬克思的唯物辯證史觀卻以歷史的目的，在以階級鬥爭，使無產階級專政。

在第五世紀對聖奧思定講歷史哲學，以歷史的目的在於人類從罪惡中的得救，他稱歷史爲救恩史，救恩由耶穌基督而來，人類歷史照基督救恩的來臨分爲幾種階段，但是這種救恩史已經超越哲學的範圍，進入了宗教神學。

按照人類的人性說，人類生活的目的，在於求人性的發展，凡是存在的物體，本性地就追求保全自己的存在，逃避遭受毀滅。有生物則自然地追求生命的發展，人類因有理智，便利用自己的理智，使生命發展更健全，更完美。因此，追求幸福乃是人性的自然傾向，理智根據這種假向，想出五種方法，以改進人的生活。理智的運用是沒有止境的，人類追求幸福的方法，便日新月異，人類的文明乃向前進化；歷史因此有追求幸福的目的，因著這種追求，人類歷史是向前進的。

從人類的整部歷史去看，歷史的目的在追求幸福：在每個民族的歷史看，歷史的目的在追求民族的幸福；在一個人的歷史看，歷史的目的在追求他自己的幸福。只可惜人的理智是有限的，人的心又多情慾，人類在追求幸福外，因主動者理智看不清楚真正的幸福，歷史乃造成人類的禍患，一個人因求福而得禍；一個民族因求福而得禍；整個人類也可能因求福而得禍，歷史上多有這種事實，歷史的教訓就在於警告人類，因著已往的災禍，應該小心謹慎，對於求幸福，應看清楚，免得再蹈覆轍。

目前，我們的政府，對付大陸共黨的政策，對於國家安全法，便是記著以往的歷史教訓，謹慎防備再遭以往的災禍。

在學術界，中華民族可以自豪的，是有一部完整的歷史，二十四史加上清史，這就是中華民族的全部歷史。全世界沒有任何另一個民族，有像這樣的一部歷史書。而且在漢朝以來，政府設有修史的機關，派有專人撰寫前代的歷史。梁啓超曾批評二十四史爲不合科學的史書，沒有歷史的價值。不過，他應該知道歷史方法在西洋也祇是在近代才發展的，當然不能要求古代的人用現代的學術方法。

司馬遷在《史記》的自序文裡，說明他作《史記》，是「通天人之際，通古今之變，以成一家之言」。司馬光修《資治通鑑》，也是「求天道之正」。（資治通鑑序）中國古人已經看到歷史所記載的事蹟，代表人類的生活；中間蘊藏著天人的關係，和人性的相連。就是真正地懂得了歷史的意義，這類的歷史，乃是真正的歷史。

註：

(一) 杜蘭著　鄭偉民譯　歷史的教訓

(二) 韓晉著　普遍法則在史學上的功能　見於歷史哲學與歷史解釋

萬年青畫廊 一九六三年六版 巨流圖書公司

(三) 王夫之 春秋家說 卷三 頁二十

(四) 王夫之 宋論 卷八 頁七

(五) 王夫之 宋論 卷七 哲宗 頁一

(六) 王夫之 春秋家說 卷一

(七) 蔣中正 解決共產主義思想與方法的根本問題
先總統 蔣公嘉言錄轉一頁二 秦孝儀編

(八) 蔣中正 自述研究革命哲學經過的階段
張其昀編 先總統 蔣公全集第一冊

紀念方東美教授

民國七十六年十月十八日中華民國哲學會年會中演講

一、傳 略

中國哲學會在台灣復會時，方東美教授曾擔任理事長，今天，我們哲學會舉行年會，我們紀念方先生逝世十週年，由光作一篇演講。我們原先規定邀請方先生的一位高足來講，但是方先生的高足都不願接受邀請，大家乃要我以理事長的身份來說話。

我和方東美教授不太熟，他晚年在輔大教書時，我還沒有任輔大校長，只在兩三次的博士論文和碩士論文口試時，我們一起擔任考試教授。當時我接任輔大校長時，方先生已經去世，但是，我爲寫中國當代哲學思想史，我讀了方先生的著作，也寫了一篇方先生的哲學思想。再者，在方先生逝世十週年紀念會中，我也被邀請作了一篇簡短紀念詞，現在，我再說幾句，以紀念這位中國哲學的名教授。

方東美教授是當前中國哲學的第一位開路的哲學家，目前，中國哲學思想在中華民國受到重視，重新成爲中國新思想的基礎，這要歸功於方先生。在台灣的當前三十年裡，第一位提倡教授中國哲學的教授，是方東美先生；第一位真正懂得中國哲學的教授也是方東美先生。

方東美教授，安徽桐城人，爲清代有名文人桐城方苞的後裔，生於民前十三年，卒於民國六十五年，享壽七十九歲。他少年時，肆業於南京金陵大學，後來留學美國，在威斯康辛大學考得哲學博士，光復在大陸和台灣各大學教授哲學五十二年，也曾在美國幾處大學任訪問教授，他講的西方哲學，後來轉向東方哲學，他自己說：「我便在中央大學逐漸由西方轉回東方。」㈠到了台灣，在台大任教，就感覺中國思想界一面向西方倒，拋棄了中國哲學，他說：「關於這一點，老一輩的學人要負大責任。近五十年來，中國文化、典章制度、學術，都有現代化的必要，可是他們把現代化只看成西方化，口喊西方，但是對於西方並非由西方的根源談起，如文學、藝術、哲學、宗教，只知道從外表去看，如：政治、經濟、商業等，前輩人對此應該負責，因爲這使得近代青年一直覺得西方月亮比東方圓。西方學者固然從外表看中國，充滿誤解，但中國學者自己不少人忘本，使得中國青年由文字起，到思想習慣，都有一種內在貧乏之症。」㈡

二、提倡中國哲學

當時西方化的趨勢，摧毀了中國傳統思想以及整個中國文化的價值，認爲使中國現代化，只有採用西方的思想和科學，但當時的西方化的學人，對於西方的哲學和文化，未曾深入研究，祗知道皮毛。他們對於中國自己的哲學也不懂。方先生說：「一九六六年我回到台灣以後，在中山北路一家書局，看到一本中國哲學史，我真不知道它是怎麼寫的？謝无量的中國哲學史雖然是抄日本宇野哲人的，可是還抄得像樣，這本書卻荒謬百出，中國人怎麼能寫出這種書來？我於是放下一切西洋哲學的課程，改教中國哲學，由上古、魏晉三玄、隋唐大乘，到宋明清新儒家哲學，一共花了四年時間，期待能有所收獲，可是下一代一些青年畢業後，教這門課仍然感到很困難，我便再重教一遍。輔大是個有新希望的大學，在台復校後充滿蓬勃的精神，改掉舊的習氣，由西方哲學原原本本研究起，一分耕耘一分收獲。」㈢

方先生在台大講授中國哲學，在輔大也講中國哲學，開了研究中國哲學的路和風氣；他的學生漸漸看重中國哲學思想。

同時唐君毅先生在香港也講授中國哲學，並且埋頭寫中國哲學原論，講述中國哲學的主要觀念，給研究中國哲學的青年供給了非常重要的研究資料。

我自己則是在五十年前，在羅馬開始教中國哲學思想，本來沒有中國古書的根底，五十年來繼續研究，目前爲中國哲學高舉旗幟，繼續方東美教授提倡中國哲學。

三、說明中國哲學的眞諦

爲提倡中國哲學，應該懂得中國哲學。方先生說：「近代許多作家並不是作家，而是文抄公，把大陸沒有變色以前的著作拿來抄襲而已。……在胡適的哲學史裡面，重要如道家，他卻把老子看成反政治意識；孟子的重心明明在教育學說，他卻根本沒碰上邊。另外也有人看佛學非常複雜難以整理，就到日本去亂抄。」㈣

方先生由自己本身的經驗，爲研究中國哲學應該有才、學、識，三個條件，他說：「所以在任何時代講學問，都要有三樣東西，缺一不可。一個是「才」，第二個是「學」，第三個是「識」」。㈤爲研究中國哲學，須要讀中國古書；但是須要有才氣，纔能有好的見識，可以看到中國哲學的真正價值和各家的真正意義，而不是死讀古書，專求文字的考據。例如說易經講生命哲學，卻去找《易經》有沒有生命兩個字，那是死用功夫，得不到結果。

方東美教授有世傳的古書修養，有自己高大的才氣，有自己精深的見識，他說明了中國哲學的通性和精神，又指出儒道佛各家的特點，也述說了中國哲學的發展。

方先生在自己的著作裡，多次講到中國哲學的通性。他有一篇演講，專講「中國哲學之通性與特點」，他說中國哲學有四個通性：第一個通性，在於以哲學研究人生；第二個通性，由宇宙說明人生，以宇宙為一整體；第三個通性，在講人生都求超越現實宇宙而進入一理想世界；第四個通性，這個超越不外乎人性，而在人性之內。

由第一個通性，方先生提出中國的哲學是生命哲學，他說：「中國哲學的中心是集中在生命，任何思想的系統是生命精神的發洩。」㈥他講《易經》，特別指出《易經》的特點，「將宇宙他為生生不息的創造者」。㈦

由第二個通性，儒釋道都有「一貫之道」：儒家講天地人三極之道，道家講超脫之道，佛教講解教痛苦之道，三家都歸到天人合一。

由第三個通性，以形上學解釋儒釋道三家，所用的形上學為超越的形上學，而不是超脫的形上學。

由第四個通性，把形而上和形而下貫穿起來，銜接起來，使一套「超越形上學」轉變為內在於人精神，人類生活的「內在形上學」。

方先生以儒家的精神，相信人性至善，不受原罪的干擾，憑著人性的純潔，可以得到精神的昇華。他的哲學思想是藝術家的哲學思想，看到生命的美。他說：「回顧中國哲學，在

任何時代都要「原天地之美而達萬物之理，以藝術的情操發展哲學的智慧，成就哲學思想體系。」(八)

他又說：「中國人的宇宙觀，不像哥白尼天文學以後的宇宙觀，把宇宙當作是無窮的境界，再拿科學上無窮的理論體系去描繪。中國人是站在生命的立場，從感覺器官，亦即見聞的知識裡面肯定這個世界。然後再把這個有限的系統設法點化了，成爲無窮。不管是儒家也好，道家也好，或者是先秦的墨家也好，都是透過中國人共同的才情來點化宇宙。這個共同的才情是什麼呢？就是藝術的才能，以藝術的才情，把有限的宇由點化成無窮的境界。」(九)

在這篇簡單的紀念演講裡，我祗提到方東美教授哲學思想的重要點。他這幾點很可以啓發研究中國哲學的青年應該走的路。我們中國傳統哲學思想有很多缺點，但也有很多的優點，優點中最重要的，是以哲學教導人類生活之道。西方人的生活之道，是由宗教去說教，我們中國人生活之道是由哲學去說教。目前，中國人大家都迫切地感到需要有人生之道，以調整私人和社會的生活，我們中國哲學會的會員就有責任，繼續方東美教授的工作，去講述中國現代化的哲學。

註：

㈠方東美　原始儒家道家哲學　黎明文化公司。
㈡同上，頁三。
㈢同上，頁四。
㈣同上，頁六。
㈤同上，頁一七八
㈥方東美演講集　頁七九　黎明文化公司。
㈦方東美　中國哲學之精神及其發展　上冊　頁一五六　黎明文化公司。
㈧方東美　原始儒家道家哲學　頁一四。
㈨同上，頁一八四。

梁漱溟的生命思想

一、東西文化

梁漱溟於清光緒十九年（一八九三年），生於北平，於民國七十七年六月二十三日逝世於北平。名煥鼎，字漱溟。原爲蒙古元世祖忽必烈第五子的後裔，世居汝南，汝南古爲梁地，遂以梁爲姓。漱溟讀過家塾，中西小學堂，順天中學，一九一一年畢業於順天高中，以後自力求學，閉門讀書，研究佛學。民國六年，受北京大學聘，主講印度佛學，「我常說我一生思想轉變大致可分三期，其第一期便是近代西洋這一路，從西洋功利派的人生思想後來折返到古印度人的出世思想，是第二期。從印度出世思想又轉歸到中國儒家思想便是第三期。」（人心與人生　頁八一）。他重要的著作有三冊，第一冊是《東西文化及其哲學》，第二冊是《中國文化要義》，第三冊是《人心與人生》。

梁漱溟不是專門研究哲學的人，他是一位思想家，就具體的切實問題，苦心研究。民國初年的問題是中國應不應該西化的問題，他乃寫《東西文化及其哲學》。對東西文化的看法，他說：

「如何是西方文化？西方文化是以意欲向前要求，為其根本精神的。」(東西文化及其哲學 頁二十四)

「中國文化是以意欲自為調和持中，為其根本精神的。印度文化是以意欲反身向後要求，為其根本精神的。」(東西文化及其哲學 頁五十五)

他觀察文化的方法，從生活的實質方面去分析。他講這種方法：「我以爲我們去求一家文化的根本或泉源有個方法。係且看文化是什麼東西？不過是那一民族生活的樣法罷了。生活又是什麼呢？生活就是沒有盡的意欲。此所謂意欲，和那不斷的滿足與不滿足罷了。」(東西文化及其哲學 頁二十四)

普通我們說文化是生活的方式，一個民族的文化就是這個民族的生活方式。生活方式怎麼造成呢？我們是說由民族的先知先覺，爲使民族適合自然環境或勝過自然環境所造成的生活方式，人類天生有種不能滿足的欲望，追求生活越舒服越好，所以有先知先覺用理智去想，常有新的發明，以改進民族的生活。

梁漱溟認爲西方民族追求生活舒適，乃發揚科學的研究，又由個體進到群體，造成民主制度。西方文化的特點，梁漱溟指出有三點：科學方法，民主制度，征服自然。（東西文化及其哲學　頁一五十四）

中國文化的特點呢？梁漱溟說：「中國人另有他的路向態度與西方人不同的，就是他所走並非第一條向前要求的路向態度。中國人的思想是安分、知足、寡欲攝生，而絕沒有提倡要求物質享樂的；卻亦沒有印度的禁欲思想。不論環境如何他都可以滿足安受，並不是要求改造一個局面。……東方文化無征服自然態度而爲與自然融洽游樂的。」（東西文化其哲學　頁六十七）

梁漱溟從文化特點再看東西哲學的特點，他指出西方哲學是直覺運用理智，中國哲學是理智運用直覺，印度哲學是理智運用現量。這三種特點，對於三方的人在生活上所表現的也就不同。再者，西方哲學的路線是向外，東方哲學是向內；向外，重在分析客體，從靜態去觀察，東方哲學的路線則是向內，研究內在的生命，重在體驗，從動態去觀察。結果西方哲學現在轉了頭，漸漸內向，以了解生命。「唯其向外爲靜的觀察，纔有唯理科學；唯有其唯理科學才有經驗科學；唯其有了這兩種科學纔有科學方法，唯其有了科學方法，纔產生進化論，纔有由進化論來的一些科學哲學，於是一雙向外的視線從看天文地理一切物質而看到動植一切生命，由看到生物而看到生命，繞了一個周圍，不知不覺回轉到裡面來。……此刻

西洋哲學界的新風氣，竟是東方色彩，此無論如何不能否認的。」（東西文化及其哲學 頁一百七十六）

因此，梁漱溟主張中國不應再學西洋思想的向前向外，否則，到頭仍舊要轉回來。「而從他那向前的路，一味向外追求、完全拋棄了自己，喪失了精神，外面生活富麗，內裡生活卻貧乏至於零。」（東西文化及其哲學 頁一百七十八）

「中國究竟該走那條路呢？全盤接受西方，但根本改變一直向前向外的態度，再加改革中國原來向內的態度，重新拿出來用」（東西文化及其哲學，頁二百二）所以他提出自己的態度：「我要提出的態度便是孔子之所謂『剛』。……孔子說的『剛毅木訥近乎仁』全露出一個人意志高強，情感充實的樣子。……我們此刻無論為眼前急需的護持生命財產權利的安全而定亂入治，或促進未來世界文化之開闢而得合理生活，都非參取第一態度，大家奮勇向前不可；但又如果不根本的把他含融到第二態度的人生裡面，將來不能防止他的危險。…… 現在只有先根本啓發一種人生，……有所為而為，直從裡面發出來的活氣，含融了向前的態度。……本來中國人從前就是走這條路，卻是一向總偏陰柔坤靜一邊，近於老子，而不是孔子陽剛乾動的態度。」（東西文化及其哲學 頁二十二）

梁漱溟講東西文化，比較胡適、張東蓀、陳獨秀等人，都更深入，也更正確。他由生命而生活去觀察文化是正確的方法。但是文化並不單純，包括人生的各方面，不能用一兩句話就可以說明它的特點。梁漱溟的東西文化交流，縮成了生活的態度。最後他所提出的結論，以向內的態度參加向前的精神，然而西洋文化的特點，按他所說是在於科學和民主，我們要不要接受呢？我想也一定說接受，但不要用西方人的態度。先總統 蔣公提出「倫理、民主、科學」，梁漱溟大約要說和他的主張相同。

二、中國文化要義

在《東西文化及其哲學》一書中，梁漱溟沒有能夠詳細講明中國文化，後來在《中國文化要義》一書裡，則有詳細的說明了。

在《東西文化及其哲學》的第四章，討論西洋中國印度的哲學時，梁漱溟簡要地指出孔子思想的綱要。「我們先說孔子的人生哲學出於這種形而上學（易經）之初一步，就是以生活爲對、爲好的態度。這種形而上學本來就是講『宇宙之生』的，所以說『生生之謂易』。……這一個『生』字，是最重要的觀念，知道這個就可以知道所有孔子的話。孔子沒有別的，就是要順著自然道理，頂活潑，頂流暢地去生發。他以爲宇宙總是向前生發的，萬物欲生即任其生，不加造作，必能與宇宙契合，使全宇宙充滿了生意春氣。於是我們可以斷定孔家與佛家是不同而且整整相反對的了。」（東西文化及其哲學 頁一百二十一）

梁漱溟把握了「生」字，作爲孔子思想的中心，也就代表中國文化的中心，從生發生命去看中國文化，他看到中國文化有自己的創造力，又具有偉大的同化力，且又有長久的生存力，（中國文化要義 頁四，頁六）因此中國文化乃造成歷久不變地社會，停滯不進的文化，幾乎沒有宗教的人生（中國文化要義 頁八）中國的文化可以說是生命的文化，由個人生命延伸至家族生命，宗法社會就成爲中國文化的特徵。這種文化所結的果，梁漱溟指出了十點：自私自利、勤儉、愛講禮貌、和平文弱、知足自得、守舊、馬虎、堅忍及殘忍、韌性及彈性、圓熟老到。（中國文化要義 頁二十三）

這些結果雖然壞的很多，然而中華民族的文化，以精神生活爲主，「中國是倫理本位的社會」，而且是「以道德代宗教」。（中國文化要義 第五章，第六章）「吾人親切相關之情，發乎天倫骨肉，以至於一切相關之人，隨其相與之深淺久暫，莫不自然有其情分，因情而有義。」（中國文化要義 頁八一）

梁漱溟在《人心與人生》一書裡，主張「以美育代宗教。」他以爲社會可以用禮樂，使一切生活都藝術化。中國人信神是爲求福免禍，禮樂使人「得超脫其有求於外的鄙俗心裡，

進於清明安和之度也。要之，根本地予人的高尙品質以涵養和扶持，其具體措施唯在禮樂。」（人心與人生 頁二七七）

梁漱溟自己知道孔子重禮，儒學也重禮，然而孔子信上天，畏天命，中國自堯舜以及到今天，民間的宗教信仰，也可以說宗教迷信，常繼續不絕，目前還更興盛。至於他推測西洋的宗教將漸形消跡，這是他長期住在左傾思想和共產唯物論的社會裡所有的心理影響。

他對中國文化所談要義，內容頗拉雜，沒有系統，有一點從事社會工作的習慣，無事不談，都不能深入，不像《東西文化及其哲學》一書的深入和嚴密。

三、生 命

梁漱溟研究東西文化和哲學，由生活出發，以生命爲中心。他自己說：「於是就要敘明我少年時，在感受中國問題刺激稍後，又曾於人生問題深有感觸，反覆窮究，不能自已。……自己回顧過去四十餘年，總在這兩個問題中沉思。……就以人生問題之煩悶不解，令我不知不覺走向哲學，出入乎東西百家。然一旦於人生道理若有所會，則亦不復多求。……這是與專門治哲學的人不同處。」（中國文化要義 頁三）因爲他窮究人生問題，乃寫《人心與人生》一書，對於生活和生命，繼續深入研究。

「說說生活是什麼?生活就是『相續』。唯識把『有情』叫做『相續』。生活與『生活者』並不是兩件事，要曉得離，生活沒有生活者，或說只有生活沒有生活者——生物。……所謂生物，只是生活，生活生物非二，所以都可以叫做『相續』」。(東西文化及其哲學 頁四十八)

他用佛教的名詞來解釋生活，所說「相續」，不是柏格森所說的「綿延」，只是生物的代名。他的特點，則是生活和生活者非二，即體用合一。這原是佛教哲學的思想，也和柏格森和講「綿延」即是本體，本體即是「綿延」，而「綿延」即是生命，也沒有關係。

生命是什麼?「生命非具體之一物，只在生物體質所特有那種現象或性能上見出來，什麼現象或性能?如恩格斯所說：「生命是蛋白體的存在方式：這種存在方式，實質上就是這些蛋白體化學成分的不斷地自我更新。」(人心與人生 頁一百三十七)爲應付共產黨，他引用恩格斯的話，根本推反他自己的主張、生命若只是蛋白體的化學變化，人的生命也是物質的；若說人心是靈，是自主，是自動，不是互相矛盾呢?梁漱溟也理會到，他自己改正說：「生命本原非他，即宇宙內在矛盾耳。生命現象非他，即宇宙內在矛盾之爭持也。生物為生命之所寄，乃從而生生不已，新新不住。」（人心與人生 頁一四〇）這又套用唯物論的矛盾觀念；然而梁漱溟說中國文化以孔門的「生」為中心，中國文化的特徵在於協調而歸中，從來不講矛盾。現在也用矛盾去講生命，則對於中國儒家的生命便講不通。

人的生命以人心為主，「人心非一物，不得取來放在面前給大家去認識。……心為主宰之義，以主動，宰制分析言之，是一種方便。其又曰自覺之能動性者，是另一最好的說法，」來說明此主宰之義。（人心與人生 頁十九）

「何謂心？心非一物，其義則主宰之義也。主謂主動，宰謂宰制，對物而言，則曰宰制；從自體言之，則曰主動：其實一義也」（人心與人生 頁十八）

他卻沒有用朱熹的仁心來解釋生命，朱熹以人得天地之心為心，天地之心在於使萬物化生，人心因此是仁心，仁為生。他祇用了朱熹另一句話來解釋仁，仁是沒有私心而合於天理，合於天理就是生命的自然變化流行，避免理智的一切打量。（東西文化及其哲學 頁一百二十六）他特別強調孔子重直覺，不講理，偏重情感。關於這一點，西洋哲學從柏拉圖開始就有一派以感情或意志爲重的哲學派，和從亞里斯多德開始的重理智派相對待。人的生活普通以感情佔大部份，但是不能說孔子不講理論，只憑直覺。

梁漱溟肯定儒家思想的中心是一個「生」字，整個宇宙在生命結構成一體。儒家的「生」以協調而得中爲原則。這一點是對的。但因爲不專門研究哲學，便不再深入去求生命之理，而祇在生活方面以求人生之道。他對於人生之道，以孔子的「剛」作代表。所以他的一生也就「剛毅」，不屈服於共黨的淫威。他自己說他自己不是學問家，不是哲學家。他要朋友說：「他是一個有思想，且又本著他的思想而行動的人。這樣便恰如其分，最好不過。」(中國文化要義 頁四)

行的哲學與中國傳統哲學精神

一、

中國哲學的特點在於講論生命。西洋形上學以「有」爲研究對象；「有」爲一最普遍的觀念，也爲一最單純又最抽象的觀念。「有」在人所認識的對象裡，爲第一個對象；在人的思維裡，爲最基本之點。宇宙中的一切都是「有」，每一客體也是「有」。「有」加上一個「存」字，表示實際存在之有，西洋哲學研究「存有」，就是研究萬物的最基本點。知道了「存有」是什麼。明瞭了「存有」的理由，認識了「存有」的價值，我們便可以進而研究物體和人，再進而研究人生。

中國的哲學則以「有」爲生。物體從本體方面去看是「有」，萬物稱爲萬有，從實際方面去看是「存在」，從存在的內容方面去看是生命，生命即是生化，即是行。凡是物都不是靜止不動的，而是靜中有動。

《易經》乃中國第一部哲學書，《易經》的哲理講論宇宙的變易。宇宙的變易，以乾坤、陰陽、天地，代表兩種變易的元素，兩種元素運流不息，互相結合互相分離，循環周轉，宇宙乃變易不停。這種不停的變易，目的在於生生。〈繫辭〉乃說：「生生之謂易」(繫辭上 第五章)夫乾，其靜也專，其動也直，是以大生焉。夫坤，其靜也翕，其動也闢，是以廣生焉。」(繫辭上 第六章)《易經》以萬物的化生，由天地相交，「天地感而萬物化生」(咸卦彖)「天地不交而萬物不興。」(歸妹卦彖)「泰，則是天地交而萬物通也。」(泰卦彖)《易經》看著宇宙間爲一生命的洪流，長流不息，乃說「天行健君子以自強不息」(乾卦文言)

《易經》的思想在《中庸》裡很系統地表現出來。《中庸》第二十二章，以至誠的聖人，發揚了自己的性而發揚人性，發揚人性而發揚物性，發揚物性乃能參天地的化育。天地的化育在於化生萬物。人性和物性都有生理，發揚人性物性，就是發育生理使人物有舒暢的生存。性之理便是生之理，發揚生之理稱爲誠。「誠者，天之道也；誠之者，人之道也」(中庸 第二十章)。天地的生化常是自然不息，誠是天地的特性。人則有自由，可以按照人性之生理使自己的生命發揚，也可以反背人性之天理而摧殘自己的生命。人的生命在於精神，人性的生理爲精神生命之理，即孟子所說仁義禮智四端，爲人心生來所有。人要誠於自己精神生命之理，發揚而有聖人的全德和浩然之氣。

宋理學家繼承了這種生命之理的思想。朱熹以理一而殊。天地萬物所有的性理同一，這同一之性理爲生命之理，好像西洋哲學的存在之理。每一物都存在，每一物也就有生命之理。存在由靜一方面去看，生命由動一方面去看。但是同一生命之理，在每一物中又不相同，因爲生命的表現程度不相同。在礦物裡，生命不能表現；在植物裡，生命稍有表現；在動物裡，生命的表現較高。在人則生命全部表現。朱熹說物得理之偏，人得理之全。原因在於得天地的秀氣，人心最靈明。人心具有善的本性，善的本性稱爲明德，「明明德」就是發揚人性的高尚生命，就是中庸之誠。王陽明以善的本性爲良知，發揮良知使見於事，乃是致良知，是知行合一。

理學家又稱人的心爲仁。朱熹說人得天地之心爲心，天地以生物爲心，化生萬物乃是仁，人心便是仁；因爲仁即是生，桃仁杏仁指著桃和杏的生命中心，手足痲木不仁指著手足沒有生命。每物每人既有生命，生命自然而然有表現，每物每人就都要求保全自己的生命，也要求發揚自己的生命，沒有一物一人自己摧毀自己。仁便有愛惜的意義，稱爲「愛之理」。孔子乃說仁者立己立人，達己達人。

萬物既都有同一的生命之理（生命指著動的存在），在生命上便彼此相連，張載乃在《西銘》說：「乾稱父，坤稱母，民吾同胞，物吾與也。」王陽明在大學問主張人和萬物在仁上爲一體，即「一體之仁」。

這種生命哲學思想，爲中國的傳統哲學思想，也是中國哲學的特色。

二、

蔣總統在思想方面，可以說有五部基本的書：《大學》、《中庸》、《陽明傳習錄》、《三民主義》、聖經。從這部基本書裡結成了一種中心思想，即是「行的哲學」，行的哲學上承中國傳統哲學的生命哲學，下開中國將來哲學的途徑。

蔣總統對於行的哲學有一篇演講，題目爲「行的道理」。在這篇演講裡，總統 蔣公很明顯地說明行的哲學生命哲學。（蔣總統言論彙編 第十四冊）

「古今來宇宙之間，只有一個行字纔能創造一切，所以我們的哲學，唯認知難行易是唯一的人生哲學，簡言之，唯認行的哲學，為唯一的人生哲學。」

「這個『行』字所包含的意義，要比普通所說的『動』廣博得多，我們簡直可以說『行』就是『人生』。………人生自少到老，在宇宙中間，沒有一天可脫離『行』的範圍。可以說是人是在『行』中間成長。………我們要認識『行』的眞諦，最好從易經上『天行健君子以自強不息』一句話上去體察。」

《易經》以宇宙因氣而變易不息，氣有陰陽；陰陽因結合之道繼續變易，生化萬物。每一物體無論人或物，也都繼續生化。每一物的生化即是生存的變易，就是稱爲生命，生命的變易乃是行。行是自然的，是出自本性的，是生命的表現，是生命的完成。在人的生命上來說，人的生命的表現和完成，乃是人心的仁道的表現和完成，也就是明明德，就是誠，就是致良知。

蔣總統說：「所謂行，祇是天地間自然之理，是人生本然的天性，也就是我所說的實行良知。」

生命自然有變易，變易自然繼續不息。生命的變易就是行。生命沒有行便活不了，便是死的，便已經不是生命。蔣總統說：「宇宙與人生，無時而不在行進之中；………無一刻是真正休止而不行。」

生命的自然發揚和完成，乃是生命的善，《易經》說「一陰一陽之謂道，繼之者善也。」（繫辭上 第五章）所以「行」常是善的。蔣總統說：「動則多半是他發的，行是應乎天理順乎人情的。……就其結果和價值來說，動有善惡，而行則無不善。」

但是人爲什麼不常是善而多是惡呢？因爲人有自由作主的心，心能受私慾的掩蔽，行不能表露，《大學》所以講「明明德」，《中庸》所以講「誠之」，王陽明所以講「致良知」。蔣總統乃講「力行」，就是造成普遍的風氣，恢復人類的本性，亦就是要恢復我們民族固有仁愛的德性。

三、結語

從上面很簡單的說明，可以明瞭地看出「行的哲學」，就是生命哲學，而且是人的精神生命之哲學。這種哲學繼承《易經》、《中庸》、《大學》、和宋明理學「生生爲仁」的思想，在今日的中國予以發揮，以貼合 總理所講的「知難行易」和王陽明的「知行合一」。最後再進一步發揮《中庸》參天地化育的理想，以基督的博愛而愛人，達於和造物主—上帝（天主）的「天人合一」。

這種哲學思想指示中國哲學在將來發展的途徑。第一，說明中國哲學的中心思想並不是昨日黃花的老古董，而是在今日仍舊具有生活的魄力。第二，指示中國哲學在將來仍舊須要繼續發揚精神「生命哲學」，在天地人物的大結合中顯出生命的活力，使人的精神浩然與天地相終始，而且能超越宇宙以上，和絕對精神的造物主相接。這種哲學絕對不是唯物的辯證論，也不是祇講認識論的洛克，休謨，和康德以及現象論的主張，並不是僅看現實的美國實用主義，而且較比常在焦慮中的存在論更適合人生，這種哲學乃是中國的生命哲學。

生命哲學學術會議開幕演講詞

——生命哲學

一、儒家生命哲學

中國儒家的形上學，無論儒釋道，都以宇宙爲一整體，爲一個實有。形上學便以宇宙整體爲研究對象，研究的出發點，不是從宇宙整體的本性去研究，而是從宇宙整體的「在」去研究。宇宙整體在存在這方面是動，是變易。儒家《易經》以「易有太極，是生兩儀，兩儀生四象，四象生八卦。」（繫辭上 第十一章）道家的《道德經》以「道生一，一生二，二生三，三生萬物」。（道德經 四十二章）佛家的天台宗講性染緣起論，華嚴宗講性起緣像起論，以萬法去從真如。三家形上學所有的本體，都是變易的本體，都有「生生」的變易，《易經》乃說：「生生之謂易」。（繫辭上 第五章）

《易經》以宇宙的變易，由陰陽而成，陰陽的變易繼續不停，「一陰一陽之謂道，繼之者善也，成之者性也。」（繫辭上 第五章）陰陽的繼續，成循環的圓周形。陰陽的變易，互相結合，合於時合於地，常有中正的調協，以便於萬物的化生。實際上，宇宙的變易，由一年四季而表現，春夏秋冬各有陰陽的適合結合，能有風調雨順，五穀乃能生長。

萬物在宇宙以內，各自獨立，有自己的體和用，萬物也都由陰陽而成，陰陽在物體內繼續運動，繼續變易，造成物體的內在動，使物體的體用繼續發展。儒家常講「盡性」，即盡量發展自己的性；因爲「性」不是一成而固定的，而是隨時發展。王船山以「性日生，而命日降」，物性因陰陽相結合而生，陰陽的結合繼續不停，性便繼續在生，繼續生而性的本質不變，人常是人，那是因爲有同一的天命。性的本質不變，性卻要繼續發展自己的本質，所謂「性」，不是抽象觀念的性，而是在實體內的具體實際的性。因此，儒家稱陰陽的變爲生命的變，因爲是內在的變。是發展自已本性的變。

整體的宇宙爲一個生命體，每個物體又是一個生命體。整體宇宙爲一個生命體，整體宇宙爲一個生命；每一個物體爲一個生命，每個物體爲整體宇宙的一部份，每個物體的生命也是整體宇宙的生命的一部份。萬物結成一個宇宙，萬物的生命結成宇宙的一個生命。萬物的生命乃彼此相連，互相貫通，利害相共。

儒家的哲學思想從易經到明朝理學家，爲一系統的生命哲學，朱熹以宇宙有一理，萬物則分得這「一理」，萬物的分得，由氣白清濁而決定。「一理」爲生命之理，各物所得生命之理，因所稟氣的清濁程度，高低不同，人得生命之理之全，人的生命乃最高最完全。

儒家既以宇宙的生命爲形上學的對象，在形下的哲學裡，便講實際人生之道，專談倫理道德，形成儒家哲學的特色，儒家倫理哲學以生命之仁，作一貫之道，以贊天地之化育，爲人生的至善。《中庸》第二十二章總結了儒家人生之道：「唯天下至誠，爲能盡其性，能盡其性，則能盡人之性；能盡人之性，則能盡物之性；能盡物之性，則可以贊天地之化育；可以贊天地之化育，則可以與天地參矣。」

二、自然科學的解釋

我們正在紀念生辰百週年的胡適，不是唯物主義者，他卻說：「根據於新的物理化學的知識，叫人知道物質不是死的，是活的；不是靜的，是動的。」㈠

海森伯在「物理學與哲學」說：「質量和能量本質上是相同的概念，所以我們可以說，所有基本粒子都由能量組成。」㈡「能量轉換成爲物質，使基本粒子的碎片，仍然能夠是同樣的基本粒子。」㈢「基本粒子的確不是永恆的，不可毀滅的物質單位，它們實際上可以互相轉化。事實上，如果兩個這樣的粒子以很高的動能在空間中運動，並且互相碰撞，那麼，從有效的能量可以產生許多新的基本粒子，而原來的兩個粒子可以在碰撞中消失。」在現在量子論中，無疑地，基本粒子最後也還是數學形式，但具有更爲複雜的性質。」㈣「對於原子物理學家，「物自體」最終是一個數學結構。但是這個數學結構，是間接地從經驗推導出來的。」㈤

現在物理學講論物體的自體，講論物體的基本粒子，都由能量去講，以能量的計算數字去代表。能量是由實驗去測，爲物體的用，體不可知，便以用代體，體用合一，原子爆炸的能量，不是由質量轉變而來，是由爆炸的靜電斥力而來。基本粒子碰撞時，則由能量而產生新的粒子，是由能量轉化爲質量。因此說質量和能量兩觀念，本質上相同。能量是「力」，物理學以整個物質世界是動，每件物體自身也是動。

海森伯又說：「當相對論剛剛建立時，質量和能量等價性，這個假設似乎是物理學中的徹底革命，在現在，我們從許多實驗中，看到基本粒子能夠怎樣從動能產生。」㈥

「宇宙大霹靂時所發出的物質和能量，經過不知多少時間，這段時間當中，宇宙是無形無狀的……到處是一片無法穿透的深黑。虛無中有氫原子，至處都有稠密的氣體聚集物在成長，而物質所聚結的球體也逐漸緊縮，一氫氣的『雨滴』比太陽還大。而在這些氣體球體中，最先孕育了潛伏於物質中的核火，於是第一代恆星出世了，使宇宙充滿了光……巨大的恆星很快用盡了核子燃料，由於巨大爆炸的震動，它們也把部份的物質還原到曾一度壓縮的沼氣體中，在恆星之間黑暗的雲層間，由許多元素所組成的『雨滴』逐漸形成，於是恆星的第二代出生了。附近的『雨滴』長大，但是面積不夠大，無法點燃核子火，就漸漸形成行星。在這些行星中，有一個由石頭和鐵所構成，就是早期的地球。地球逐漸凝結，溫暖，於是釋放沼氣，阿摩尼亞、水和被困在地球中的氫氣，而形成原始的大氣層和最早的海洋。……有一天，一個分子很意外去『製造』出一個和它相同的分子，後來出現更多能複製精確個體的分子，……在毫不被察覺的情況下，生命終於開始了。……（植物，動物，人逐漸出現）……這些便是氫原子經歷一百五十億年的宇宙演化後的成果。」──(七)

我不懂物理學和天文學，所以抄寫了幾段科學者的話，以顯示宇宙的演化，是一種內在力的繼續動，由動力而生物質，即是由能量而生質量，基本粒子由「動能」產生，漸漸形成各種物質。宇宙整體是「力」。

三、生命的意義

宇宙由「力」而演化，產生萬物，中國哲學稱天地的大德曰生，宇宙變化不停，宇宙的「力」，形成一道生命的洪流。然而宇宙的演化，並不能如同胡適在我上面所引的那篇文章裡所說：「根據於一切科學，叫人知道宇宙及其中萬物的運形變遷皆是自然的。—自己如此的—正用不著什麼超自然的主宰或造物者。」(八)

一切科學都沒有證明宇宙和萬物的演變，用不著造物主，宇宙和萬物的演變當然是自然的，有自然的規律。然而規律從那裡來？宇宙演化的「力」從那裡來？科學祇告訴人知道宇宙有自然律，有演化力，但是並沒有證明宇宙是自生自有的。按照哲學理論去推求，宇宙是物質，不能自生自有，本身的自然律和演化力，必然是從超於自然的造物主而來，因此宇宙生命哲學，必定要講造物主，造物主以創造力創造宇宙，給予宇宙一個創生力。

造物主天主爲絕對精神體，全能、全知、全美、全善。全善的天主，本性就以所有美善向外溢，以自己的全能，使外溢的美善成爲宇宙，天主美善的外溢就是創造，創造由全能而成，創造乃是創造力。

創造力所造的宇宙，爲一活動體，含有無限的質量和能量，稱爲創生力。這種創生力，稱爲力，因爲所表現的常是動力，常是變易，常是演化，但是它有自己的本體。這個本體是個變的本體，好像老子所說的「道」，也像張載所說的「太虛」，以極大的動力在動。

創生力本體內，含有無限的質量，又有變動之理。創生力按理而動，化生物體，物體的化生，有化生之理，依照程序而進。這種化生之理，就是自然法，乃造物主所定。創生力按自然法而動，逐漸化生各類物體，由低級到高級，最後化生了人類。

創生力的化生，藉著造物主的創造力而動，創造力是創生力的根源，創生力必定要和創造力相結合，才能動。造物主創造宇宙，不是一次創造了就定了，而是繼續創造，就是祂的創造力繼續在發動創生力，創生力繼續化生萬物，創生力化生萬物，即是使本身所含的質和理相結合，如同易經所說，一陰一陽繼續變易，變而成物性，化生萬物，創生力本身所含的質和理，都由造物主的創造力所造，不是每個物體化生時，臨時造質造理，而是造物主把一切物體之質和理都在造物之始，就造在創生力的本體內。創生力繼續動，在動時，化生適合生存的物體。宇宙的演變所以是進化的，進化是自然的，自然的來源來自造物主。

造物主天主，超出宇宙以上，沒有時間空間，常是現在。創造宇宙，從造物主天主方面說，是現在的，沒有時空的繼續或延伸，可以說是一次創造；從所造的宇宙說，則是繼續的；因為所造的宇宙是變的宇宙，是創造力，繼續變動，化生萬物。創生力的變動是藉創造力而有力而有動，創造力常在，造物主便繼續創造。

創生力的變動為物體內在的變動，在宇宙內又在萬物內，中國哲學稱這變動為生命。我採納這個哲學傳說，以形上學的研究對象，為有生命的存有。

生命為內在動，發展物體的存在。

生命的內在動，是從「能」而到「成」的「行」。宇宙內的物體都不是自有的絕對體，是由絕對自有體面得到「存有」，既不是自有的絕對體，雖然得到了「存有」，並不能一次得到了就常存在。好比一盞電燈，開了電流就有光，燈光要常有電流才能繼續發亮。相對的自他有的「存有」，要時時刻刻自他體得到「存有」。聖多瑪斯稱天主照顧宇宙，使萬物繼續存在，為繼續的創造，所以它的「存有」，是常從「能」而到「成」。可是繼續經由「能」到「成」是一種動，稱為「行」，「行」的本體究竟是什麼？

「行」的本體就是「成」，由能到成而有的「存有」，「存有」是本體，在理論上不變，在實際上常在變動，西洋當代哲學討論「我」的同一性（Identity），必須認定本體不變，變者爲附體；在實際上，「我」常在變，「我」由本體和附體合成一體，本體也在變，然而本體常是同一的，因爲我的本性常是同一的。這是我們人在認識方面的情況，我們的理智，一切都用觀念，觀念則從感官印象而攝出，常受時空所限制，而且也脫不了物質性，所以，祇能看到「用」，而不能看到「體」，常以「用」代表體，因此，我們對於不停而常動的物體，沒有辦法可以講；因爲我們所有的觀念是一個一個的，是靜止的，連合起來可以代表動，但不能代表本體。例如電影電視的底片，是一張一張的影片，是靜止的，連起來，表映動的事跡，觀察所看見的是動的影片，事情的本體是什麼，不能看到，我們所說影片所和成的動，便是事情本體。

精神體認識由直見（Intuition），直見本體，不用觀念，則可以認識常動的本體，人的靈魂在身後永生中，乃能欣賞全美善的天主。

四、生命的發展

萬物的生命，以人的生命爲最高，爲最完美，人的生命的動，都是爲發展生命。

人發展生理方面的生命，一切自然進展。

人發展感覺方面的生命，增多感覺印象，累積感覺的經驗，供給理智更多的資料。

人的生命特別是理智的生命。由感覺印象構造觀念，由觀念進行推論，由推論建立系統，由系統而成立思想。理智的發展，沒有止境，由宇宙而升到超宇宙的造物主天主，人的理不能直接認識絕對的精神體，天主自己乃啓示人，擴充人的信仰世界。

人的生命不是孤獨的，也不能孤獨，人乃有情感的生命，一人出生，就和父母相連，由父母和親人相連，組成一個家庭，情感的生命，在家庭中發展。

由家庭到社會，到國家，人和人在生命上彼此相連，彼此相關，須要彼此互助，生命才可以繼續發展。

由社會擴充到自然界，人的生命和動物植物都相連繫，彼此利害相通。目前，全球各國都在實行環境保護，避免污染。遏止濫殺生物，充份顯示人的生命和自然界的關係非常密切。宇宙的生命是合一的，由同一的創生力運轉，創生力在一處受阻，必定反應到另一處。孟子所以說自己有浩然之氣，自己親親，仁民，愛物。儒家以聖人贊天地之化育，朱熹說人得天地好生之心以爲心，天主教則相信宇宙都是造物主所造，人應該對萬物有愛心。

人的情感生命因著信仰而升高而擴展，升到造物主天主，擴展到信仰世界。中國儒家主張人的生命應升到天人合一，道家主張應溼合於道，與天地而長終。佛教則主張和絕對的真如相合，入涅槃而成佛，我們的生命來自造物主天主，要回到天主；因爲不然，或者要歸於烏有，或者要永遠在變。人的靈魂和復出後的肉體互相結合，回到天主以內，便因天主而存在，永不再變。天主的生命永遠活，但不變，沒有從「能」到「成」，而是永遠的「一成」，人永生在天主內，也常不變而爲「一成」，生命達到完成。

在現在科學的時代，生命不受重視，社會國家的一切設施，都爲發展人的生命，現代講生命哲學，使儒家的哲學適合時代。而且生命哲學是成全的哲學，不僅將全部哲學連成一系統，但不講生命哲學，因爲智識不能代表人的整體生命。中國哲學偏於實際，注重在情感，忽略了理論的分析。雖然講生命哲學，又過於籠統，將兩者相結合，求出中庸之道，講論整體的生命，才是哲學的合理途徑。

註：

(一) 胡適　科學與人生觀序　科學與人生觀（一）　頁二十七　問學出版社。

(二) 海森伯　物理學與哲學　頁三十七。

(三) 同上，頁三十九。

㈣ 同上，頁三十七。

㈤ 同上，頁五十四。

㈥ 同上，頁七十七。

㈦ 宇宙的奧妙 卡爾根著 蘇義儂譯 桂冠圖書公司 頁三八〇。

㈧ 胡適 科學與人生觀序 見科學與人生觀 頁二十五。

新儒者

一、消除改革儒家思想

去年十二月底鵝湖社召開了新儒家研討學術會議，我因同時輔大召開「元好問八百週年紀念學術會議」，又因為去年十一月底到十二月底，輔大先後召開了司鐸聖品的神學意義研討會和生命哲學研討會，沒有辦法抽身，祇好婉拒這次的好意邀請，沒有出席參加；但決不是惡意排斥，不表贊成；而且在開幕禮簽名冊上，我也簽了名。

儒家哲學稱為儒學，是中國的傳統哲學，世代相傳，從堯、舜、禹、湯、孔子、孟子，一直到清代民初，結成「道統」。這種道統的思想，以宇宙為一體，人和天地萬物相連，天地有好生之德，以生物為心，人得天地之心為心故仁。仁為孔子一貫之道，仁道成為儒家的中心思想。仁道的實踐為孝，孝是「德之本，教之所由生」。人為修德行善，以人性為標準，「率性之謂道，修道之謂性」，率性則「誠」，「誠」則「中和」。「中和」為性的天性，天性的表現，為聖人所制的禮，守禮為儒家修身治國的根本。學者追求天性的意義，孟子以天性是人心的良知良能，宋明理學家以天性即人心之理，王陽明以天性爲良知。儒家思想由堯、舜到清末民初，造成心靈生活爲重的人生價值說，五倫道德的社會觀，「仰不愧於天，俯不怍於人」的人生觀。天命帝王的政治觀。

到了清末民初，因爲流傳四千多年的天命帝王的政治制度改爲民主制度，全國人民還沒有得到共識，心理上失去平衡。政治舞台上的主腦，仍舊祇有權力統治的思想，造成了軍閥割據的局面。儒家的思想頓時根本動搖，所有歷代統治人民生活的力量也崩潰瓦解。當時代表傳統思想的儒學家有康有爲、梁啓超、章太炎、熊十力，因著時勢的要求，全國青年學生都走向思想革命的路，這種膚淺的學者，便是推翻傳統儒家思想的年輕儒者。

吳稚暉在「一個新信仰的宇宙觀及人生觀」的文章裡，首先取消「那種駭得煞人的顯赫的名詞，上帝呀，神呀」，相信宇宙是一個活物：

「那我便劈頭的假設著，我所謂的一個，是一個活物。從他「一個」，變成現象世界，精神世界，萬有世界，沒有世界，無論適用時間空間的，不適用時間空間的，順理成章的，往來矛盾的，能直覺的，不能直覺的，恆河沙數的形形色色，有物無物，自然也通是活物」(一)

「所以我的萬有生論本來只取乎兩言說：萬有皆活，並「無」亦活，有質有力。」㈡

吳稚暉的新信仰呢？他自己說：

(一)我是堅信精神離不了物質。

(二)我是堅信宇宙都是暫局。

(三)我信物質文明愈進步，品物愈備，人類的合一，愈有傾向；而复雜之疑難，亦愈易解決。

(四)我信道德乃文化的結晶，未有文化高而道德反低者。

(五)我信「宇宙一切」皆可以科學解決。㈢

張文伯作《吳稚暉先生傳記》，也寫了一篇〈吳敬恆中西學術的論衡〉，在這篇文章裡說吳稚暉反對梁漱溟的「持中主義」，反對宋明理學，反對玄學，晚年則推孔子爲一個偉大的人物，以往反對經書，乃矯往過正，晚年則明說反對一些小節，㈣但是他對儒家的最大傷害，在接受《易經》和張載的宇宙一體的思想，卻抛棄了「好生之德」的仁，採用了道家和唯論的自然。

陳獨秀在民國初年，爲思想界最具活力的作者，而又傾向馬克思主義，對於儒家傳統猛力攻擊。

「孔孟所說的正心，修身，齊家，治國，平天下，只算是人生一種行為和事業，不能包括人生全體的眞義……。

照這樣看起來，我們現代的人所見人生眞義，可以明白了。今略舉如左：

（一）人生在世，個人是生滅無常的，社會是眞實存在的。

（二）社會的文明幸福，是個人造成的，也是個人應該享受的。

（三）社會是個人集成的，除去個人，便沒有社會，所以個人的意志和快樂，是應該尊重的。

（四）社會是個人的壽命；所以社會的組織和秩序，是應該尊重的。

（五）執行意志，滿足欲望，是個人生存的根本理由，始終不變的。

（六）一切宗教，法律，道德，政治，不過是維持不得已的方法，非個人所以樂生的原意，可以隨著時勢變更的。

（七）人生幸福，是人生自身出力造成的，非是上帝所賜，也不是聽其自然所能成就的。」(五)

陳獨秀在民國五年寫了這篇文章，強調個人的意志和幸福，爲人生的眞義。肯定個人對食色和道德的名譽，爲個人合理的欲望：這一點既和孔、孟的思想不相合，也跟他自己的共產主義也不相合。

不崇拜馬克思而思想極端偏左的文學作家魯迅，雖不是哲學者，卻是篇篇文章都有思想，在嘲笑和尖銳的批評中，對於傳統儒家思想，非常輕視，他在民國七年所作〈我之節烈觀〉一文的結尾說：

「節烈這事，現在失去了存在的生命和價值；節烈的女人，豈非白苦一番嗎？可以答應他說：還有哀悼的價值。他們是可憐人，不幸上了歷史和數目的無意識的圈套，做了無名的犧牲，可以開一個追悼大會。

我們追悼了過去的人，還要發願：要自己和別人，都純潔聰明勇猛向上。要除去虛偽的臉譜，要除去世上害己害人的昏迷和強暴。

我們追悼了過去的人，還要發願：要除去於人生毫無意義的苦痛，要除去製造並賞玩別人苦痛的昏迷和強暴。

我們還要發願：要人類都受正當的幸福」(六)

魯迅所發願要除去的，乃是儒家傳統的禮教，由禮教牽涉到儒家的倫理道德，他把自想像這種倫理道德所造成的中華民族精神，在《阿Q正傳》裡，淋漓盡致地表現出來也盡量地加以譏刺。大家都不承認阿Q的精神，代表中華民族的精神。㈦魯迅卻是這樣想的。

不像魯迅的左傾，願走中間路線的改革思想新儒者，有胡適和蔡元培作領導。

胡適對於儒家傳統思想的批評，可以用下面一段話作爲見證。

「中國儒家的宗教提出一個父母的觀念，和一個祖先的觀念，來做人生一切行為的裁制力。所以說『一出言而不敢忘父母，一舉足而不敢忘父母』。父母死後，又用喪禮祭禮等見神見鬼的方法，時刻提醒這種人生行為的裁制力。……這都是神道設教，見神見鬼的手段，這種宗教的手段在今日是不中用了。還有那種『默示』的宗教，神權的宗教，崇拜偶像的宗教，在我們心裡也不能發生效力，不能裁制我們一生的行為，以我個人看來，這種『社會不朽』觀念，很可以做我的宗教了，我們的宗教教旨是：『我這現在的『小我』，對於那永遠不朽的『大我』的無窮過去，負重大的責任；對於那永遠不朽的『大我』的無窮未來，也須負重大責任。我須要時時想著，我應該如何努力利用現在的小我，方才可以不辜負那『大我

』的無窮過去，方可以不遺害那『大我』的無窮未來？」(八)

胡適在「我的兒子」答汪長祿的信裡，肯定父母生兒女，不是對兒子有恩惠，而是對兒子有抱歉，更不能「市恩」。「至於我的兒子將來怎樣對待我，那是他自己的事。我不期望他報答我的恩，因爲我已宣言無恩於他。」(九)

胡適對於傳統思想所持的態度，他自己稱爲評判的態度：

「評判的態度，簡單說來，只是凡事要重新分別一個好與不好。仔細想來，評判的態度含有幾種特別的要求：

（一）對於習俗相傳下來的制度風俗要問：『這種制度現在還有存在的價值嗎？』

（二）對於古代傳下來的聖賢教訓要問：『這句話在今日還是不錯嗎？』

（三）對於社會糊塗公認的行為與信仰都要問：『大家公認的，就會不錯了嗎？人家這樣做，我也該這樣做嗎？難道沒有別種做法比這個更好，更有理，更有益的嗎？』」(十)

評判的態度是對的，但要看評判的標準對不對，胡適對於這些人生問題，有自己的人生觀作爲評判的標準。他的人生觀，在《科學與人生觀》一書的序文裡，說得很明瞭。他稱自己的人生觀爲自然主義的人生觀，列出了這種人生觀的十項特點。十項特點都是以自然科學作根據，空間無限之大，時間無窮之長，宇宙自然變動用不著主宰或造物者，生物界生存競爭並沒有「好生之德」，人和動物只是程度的差異，一切心理現象都有緣由，道德禮教常禮，物質是活的，「小我」死滅而「大我人類」不死不朽。「因此爲全種萬世而生活就是宗教，就是最高宗教；而那些替個人謀死後「天堂」「淨土」的宗教，乃是自私自利的宗教」

㈩

他既有這種的評判標準，對於傳統的儒家思想，認爲都是一種「禮教」，不合時代，應全部改革，究竟怎麼改，他沒有提出具體計劃。

提出一種改革傳統人生之道的方法，有蔡元培。蔡元培當過民初的教育部長，長久任過北京大學校長，他的教育理論和方策，影響中華民國的教育很大。他對教育號召以美術代宗教。

「夫宗教之為物，在彼歐西各國，已為過去問題。蓋宗教之內容，現皆經學者以科學的研究解決之矣。吾人遊歷歐洲，雖教堂棋布，一般人民亦多入禮拜堂，此則一種歷史上之習慣。……所可怪者，我中國既無歐人此種特別之習慣，乃以彼邦過去之事實作為新知，竟有多人提出討論，而誤聽教士之言，一切歸功於宗教觀，遂欲以基督教導國人，而一部分之沿習舊思想者，則承前後而稍變之，以孔子為我國之基督，遂欲組織孔教，奔走呼號，視為今日重要問題。……要在美學之中，其大別為都麗之美，崇宏之美，而附麗於崇宏之悲劇，附麗於都麗之謂稽，皆足以破人我之見，去利害得失之計較，則甚明以陶養性靈，使之日進於高堂者，固已足矣，又何取乎侈言陰騭，致擊異派之宗教，以激刺人心，而使之漸喪其純粹之美感為耶。」㈩

中國儒家學者歷代所有宗教觀念，常以宗教與神鬼和禍福連在一起，而且常以民間迷信代表宗教信仰，既沒有研究，且不屑於研究。蔡元培竟認爲歐洲宗教信仰，「譬如前清時代之袍褂，在民國本不適用，然因其存積甚多，毀之可惜，而定爲乙種禮服而沿用之，未嘗不可。……歐洲人之習宗教儀代，亦猶是耳。」㈪這樣談論歐洲宗教信仰，則過於膚淺，不僅不知歐洲宗教信仰的內容，就連外面的皮毛都不識。

但是他寫了一冊《中國倫理學史》，在序文裡說：

「吾國夙重倫理，而至今顧尚無倫理學史，邇際倫理界懷疑時代之託始，異方學說之分道而輸入者，如槃如燭，幾有互相衝突之勢，苟不得吾族固有之思想系統以相為衡準，則益將徬徨於歧路。」㈣

對於中國傳統儒家倫理，他並不主張廢棄。這篇序文寫於民國前二年，民國二年，他發表了一篇「世界觀與人生觀」，在文章裡他說：「然則，進化史所以照吾人者：人類之義務爲群倫不爲小己，爲將來不爲現在，爲精神之愉快，而非爲體魄之享受，固已彰明而較著矣。」㈤

綜觀上面所講的五位新儒者，代表當時的時勢和思想趨勢，推翻傳統儒家思想，主張改革，改革的標準，在於科學，而所謂科學乃是自然科學。雖然胡適和蔡元培都主張科學和哲學可以同時存在，而且「可以視哲學與科學之相得而益彰矣。」㈥然而對人生之道則不是以堯舜之道爲標準，而是以自然科學爲標準，胡適的人生觀，稱爲自然主義的人生觀，然其實是自然科學的人生觀。

二、整理革新儒家思想

胡適在「新思潮的意義」一文裡，說明新思潮是評判的精神，他就問新思潮運動對於中國舊有的學術思想，持什麼樣的態度？

「我的答案是：『也是評判的態度』分開來說，我們對於舊有的學術思想有三種態度。第一，反對盲從；第二，反對調和；第三，主張整理國政。」(七)

胡適是第一位以系統方法整理中國哲學思想，寫了一冊《中國哲學史》，蔡元培作序說：

「以上四種特長（證明的方法，扼要的手段，平等的眼光，系統的研究）是較大的，其他較小的長處，讀的人自能領會，我不必贅說了。我只盼望適之先生努力進行，由上古而中古、而近世，編成一部完全的中國哲學史大綱，把我們三千年來一半斷爛，一半龐雜的哲學界，理出一個頭緒來，給我們一個研究本國哲學史的門徑，那算是我們的幸福了。」㈥

胡適出版第一卷先秦篇後，就再沒有繼續出版以後的書卷，在他去世以後，胡適紀念館刊印了胡適的《中國中古思想史長編手稿本》，附有毛子文的跋。毛子文在跋中說：

「胡先生生平以思想史為他做學問的主題。民國三十五年他從美國回到北平，所攜帶的書籍大部份是關於哲學史和思想史的。他打算以二十年的功夫專心完成他的中國思想史。誰料共黨暴亂，使國家不得安寧，這個讀書著書的志願，竟不能達到。胡先生對於先民有意義的思想，一絲一毫都不肯輕易放過。他無論在什麼書上看到有關人類自由、平等或破除迷信，反抗武斷的話，都用密圈密點記出。我每翻閱先生所讀過的書，就會想起先生生平的志慮。」㈦

胡適的中國哲學史雖祗有上卷，然在中國哲學史裡要綱是第一冊有價值的哲學史，價值就在於蔡元培所提出有四種特點的方法，有系統的整理中國哲學思想，至於全書的內容，則因作者主觀色彩過重，多失平準。

第二位整理中國哲學思想的新儒者，是以寫《中國哲學史》而著名的馮友蘭，他出版了《中國哲學史》上下兩冊，而且有英文譯本，流傳很廣。他在第一版自序裡說：

「吾亦非黑格爾派之哲學家；但此哲學史所持之觀點，若與他觀之聯合觀之，則頗可為黑格爾歷史哲學之一例證，黑格爾謂歷史進化常經『正』『反』『合』三階段。前人對於古代事物之傳說的說法，『正也』。近人指şİ前人說法另有『查無實據』，此反也。其謂前人說法雖多為『查無實據』，要亦多『事出有因』，此合也。」㈩

在第二段自序中說：

「此書第一篇出版後，胡適之先生以為書中之主要觀點係正統派的口號，今此書第二篇繼續出版，其中之主要觀點尤其是正統派的，此不待別人之言，吾已自覺之。然吾之觀點之為正統派的，乃仍用批評之態度以得

之者。故吾之正統派的觀點，乃黑格爾所說之『合』，而非其所說之『正』也。」㈡

這兩冊《中國哲學史》，在方法上雖不如胡適的《中國哲學史大綱》的簡單明瞭，但在內容上則比胡著更客觀，更深入，然因先秦漢代的哲學思想佔了上冊，隋唐佛學和宋明清理學僅佔下冊，所講的過於簡單。

方東美則因在台北舊書攤上買了一冊《中國哲學史》，深深感到作者的方法和內容太淺薄，乃立志專心研究中國哲學，他研究的途徑，不是自史學方面，而是從學理方面。他是一位對中西哲學有深刻認識的學者，而又對於佛學深入研究過，因此他對中國儒家能夠予以新的意義。

「倘有外在而籠統觀之，儒家之成為一派思想，乃是既古且新，既靜且動，既保守且進步，既有因襲，更有創造。之所以表現如此，實緣其所挾持者有一大至為悠久之歷史傳統，自上古以至今日，綿延不絕，有以至之。」㈢

「茲據儒家文獻種種原始資料而觀之，其形上學體系含有兩大基本主要特色：

第一、肯定乾無天道之創造力。

第二、強調人性之內在秉彝，即價值。

茲二者自遠古以迄今日結合構成儒家哲學之骨幹，表現此種思想型態最重要莫過易經。」㈢

這是方東美評議原始儒家的話，對於宋明理學，方東美有《新儒家哲學十八講》，在最後一講說：

「從這一點來說『盡性所以知天』，宋人可說是不僅僅把哲學的歸宿找著了，同時也可以說是把哲學和宗教結合起來，然後透過『窮神知化』把生命本源的所從來處也找著了。在這麼一種情形下，我們可以說，是宗教與哲學結合起來而成為一體。假使拿比較的眼光看起來，這一點同亞里斯多德某一點很相似，同近代黑格爾的某一點也很相似。」㈣

方東美有一篇專題演講，講「中國哲學之通性與特點」，他說中國哲學有四個通性：第一個通性，在於以哲學研究人生；第二個通性，由宇宙說明人生，以宇宙人生爲一整體；第三個通性，在講人生都求超越現實宇宙而進入一理想世界；第四個通性，這個超越不外乎人性，而在人性之內。(二五)

方東美以待人和文人的文章表達自己的思想，不免有籠統不很明確的陰影，但是讀起來覺得很美。

唐君毅整理中國哲學，尤其整理儒家的思想，從每個主要的觀念，研究發展的途徑和意義，寫成了六巨冊《中國哲學原論》，申述了中國哲學中的心、理、道、性、命、質、形、象、序、數、時、位，各抽象觀念，成了中國哲學的講座，使人可以認識中國哲學，他自己說明作這種學術研究的目標和方法：

「吾書既欲見中國哲學義理有不同之型態，實豐富而多端，而又合之足以見整個中國哲學之面目，故吾之說明中國哲學義理之道，既在察其問題之原，名辭義訓之原，思想義理次第孳生之原；而吾於聖賢之言，亦常略跡原心，於諸家言之異義者，樂推原其本旨所存，並求其可遵行不悖，而相融無礙之處，則整個中國哲學面目，自得而見。」(二六)

唐君毅特別對於「性」，作了深入的研究，寫成一巨冊，在結論裡說：

「則吾意中國文字中之有此一合『生』與『心』所成以『性』之一字，即象徵中國思想之自始把穩一『即心靈與生命之一整體以言性』之一大方向。大率依中國思想之通義言，心靈雖初是自然生命的心靈，而心靈又自有其精神的生命。『生』以創造不息，自無出有為義，心以虛靈不昧，恆寂恆感為義，此乃一具並遍義究極義之生與心，而通於宇宙人生之全書。」(二七)

由對心靈的認識，唐君毅出版了《生命存在與心靈境界》一書，上下兩冊，共一千兩百頁。這兩冊書出版在他去世的當年，爲他最後的著作，代表他研究哲學的結論。他對全書的內容和次序，加以說明：

「今著此書，為欲明種種世間，出世間之境界，皆吾人生命存在與心靈之諸方向活動之所感通，與此種種方式相應，更求如實觀之，如實知之，以起眞實行，以使吾人之生命存在，成眞實之存在，以立人極之哲學。」(二八)

「則人之生命之存在之義之本身，其心靈之感通于境之義之本身，即應為光。此即如本書開始之文所說。此下則我對人之心靈所感通之境，依其種類，層位之高低，遠近深淺，而開之為九境，而依次序說之」(元)

寫了九境以後，唐君毅作了結論，以「盡性立命」作爲生命的化境，以佛教的觀照爲心靈光，企圖建立融合儒、佛、耶穌三種思想；所以很難說有成功。

牟宗三教授由研究邏輯，轉入康德哲學，再深入研究認識之心，因熊十力的影響，落實於儒家哲學。

「當吾由對於邏輯之解析而至知性主體，深契於康德路線時，吾進朝夕過從於熊十力先生處。時先生正從事於新唯識論之重寫，辨章華梵，弘揚儒道，聲光四溢，學究天人，吾遊息於先生之門十餘年，僅習沿溉，得知華族文化生命之圓融通透，與夫聖學之大中至正，其蘊藏之富，造理之實，蓋有非任何歧出者之所能企及也。吾由此而漸浸潤於道德主體之全體大用矣

。」㈢

「予以頑鈍之資，恍惚搖蕩困惑於此學之中者有年矣，五十以前，未專力於此，猶可說也。五十而後，漸為諸生講說此學，而困惑滋甚，寢食難安。自念若未能了然于心，誠無以對諸生，無以對先賢，亦無以對此期之學術也。乃發奮誦數，撰成此書，亦八年來之心血也。或于語意之釐清與系統之確定稍盡力焉，然究能主『全之盡之』否，亦未敢必也。前賢對於人物之所題輒有高致，而對於義理系統之確解與詳鑑，則稍感不足。此固非前賢之所重視，然處于今日，則將為初學之要務，未可忽也。理性之了解亦非只客觀之了解而已，要能容納于生命中方為眞實，且亦須有相應之生命力為基點，否則未有能通古人之語意而得其原委者也。」㈢

牟宗三教授的這一段話，明白地說出了整理中國哲學的必要和方向。他肯定中國哲學爲講人生的哲學，人生命的中心爲心性。

「儒家學術主要在於推動社會之普遍原則，已如上述。此普遍原則，經過宋明儒者之講論，益形彰著。順此路而言，其本義即吾人上文所說之人性通神性所定之理性。此理性，儒家嚮往其為一普遍之理性，其嚮往也，非憑空之抽象的嚮往，乃由實踐的證實而成之嚮往，依此，其嚮往轉為超越之崇敬。此種理性之普遍性，不獨限於人類的歷史，而大之而為宇宙之原理，依此而成為儒家之形上學。此具有普遍性之原理，儒家名之曰仁。吾人現在亦可轉名之曰「絕對理性」。此絕對理性在人文的實踐過程中彰著其自己。」㈢

牟宗三教授，以人生命的境界，達到盡心或盡性，轉有限爲無限，成爲宗教境界。這種宗教信仰，爲內在信仰，「而非外信外仰以假祈禱以賴救恩者也。聖不聖且無所謂，要者是在自覺地作道德實踐，本基本心性體以徹底清澈其生命。」㈢但是儒家的「仁」，本身不是「絕對的理性」，而是天地好生之德，爲天地以生物爲心之心，將「仁」升爲宗教信仰，則須信仰書經詩經的上帝。若說天主教的祈禱和救恩以清澈人心，則是亦內亦外。

梁漱溟有著整理儒家思想的懷抱，可惜處在共產黨政權之下，雖盡力抵抗這種政權的壓迫，不改變心志，然而可作的研究工作則很少，他的著作所以不多。

「我常說我一生思想轉變可分三期：其第一期，便是近代西洋這一路，從西洋派的功利人生思想後來折返到古印度的出世思想，是第二期，從印度出世思想又轉歸到中國儒家的思想，便是第三期。」㉞

梁漱溟不是專門研究哲學的人，而是就具體的切實問題，苦心研究，有深刻的見地，在《中西文化及其哲學》一書中，沒有多研究中國哲學問題，後來在《中國文化要義》一書裡，則相當詳細的說明孔子哲學的綱要。

「我們先說孔子的人生哲學出於這種形上學（易經）之初一步，就是以生活為對，為好的態度。這種形而上學本來就是講『宇宙之生』的，所以說『生生之謂易』。……這一個『生』字，是最重要的觀念，知道這個就可以知道所有孔家的話。孔家沒有別的，就是要順著自然道理，頂活潑，頂流暢地去生發。他以為宇宙總是向前生發的，萬物欲生即任其生，不加造作，必能與宇宙契合，使全宇宙充滿了生意春氣。於是我們可以斷定孔家與佛家是不同而整整相反對的！」㉟

「生命原本非他，即宇宙內在矛盾耳。生命現象非他，即宇宙內在矛盾之爭持也。生物為生命之所寄，乃從而生生不已，新新不住。」㊅

梁漱溟一定知道《易經》所講生生不易，不是宇宙內在矛盾，而是陰陽兩氣的協調。他說矛盾，祇爲滿足馬克思主義者的要求。

羅光，我自己參加整理中國哲學思想的工作。最早我寫了《中國哲學大綱》一書，不用歷史階段法，也不用學說派別法，用系統方法選出儒釋道三家的中心思想，連貫地予以講述，稍後寫了《儒家形上學》一書，闡明儒家的形上學，消除普通一般人以儒家祇是倫理學而缺乏形上學的錯誤。寫這兩冊書時，我在羅馬傳信大學教授中國思想史。來到台灣，在輔仁大學和文化大學兩校的哲學研究所教書，費了十多年功夫，寫了一部中國哲學史，共九厚冊，從先秦一直到民國，從《書經》寫到唐君毅的思想。

「我寫這部中國哲學思想史，在方法上，我以哲學思想作範圍，有些哲學家乃是思想家，有政治、經濟、教育或科學的思想，如孔子、孟子、王陽明、黃宗羲、顧炎武、王夫之、戴震等等。我只選擇他們的哲學思想，作為研究的題材。若有人要問，甚麼是哲學？我則採西洋哲學的範圍，有形上學、自然哲學、倫理學的三大類。

研究的方法，有的人可能會說過於西洋化。但是我覺得並沒有西洋化，更沒有士林哲學化，還是依照中國哲學思想的順序。在這一點上，我贊成胡適寫中國哲學史上冊的方法。中國古代哲學家沒有方法學，也並不系統地寫一冊書，所有的著作都是一篇一篇的文章。他們所用的名詞也沒有一定的意義。例如體和用兩個名詞，從佛家開始到元明清的儒家，都各人有各人所用的意義。我寫中國哲學思想史，對於每位哲學家所用的名詞，一定要界說清楚。

還有一個方法，有些人會不同意，其他研究西洋哲學史的人可能不會同意，即是引用的文據太多。他們主張引用長的文據，要放在一章後的註裡。所以西洋的研究報告，或論文，常是連篇的註釋。但是我所引的文據，不是作家的研究文，而是所講的那位哲學家的文據，以作證明。例如講孔子，引孔子的話；講朱熹引朱熹的話；講王夫之，引王夫之的話。中國歷代哲學家從來都不寫系統的著作，他們的思想散在文章和語錄裡。我講他們的思想時，把他們所有關於這種思想的話引來，作為證據，作為說明，為的是我自己說我的話，講我的思想，而不是他們的思想。假使我說戴震主張情慾是性，別人要問戴震在那裡說了這種主張，我便要引戴震的話來證明我的話。西洋哲學家常是有專著，系統地說明自己的思想；我們研究時，只要註出他著作的名字和卷數章數。而且為研究中國哲學史的人，他們不一定都有古人的著作在家裡；我能夠在中國哲學思想史裡為引中古代哲學家的文據，就是幫助讀者去讀原書。這就是我多引原書的理由。方東美教授曾反對這種方法，所以不喜歡胡適和錢穆的學術史；但是我認為這種方法，為研究中國哲學史，是必須用的方法。並不是教讀者偷懶，自己不去閱讀原著，乃是為使大家知道研究方法，也就是考據的方法，說話要有根據。雖說我自己是不喜歡訓詁字音學。

有些人懷疑我是不是以天主教的信仰或哲學去解釋中國哲學，把中國哲學予以洗禮，這種懷疑乃是多餘的，而且沒有根據。我最不贊成有些天主教人士，牽強地把中國古書裡的觀念和天主教的教義拉上關係。中國哲學思想的解釋應在中國哲學的思想系統裡去解釋。所以我反對現在一些沒有宗教信仰或反宗教信仰的人，把中國古代詩書的思想和孔孟荀子的思想，一定要往無宗教信仰一方面去解釋。中國古人，無論士人，無論庸夫庸婦，都是信天的。天道和天命的觀念，便不能常常絕對地解釋為自然。我在這七冊書裡，可以說從來沒有提到天主教的信仰。我對古代哲學思想的解釋，都按哲學家本人的思想去解釋。何況我是研究歷史哲學的人，很看重要時代在歷史解釋的價值。」㊂

去年，我出版了《中國哲學的精神》，作爲我研究中國哲學，尤其儒家思想的結論。中國哲學儒釋道三家，都以研究「人性之道」作　爲對象。

「中國哲學的儒、道、佛三家作代表，三家所研究對象都是人。研究人，則研究人的生命，說明人生之道。三家所講的人生，都是心靈的生命，心靈生命的發揚，終於達到超越人物的天人合一境界，儒家講『天人合其德』，道家講『與道合為一』，佛教講『與眞如圓融』。」㊃

陳榮捷教授大半生的歲月，在美國教授中國哲學，用中英文，深入而簡明地講述中國哲學思想，特別對於朱熹作了深刻的研究。

「此書專研究朱子，然為何而作也？其原因複雜，不只一端。……最大原因則是其六，即言學者所未言，此實可以形容全書最少一百條。天地生物之心為朱子天之觀念之中心思想。學者談朱子言天多矣，而從未見由生物之心出發者。偶而及之，亦無有系統之討論也。命，與體用，以至尊德性，均是如此。……學者不談，蓋有兩因。一者學者側重理氣太極心性格物窮理等主要觀念，以其他無關宏旨，因而付諸不討論之列。……學者另一忽略細目之原因，乃在學術園地之界線與公私之別。……予敢言學者所未言，又敢以『新』字名篇，非謂有所發見，只欲彰其密，顯其微，提倡、激動，擴大研究朱子之範圍而已，本書盡是採用韓國與日本資料，希望三國學人，多多合作，促進朱子之研究。朱子之意，應以朱子本人之言示之，故文集語類，多多引用，集註或問等書亦有。」(四七)

這本書八百多頁，重在歷史考證方面，然對於朱熹的哲學觀念，則多哲理的說明。即如「理生氣也」一語，詳細考證，結語則則說：「到底理氣均爲天之所生，非理生氣也。」(四八)除上面所說的幾位儒者以外，還有其他學者整理國教，錢穆就是最重要的一位，然因他善於歷史考證，廣及各種思想，不以哲學爲研究目標，故沒有列入。還有一些人，則如方東美說：「近代許多作家並不是作家，而是文抄公，把大陸沒有變色以前的著作拿來抄襲而已。……另外也有人看佛學非常複雜難以整理，就到日本去亂抄。」㈣

三、自成一說

馮友蘭曾說他不想僅作哲學史研究家，又想作一位哲學思想家，所以他在民國四十年代寫了六部書：《新理學》、《新事論》、《新世訓》、《新原人》、《新原道》、《新知言》。實際上六部書只是一部書，分爲六個章節。

「這一部書的主要內容，是對於中華民族的傳統精神生活的反思。……但是這些都還是外在原因，外在原因通過內在原因而起作用。內因就是我自己的主觀志趣和興趣。在我中國哲學史完成以后，我的興趣就由研究哲學史轉移到哲學創作。哲學方面的創作總是憑藉于過去的思想資料，研究哲學史和哲學創作是不能截然分開的，不過還是有不同。哲學史的重要點是要說明以前的人對于某一哲學問題是怎樣說的，哲學創作是要說明自己對某一哲學問題是怎麼想的。自己怎麼想，總要以前人怎麼說為思想資料，但也總要有所不同。這個不同，我在新理學中所說的『照著講』和『接著講』的不同。」㊃

馮友蘭自認他的新理學，「所以它於『極高明』的方面，超越先秦儒家及宋明道學。它是接著中國哲學的各方面的最好地傳說，而又經過現代的新邏輯對於形上學的批評，以成立地形上學。」㊃

但是馮友蘭後來自己否認了自己，他要以馬克思的思想要重新寫中國哲學史，以往所寫的都錯了，他在去世以前出完了七冊《中國哲學史新編》，卻沒有以馬克思的思想完成他的哲學創作。因為寫哲學史是要按所寫的以往哲學家的思想本身去解釋，不能以馬克思的思想去解釋。例如他說「孔丘基本上是一個奴隸主階級的思想家，基本上擁護周禮，但並不是冥頑不靈。」㊃

檢討馮友蘭的著作，看他四十年代的《新理學》，不看他以後的《中學哲學新編》，可以說他自成一說，他自己在《三松堂自序》中，簡單地說明了六部書的內容，有他自己的見解，可以成一系統。但是他自己否認了這種思想，現在祇能作為研究者作研究資料。

我自己在寫完《中國哲學思想史》七部九冊以後，深深理會到儒家的中心思想爲「生命」，以人的生命作全部思想的主幹。這種思想不僅可合於當前的現代，而且可以發揮。我乃採取西洋士林哲學的宇宙論中的變化思想，和創造論的創造思想，自成一說，名爲「生命哲學」。

「易經以宇宙的變易，由陰陽而成，陰陽的變易繼續不停，「一陰一陽之謂道，繼之者善也，成之者性也。」（繫辭上　第五章）陰陽的繼續，成循環的圓圖形。陰陽的變易，互相結合，合於時合於地，常有中正的協調，以便於萬物的化生。實際上，宇宙的變易，由一年四季而表現，春夏秋冬各有陰陽的適當結合，能有風調雨順，五穀乃能生長。」

整體的宇宙爲一個生命體。每個物體又是一個生命體。整體宇宙爲一個生命體，整體宇宙爲一個生命；每一個物體爲一個生命，每個物體爲整體宇宙的一部份，每個物體的生命也是整體宇宙的生命的一部份。萬物結成一個宇宙，萬物的生命結成宇宙的一個生命。萬物的生命乃彼此相連，互相貫通，利害相共。

萬物在宇宙以內，各自獨立，有自己的體和用，萬物也都由陰陽而成，陰陽在物體內繼續運動，繼續變易，造成物體的內在動，使物體的體用繼續發展，儒家常講「盡性」，即盡量發展自己的性；因爲性不是一成而固定的，而是隨時發展。王船山以「性日生，而命日降」，物性因陰陽相結合而生，陰陽的結合繼續不停，性便繼續在生，繼續生而性的本質不變，人常是人，那是因爲有同一的天命。性的本質不變，性卻要繼續發展自己的本質。所謂「性」，不是抽象觀念的性，而是在實體內的具體實際的性。因此，儒家稱陰陽的變易爲生命的變，因爲是內在的變，是發展自己本位的變。

「儒家的哲學思想從易經到宋朝理學家，為一系統的生命哲學。朱熹以宇宙為一理，萬物則分得這『一理』，萬物的分得，由氣的清濁而決定。『一理』為生命之理，各物所得生命之理，因所稟氣的清濁程度，高低不同。人得生命之理之全，人的生命乃最高最完全。」

「宇宙由『力』而演化，產生萬物，中國哲學稱天地的大德曰生，宇宙變化不停，宇宙的『力』形成一道生命的洪流。」

「宇宙是物質，不能自生自有本身的自然律和演化力，必然是從超於自然的造物主而來，因此宇宙生命哲學，必定要講造物主，造物主以創造力創造宇宙，給予宇宙一個創生力。」

「造物主天主為絕對的精神體，全能、全知、全美、全善。全善的天主，本性就以所有美善向外溢，以自己的全能，使外溢的美善成為宇宙。天主美善的外溢就是創造。創造由全能而成，創造乃是創造力。」

「創造力所造的宇宙，為一活動體，含有無限的質量和能量，稱為創生力。」

這種創生力，稱爲力，因爲所表現的常是動力，常是變易，常是變化，但是它有自己的本體。這個本體是個變的本體，好像老子所說的「道」，也像張載所說的「太虛」，以極大的動力在動。

創生力本體內，含有無限的質量，又有變動之理。創生力按理而動，化生物體。物體的化生，有化生之理，依照程序而進。這種化生之理，就是自然法，乃造物主所定。創生力按自然法而動，逐漸化生各類物體，由低級到高級，最後化生了人類。

「生命為內在的動，發展物體的存在。」

生命的內在動，是從「能」而到「成」的「行」。宇宙內的物體都不是自有的絕對體，是由絕對自有體而得到「存有」。既不是自有的絕對體，雖然得到了「存有」，並不能一次得到了就常存在。好比一盞電燈，開了電流就有光，燈光要常有電流才能繼續發亮。相對的自他有的「存在」，要時時刻刻自他體得到「存有」。聖多瑪斯稱天主照顧宇宙，使萬物繼續存在，爲繼續的創造，所以它的「存有」，是常從「能」而到「成」。可是繼續由「能」到「成」是一種動，稱爲「行」。

萬物的生命，以人的生命爲最高，爲最完美。人的生命的動，都是爲發展生命。

人發展生理方面的生命，一切自然進展。

人發展感覺方面的生命，增多感覺印象。累積感覺的經驗，供給理智更多的資料。

人的生命特別是理智的生命，由感覺印象構造觀念，由觀念進行推論，由推論建立系統，由系統而成立思想。理智的發展，沒有止境，由宇宙而升到超宇宙的造物主天主，人的理智不能直接認識絕對的精神體，天主自己乃啓示人，擴充人的信仰世界。

人的生命不是孤獨的，也不能孤獨，人乃有情感的生命。人一出生，就和父母相連，由父母和親人相連，組成一個家庭。情感的生命，在家庭中發展。

由家庭到社會，到國家，人和人在生命上彼此相連，彼此相關，須要彼此互助，生命才可以繼續發展。

由社會擴充到自然界，人的生命和動物植物礦物都相連繫，彼此利害相通。

「人的情感生命因著信仰而升高而擴展，升到造物主天主，擴展到信仰世界。中國儒家主張人的生命應升到天人合一，道家主張應涅合於道，與天地而長終。佛教則主張和絕對的眞如相合，入涅槃而成佛。我們的生命來自造物主天主，要回到天主；因為不然，或者要歸於烏有，或者要永遠在變。人的靈魂和復活後的肉體亦相結合，回到天主以內，便因天主而由存在，永不再變。天主的生命永遠活，但不變，沒有從『能』到『成』，而是永遠的『一成』。人永生在天主內，也常不變而為『一成』，生命達到完成。」(罒)

上面引了我對生命哲學的講詞，引文頗長，然還祇是一個大綱。《生命哲學》一書，發版七年，已經經過兩次大修訂，去年出版了訂定本，以後還有要加的，則在說明和發揮書中的重要觀念。

在現代多元社會裡，決不能有思想一統的現象，也不可以有正統或非正統派的區分。祇要不失儒家的傳統精神之仁，大家都能夠講說並發展儒家的思想，各成一說，像宋朝理學發達時，學說林立，除朱陸兩學有所爭辯外，大家都互相尊重，朱熹和張載則更相採納，以補自己之短。

我因年歲老了，在這一篇裡所列舉的學者，都是或者已經去也或者現存老人，在現時的少壯學者中，發揚儒學者多有其人，將來必有對儒學大有貢獻的成就，我謹求上主福祐他們。

民國八十年元月二十一日脫稿。

註：

(一) 吳稚暉　一個新儒者的宇宙觀及人生觀。科學與人生（科學與去學論戰集二　頁五〇〇　問學書局）　中學哲學思想論集　項維新劉福增編　現代篇（一〇）頁四一四　水牛出版社　吳稚暉先生傳記　張文伯著　頁一〇九文星叢刊。

(二) 同上，見科學與人生，頁五一一。

(三) 同上，見科學與人生，頁六〇〇—頁六五二。

(四) 中學哲學思想集　現代篇（一）　頁四〇〇—四〇三。
(五) 獨秀文存　人生真義　上冊　頁一八三。
(六) 魯迅　我之節烈觀　魯迅全集　第一卷　頁一二五　谷風出版社。
(七) 鄭學稼　魯迅正傳　頁九一　時報文化出版公司。
(八) 胡適　胡適文存第一集　頁七〇一—七〇二。
(九) 同上，頁六九一。
(十) 同上，頁七二八。
(十一) 胡適　科學人生觀（一）　頁二七。
(十二) 蔡元培　以美術化宗教說　中國哲學思想論集　現代篇　頁三五九—三六四。
(十三) 同上，頁三六九。
(十四) 蔡元培　中國倫理學史序例　蔡元培選集　頁九一　文星叢刊。
(十五) 中國哲學思想論集　現代篇（一）　頁三四二。
(十六) 同上，頁三四九。
(十七) 胡適文存　第一集　頁七三四。
(十八) 胡適　中國哲學史大綱卷上　蔡序　商務印書館。
(十九) 毛子水　中國思想史長編手稿本跋　胡適之著　中國中古思想史長編編末　胡適紀念館出版。

(廿) 馮友蘭 中國文化自序一。

(廿一) 同上，自序（二）

(廿二) 方東美 中國哲學之精神及其發展 孫燊譯 上冊 頁五七。

(廿三) 同上，頁一二三。

(廿四) 方東美 新儒家哲學十八講 頁二九四 黎明文化公司

(廿五) 方東美 方東美演講集 頁九七 黎明文化公司

(廿六) 唐君毅 中國哲學原論上冊 自序。

(廿七) 唐君毅 中國哲學原論性篇 自序。

(廿八) 唐君毅 生命存在與心靈境界 頁一。

(廿九) 同上，上冊，頁二十五。

(卅) 牟宗三 認識心之批判 自序 香港友聯出版社。
又，中國哲學思想論集 現代篇三 頁二七九。

(卅一) 牟宗三 心體與性體 自序 第一冊頁一 正中書局。

(卅二) 牟宗三 儒家學術之發展及其使命 道德與理想主義 東海大學 中國哲學思想論集 現代篇三 頁三二七。

(卅三) 牟宗三 心體與性體 第一冊頁六。

(三四) 梁漱溟　人心與人生　頁八一。

(三五) 梁漱溟　東西文化及其哲學　頁一二一。

(三六) 梁漱溟　人心與人生　頁一四〇。

(三七) 羅光　中國哲學思想史後記　中國哲學思想史清代篇　頁五二四—五二六　學生書局。

(三八) 羅光　中國哲學思想的精神　頁三一七　學生書局。

(三九) 陳榮捷　朱子新探索　頁一—三　學生書局。

(四十) 同上，頁二四四。

(四一) 方東美　原始儒家道家哲學　頁六。

(四二) 馮友蘭　三松堂自序　頁二四五　三聯書局。

(四三) 馮友蘭　新原道　頁一八九。

(四四) 馮友蘭　中國哲學史新編　第一冊　頁一二六。

(四五) 各節均選自羅光生命哲學學術會議開幕演講詞—生命哲學，民國七九年十一月二十七日。

社會文化

和平的真諦

在今天的國際情形中，提倡和平，很容易被人看作張伯倫在慕尼黑會議所主張的和平。慕尼黑的和平，是犧牲一切正義原則，犧牲一個獨立的捷克民族，以避免希特勒所要發動的侵略戰；結果在一年以後，希特勒仍舊因著侵略的狂熱，發動了第二次世界大戰。目前發著侵略狂的，是蘇聯和中共。共黨的侵略狂，是由於他的主義，以征服世界爲目的，和共黨談和平，等於向他們屈服。

但是歐美的人，於今都厭棄戰爭，都希望不再動兵戈。他們大部份人都抱著慕尼黑會議時的心理，寧願犧牲一切，以求暫時的苟安，第二次大戰停戰已快二十年，天下仍舊是搖搖不定，始終受蘇聯和中共的威脅。歐美人士生活在搖搖不定的心理下，久而思定，渴望和平。

教宗爲世界精神力量的主動人，爲基督博愛的代表，他不能不愛和平。但是教宗所愛的和平，乃是基督的和平，是由正義和仁愛而成的和平。因此，當目前歐美人士渴望一種苟安的和平時，前教宗若望二十三世乃在去年四月十一日頒發和平通諭，發揮和平的真諦，使全球人士知道和平不是苟安，和平應當建築在穩固的仁義原則上，而且要有堅強的制度，以作保衛。

一、和平是維持人與人間的合理秩序

「亙古以來，世界萬民所熱烈願望的和平，只在遵守天主制定的秩序下，始能在世建立，永恆鞏固」㈠教宗若望二十三世在通諭的開端，提出了這一項大原則。

和平表示一種關係，混亂也是表示一種關係。關係不是一個主體單獨所有的，乃是兩個主體所共有的，即是應有相互的兩端。關係的兩端，不僅是關係的出發和終止點，而且也是關係的性質的基礎。和平關係的兩端的人，和平是人與人的關係。人與人的關係，而能使人彼此相安共處，便是和平。爲能使人相安共處，彼此間必須有秩序。要有秩序，則每個人應站在自己應站的地位，否則就會產生混亂。因此中國儒家平天下的大道，在於齊家修身，齊家修身會產生的大道，在於確守五倫的次序，《中庸》上說：「君臣也，父子也，夫婦也，昆弟也，朋友之交也，五者天下之達道也。」（中庸傳 第二十章）。孔子因此也特別注重正名。子路：「衛君待子而爲政，子將奚先？子曰：必也正名乎！」（論語 子路）。「齊景公問政於孔子，孔子對曰：君君臣臣，父父子子。公曰：善哉！信如君不君，臣不臣，父不父，子不子，雖有粟，吾得而食諸」（論語 顏淵）。五倫的名份，便是社會的秩序。然而五倫的名份怎樣成立呢？《中庸》第一章開端便說：「天命之謂性，率性之謂道，修道之謂教。」教人守倫理以修身齊家，乃是遵守人性之大道。人性由於天命所定，社會五倫的秩序，便是以天命爲基礎。於是我們就可懂得教宗若望第二十三世的話：「世界萬民所熱烈渴望的和平，只有在遵守天主制定的秩序下，始能在世建立。」

現代社會的關係，已經不能用五倫去包括。現代社會關係，越進越複雜，沒有一本社會學的書，或是一冊法律學的書，可以完全列舉出來的。因此於今爲求人類的和平，也是一項最複雜、最難的事。概括說起來，則有國與國的國際關係，國民與政府的政治關係，一個人由職業而生的社會關係。因此教宗若望討論和平時，就從這幾個關係去講。

二、人性天理為和平的根基

無論國際關係、政治關係、社會關係、都是人的關係；而和平就是使人的關係達到相安共處的良好境界，使人的生活能夠安樂。既如是，和平便應以人性天理爲根基。人之所以爲人，在於有人性；人之所以動作，在於順從人性。人若反性而行，那不能算是人，而是衣冠禽獸了。

人和人相處，乃是天然的而又必然的事；在人性的天理上，豈能沒有相處關係的基本原則？人類相處的關係，從基本說來：是做與不做兩句話，也就是普通學術上所說的權利和義務。人類相處的關係，乃是人類彼此的權利義務。

人類的權利和義務，以人性爲根基。人所以能有權利義務，因爲每個人按人性說都有「人格本位」「就是說人的本性具有理智和自由意志，人亦由此而有權利義務。」㈡

「任何人都有他本身生命的權利，身體完整的權利，以及一切爲獲得適當生活所必需應用方法的權利，這些方法中，其主要者爲衣、食、住、休息、醫藥治療、和其他一切社會福利。」㈢這種權利爲人的最基本的權利，用於現代的社會裡，則爲生存於適當生活水準中的權利。

「人由於自然法（天理）的需求，有權利享受人性的尊嚴；有權利享受應得的聲譽；有權利求真理；在遵守倫理秩序，並爲謀求全體公共利益下，有權利自由發表並傳佈自己的意見；也有權利自由發展藝術創作；最後他並有權利獲知客觀的報導。按自然法的要求，人有權利得到教化，所以他也有權利獲得基本教育，以及爲發展其社會所應有的技術和職業教育。」㈣人在有了物質生活的應有條件後，又應發展精神生活的條件。所以有權利保護自己的人格，發展自己的技能。

「人人都有權利按照良心的準則崇敬天主，並在私人或公共生活上實行宗教儀式」㈤。精神生活的中心，爲宗教生活。人有權利而且也有義務，崇敬造物主天主。

「任何人都應有完整的權利，自由選擇他的生活方式」㈥婚姻是生活方式，職業是生活方式，每個人享有天性的自由，可以結婚，可以不結婚，可以選擇結婚的對象，又可以選擇自己的職業。

「在經濟範疇方面，很明顯的，按照自然法，人人都有權利得到工作，並在經濟界自由發展其才能」㈦工作爲謀生的條件，每個人便都有得工作的權利。我們天有權利要求工作，不損害人的身體，不侵犯人的道德。

「人以生來有合群的天性，從而亦有權利集會，有權利結社。」㈧

「任何人都有完整的權利在其所隸屬的地區內定居或移居，並且如有正當原因，亦有權利向其他國家遷移及定居。」(九)

以上各項權利，在民主國家的憲法上，都有明文規定。憲法上所規定，是權利的基本。權利的實行，則隨時代而變。例如人的生存權利，於今已進而爲工作權利，以及享有適當水準的生活權利。

權利的實行，範圍既加寬，人按人性所有的義務也加多。每個人對於自己所享有的權利，有義務執行而且有善於執行的義務。同時對於旁人所有的權利，有義務予以尊重，不加侵犯。

「如要一個社會井然有序，必須人人互相承認權利，克盡義務。從此，每人都應慷慨為建設社會秩序而努力，使權利義務能更有效更廣泛地遵守。」(十)

談何容易？在哪一個國家裡，上面所講的人權，都能得到適當的發展呢？不能得到適當的發展，社會便不安寧，社會上就會混亂；雖是沒有動兵相爭，國內也不是昇平的氣象。中國古代所講的「昇平」，乃是國家沒有戰爭，人民又能安居樂業，才能稱得起國家昇平，才能說國泰民安。

和平的基本條件，在於不侵犯人權。和平的發展，在於發展人權，使人權能夠充分實行。

三、和平的保障

「屬於人格上的另一基本權利，則為有權為其各種權利獲得合法保障；這種保障且應是有效的，平等的，並合乎正義的。」(十)

有權利而沒有保障。等於沒有權利。每個人爲保護自己的權利，所能有的方法，很有限，而且不是每個人都可以有的。因此，人的天性就使人合群而居，結成團體，由團體負責保障每人的權利。團體中最有效而最合乎人性要求的，乃是國家。

國家的存在，是爲保障國民的人權，而又幫助國民，發展自己的人權。

若望第二十三世說：「人的社會，如要它能有秩序，有豐碩的效果，就必需有擁有合法權威的人來維護社會的法制，並盡力謀求全民的公共利益。」(十二)

國家政府擁有天賦的權威，政府權威行使的方式則按照國民所定的制度。在合法的制度內，政府再訂立法律，約束全國人民：「任何個人，任何中間性團體，都應在各自範疇內努力謀求公共利益，因此他們應在不損及公共利益的條件下謀求自己的福利。」(十三)

國家的目的，在於謀求國民的公益。但是「既稱謂公益，則在其本質上必需所有國民都能分享；縱然，按照各人的職業、功績、身份而有各種不同的分享方式。因此政府官員應致力合民的公益而服務，不得偏私於個人或社會的某一階段。」(十四)

國家公益，不能夠是一個階級的利益；因此不能只是資產階級的利益，也不能只是勞工階級的利益，應該是全民的利益。而且還應該是國民的整個利益，而不是僅僅物質方面的利益，心靈方面的利益也應包括在國民的利益以內。所以教宗說：「公共利益應及於人的整體，即包括肉體和心靈的需要，因此政府為謀公益應有適當的政策，俾能尊重各種事物的價值等級，謀使國民獲有肉體和心靈合度的利益。」(十五)

一個政府若真能有這樣適當的政策，而又能切實施行，人民可以享受所應當享受的福利，國家一定可以昇平了。

為謀人民的福利，政府的基本責任，在於保障人權。「在我們這一代，公共利益既特著重於保障人的權利義務，則當政者的主要任務，一面應是使人的權利義務獲得承認、尊重、協調、保護和發展，另一方面使每個國民能多方面履行自己的義務。」㈥

國民彼此之間有自己的義務，國民對於國家政府也有應履行的義務。中國古人民的義務，在於奉公守法。這種思想，雖不能說完全是消極的思想，但是積極的成份究竟不多。國民除奉公守法外，還應該按自己的才力，遵照合法的方式，參加政治，以謀對於公益有所貢獻。教宗說：「人民參與國家的政治，乃為出源於人性尊嚴的權利之一。」㈦

但是在今日的社會裡，沒有一個國家可以孤立，也沒有一個國家的內政，不牽涉到國與國的關係。在今日的世界，一個國家為求國民的公益，為保障人民的人權已經不能完全只靠自己的政府，也需要國際間的協助，因此國際關係也是保障人權的要素。各國國民的人權能因國際關係而得到保障，國際間乃有和平。

國際的關係日新月異，愈來愈複雜。然而在千變萬化的國際關係裡。藏有基本的原則。「即國與國之間相互的權利和義務。彼此間應按真理、正義、團結、互相自由等法則，協調相互的關係。」㈧

國家的責任，為維護國民的人權；因此在國與國的關係裡，每個國家也不能放棄自己的責任。承認這種責任，即是承認真理和正義。教宗說：「國際間的關係，首應以真理來管制。而真理則要求在國際關係間不得留有絲毫種族歧視的痕跡；故各國應守此一神聖而堅定的原則：所有國家在天賦尊嚴上一律平等。每一個國家都有權利生存，有權利發展，有權利獲得必要方法以求發展，有權利肩負自己固有的責任以獲致發展，並有權利，獲得他國的尊重和應有的榮譽。」(九)

上面這幾句簡單的話，說盡了國際關係的大原則。把這一項原則引伸下去，針對著今日國際的許多重要問題，可以得到很多重要的結論。教宗若望在和平通諭裡，特別注意國際關係的互助和自由。教宗說：「故各國間，在各自追求自己的利益上，不獨不可加害於他國，尚應集合各方面的計劃與資源，俾能共同達到各國以孤單力量所不能達到的目標；但在此，切應避免只求若干國家的利益，而使其他國家蒙受損害。」(十)

國際關係的意思，就是在於共同追求各國的利益。但是各國的利益，決不能是損一國而利他國，或損多數而利少數國。

「一件人人可以共見的事實，即在世界若干地區，呈現可耕地，與人口比率的不平衡。有的地區，土地資源豐沃，而開發工具貧乏；此一情況，需要各民族間團結合作，給了互通資金，財物和人工的便利。在此事上，我們認為最應指出的，即在可能範圍內，應移動資金以適應勞工，而不宜移動勞工以適應資金。因為如此，則工人可以改善其家庭生活，而不必離鄉背井，帶著憂苦的心情，另尋一工作場所，被迫適應新工作環境，而重習其他人民的生活習慣。」㈢

爲增加國際合作的資源，教宗乃主張裁軍。爲達到裁軍的目的，務必要國際間真誠合作，「由人內心掃除戰爭的恐懼心理」。爲達到此目的，則需放棄「和平出於軍事平衡」的原則，而代以「真正和平建立於互相信任」的至高原則，惟其如是，各民族間的真正和平才能達成。」㈢

不僅在裁軍方面，應有互相信任；在資源協助上，也應有互相信任。爲援助經濟落後的國家，教宗說：「我們尙應加以強調者，即給予是項協助時，不得附以任何有損他國自由獨立的條件，且應使受惠者感覺到自己是經過發展的主施者及主要的負責者。」每個國家有自己的尊嚴，有自己的自由；決不願爲接受外援而失去自己的尊嚴和自由，不懂這種心理或藐視這種心理的國家，每每在施予大量經援以後，尙不能得到受援助國的感恩和信任。

但是，在社會裡，我們不能假想社會上的人，都是守信守禮的君子。爲保護人權，用不著政府強力干涉。因此道家的理想社會，無法實現。同樣的國際上，我們絕對不能假想各國都遵守信義。爲保護和平，用不著強力，加以制裁。因此教宗主張建立一個國際的有力組

織。「其權力，其組織，其治事方法，皆具有世界性的廣度，且能實施其行動於全球各地區。」㈢

目前，國際上已有聯合國組織，教宗「深切期望聯合國能逐漸完備其組織，充實其工具，以適應其廣大而崇高旳職務。希望不久的將來，聯合國能採取有效措施，保護一切人權；這些權利因直接來自人性的尊嚴，所以是普遍性的，神聖不可侵犯而不容剝奪的。」㈣

四、結　論

上面所說的和平，誰也不能說是向共產黨政權低頭的和平，也不能說是犧牲根本的權利，以求暫時和共產政權的苟安。教宗若望所主張的和平，乃是徹底的和平，乃是中國古人所說的天下大同，國家昇平。

爲實現這樣的和平，最大的障礙，就是共產政權；因爲他們根本不承認人權，根本不承認有國際的信義。他們所求的，乃是工農階級的專政。有共產政權存在，世界就不能有真正的和平。

教宗談和平時，沒有提到共產政權；然而他所列舉和平的條件，很明顯地和共產主義勢不兩立。

因此，在共產政權正在向外求發展，繼續圖謀統治世界的時候，人們不能夢想有和平。怎樣可以也制止共產主義的侵略，而使共產政權受國際的制裁，漸漸趨向和平呢。教宗的理想，是在於加強聯合國的制裁力。

教宗所願說的，是和平的真正意義。至於在事實上怎樣能夠達到真正的和平呢？那是各國政治領袖們的事。政治領袖爲求和平所應遵循的原則，教宗則予以說明，而且是說得既透徹而又圓滿。

註：

(一) 和平通諭正式譯本　臺中光啓出版社　民國五十二年七月出版　第十頁。
(二) 十三頁。
(三) 十四頁。
(四) 十四頁。
(五) 十五頁。
(六) 十六頁。

㈦十七頁。
㈧十八頁。
㈨十九頁。
㈩廿一頁。
⑪十九頁。
⑫廿九頁。
⑬卅二頁。
⑭卅三頁。
⑮卅四頁。
⑯卅四頁。
⑰四〇頁。
⑱四二頁。
⑲四四頁。
⑳四九頁。
㉑五〇頁。
㉒五四頁。

㊂五七頁。
㊃六二頁。

發揚傳統的中庸精神

承蒙中國廣播公司和中央月刊邀請，參加今天的空中座談會。今天討論的主題是發揚中華文化，我要從中華文化的特質與精神，傳統文化與現代生活，固有文化與世界潮流之融合，三方面來講。

對於中華文化，我自己研究中國哲學，已經四十多年，我有點看法。中華文化以人爲中心，稱爲人文主義，儒家的哲學思想，被外國學者看爲倫理學，沒有形上學，因爲儒家哲學都是在講人的生活，但是儒家倫理學具有形上的基礎，在易經裡說的很明白。易經有天道地道人道，人的生活之道，以天地之道爲根本。

天地之道爲宇宙運行之道。宇宙運行之道有幾項原則：第一、宇宙爲一整體，生命是一個，人的生命爲宇宙的一部份。第二、協調和諧。一年四季春夏秋冬互相協調，風調雨順，天地才是在正常的狀態。第三、中正，易經主張一切運動要有時和位，即是要適合時間和空間的環境，不能偏激。這三項原則構成了中華文化的特質。中華文化有整體的特性，人的整體性表現在家族裡。中華民族爲農業民族，聚族而居，形成大家庭制度，每個人都體會到家庭和家族的整體，同時也體會到自己是宇宙生命的一部分。畫家畫畫，一定要使畫有生氣，畫的生氣就在於表現所畫的人物，和宇宙相連的生命。中華文化很著重協調和諧，大家庭的生活，需要協調，農業社會的生活是靜態生活，老死不出鄉間。爲協調以求和諧，儒家制定了禮，禮爲生活的規律，孔子說「非禮勿視，非禮勿聽，非禮勿言，非禮勿動。」禮的價值，在「法」以上；因此胡適曾說中國歷代的禮成了中國的宗教。也在民國初年提倡打倒孔家店，實際上就是打倒古禮，古禮是打倒了，新的禮規沒有建立，現在社會生活便變爲沒有禮規的生活。

現在的社會是在變遷的社會，工業使青年由鄉村出來，工業帶動了商業，商業使社會的人互相往來。大家庭制度變成了小家庭。傳統的整體觀念被破壞。工業和商業增加了許多物質用品，大家的生活提高了，物質的享受慾也強了，大家都爭著享受，政府和社會有心人士看到了這種享受慾的危險，提倡節約，呼籲恢復傳統文化的道德。

對於歐洲的文化，我在羅馬住了三十年，稍爲懂得一些。歐洲的文化是以宗教信仰爲基礎的文化。歐洲人對宗教信仰的看法和中國人對宗教的看法不同，中國人以宗教信仰爲人和神靈的關係，人和神靈的關係在於求福免禍。歐洲人以宗教信仰爲生活的基礎，人生的各方面都受宗教信仰的支配，歐洲的宗教信仰，前一千多年爲天主教的信仰，現在歐洲的文化遺產如建築、繪畫、雕刻，都是宗教的藝術，文藝復興以後，希臘的古思想復活，提高人體美。路德創立基督新教，破壞了歐洲的統一。第十八世紀，科學發達，造成了工人問題；工業興盛，增加了物質產品。歐洲現代的趨勢，乃成爲個人主義而且唯我主義，及實用的享受主義之趨勢，一切以自然科學爲重，摧毀傳統的形上哲學，倫理道德法律都成爲相對而隨時變易。

當前中華民國的社會也隨著這種趨勢走，反對權威，反對傳統，造成代溝。科學至上，視哲學爲玄虛，以傳統哲學爲汙闊，事事仿效歐美。可是大家都體會到這種趨勢不能繼續下去，否則，中華民族將再也不能復興，因此要復興中華文化。

當前社會生活很容易有偏差，偏重科技而輕忽人文科學，偏重個人享受而忽略民族整體，偏重物質而輕視傳統，偏重自己人格而反對社會次序。我們應發揚傳統的中庸精神，制度和思想要合於時合於地。

我們中華文化是個自強的文化，因爲《易經》的日月的運行，繼續不停，四季相傳續，萬物生生不息，所以說：「天行健，君子可以自強不息」，我對中華民族是有信心，困難雖多，中華民族必能自強不息而日日新。

中西文化的精神生活

一、中華文化的精神生活

通常都說，東方文明是精神文明，西方文明是物質文明。又有人說，西方文明是科學的文明，東方文明是人手工的文明。這兩種的說法都太籠統、太膚淺，雖也含有幾分道理，但是實際上都是錯的。因爲文明是文化的結晶，文化是人生活的方式，要談文明則要談文化，要談文化則要包括整個的生活。因此，對東西文化要下斷語，先應該研究東方和西方的人所有的整個生活，再由其中抽出整個生活的意義以作東方和西方所有的特徵。

人是由心物合而成的，有心靈，有身體；人的生活有以心靈爲主，有以身體爲主；以心靈爲主的生活，爲精神生活，以身體爲主的生活，稱爲物質生活。因此，一個人必定有這兩方面的生活，除非是因病而成植物人，才祗有身體的生理生活。一個民族便應該在自己的文化裡，有精神生活，祗是在表現的方式不同，或者在意義目標上也有差異。這也就是爲民族文化不同的一個重大原因。

各民族的生活，生活在各自的自然環境裡。自然環境不同，適應的方式當然也就不同，有的民族智力高，心志堅強，對於自然環境設法予以制勝，予以利用，能夠造出高度的文化。有的民族智力低，心志弱，祇能設法配合自然環境，甚至常受自然環境的壓迫，形成的文化便低。

人在征服和適應自然環境時，運用心靈的理智和意志，造成生產的工具，設置社會的結構，產生生活的各方面關係。上面有天地神靈的關係，下面有宇宙萬物的關係，橫面有人與人的關係。爲處理這些縱橫的關係，乃有各種原則和規律，構成了人的倫理道德生活，顯示民族精神生活的意義和目標。

中華民族文化中的精神生活，由孔子、孟子所形成。孔子的思想以人爲中心，人則處在天地萬物的中央，人和天地有關係，和萬物有關係。孟子確定人的意義，人有大體有小體，小體是感覺之官，和禽獸一樣，大體爲心思之官，爲人的特徵（告子上）。人的心，生來有惻隱之心、羞惡之心、辭讓之心、是非之心。惻隱之心爲仁之端，羞惡之心爲義之端，辭讓之心爲禮之端，是非之心爲智之端。「人之有是四端也，猶其有四體也。」（公孫丑上）若沒有這四端就不是人。《孟子》書中和《中庸》書中都說：「仁者，人也。」（孟子 盡心下）人乃是「倫理之人」。倫理之人的生活爲心靈生活，心靈生活爲仁義禮智的生活，仁義理智的生活爲道德生活。倫理道德即是人在生活中所有關係的原則和規律。

人是「倫理之人」；倫理之人處在天地萬物之中，和天地萬物都有關係。人和天地的關係，要和天地的變易相通。天地常在變易中，白天黑夜，春夏秋冬。天地的變易有自己的原則和規律，稱爲天道地道，統稱天地之道。天地之道爲「協調」、「中正」、「循環」，使萬物常能繼續發生；《易經》一本書就是講論這些天地之道的規律。人和天地的變易相通，在於遵守天地之道的原則和規律，構成「人道」。孔、孟的人道，就是「中庸」、「守禮」、「仁」。孔子常說中庸非常重要。「子曰：中庸其至矣乎！民鮮能久矣。」（第三章）又曰：「非禮勿視，非禮勿聽，非禮勿言，非禮勿動」（論語　顏淵）孔子在《論語》裡很多次講「仁」，以仁爲「一貫之道」。仁是什麼呢？仁是愛自己的生存，朱熹稱仁爲愛之理。凡是物，沒有不愛自己的生存，既然這樣，人則要愛自己的生存，也愛別人的生存，同時還要愛一切物的生存。孟子乃說「仁民而愛物」（盡心上）在「仁民而愛物」中，由近及遠，最先愛自己的父母，孔子乃以孝道代表「仁」。

中庸、守禮、仁，構成中華民族文化的意義。

有了意義就該去實行，《中庸》教導人求學：「博學之，審問之，愼思之，明辨之，篤行之盡。言顧行，行顧言，君子胡不慥慥爾。」（第十三章）

怎樣去篤行呢？孟子說：「存心」、「克慾」。

「存心」，人心生來有仁義禮智之端，即是說人生來本性是善良的，人的生活便在於保存人心的善端，不讓外面事物所踐踏。事事留心，處處謹慎，使心不流放在外面的事物上，要保存在自己的胸腔裡。孟子說：「學問之道無他，求其放心而已矣。」（告子上）

存心而求放心，還祇是消極一方面，積極方面則在盡心。盡心是儘量發揚心的善端，孟子說是養性，「故苟得其養，無物不長，苟失其養，無物不消。」（告子上）「存其心，養其性，所以事天也。」（盡心上）

爲能存心養性，必須克慾。人心雖生來有善端，也生來有慾情，慾情爲物質的慾望，常能拒礙精神方面道德的發揚，所以孟子主張克慾，孔子主張守禮。孟子說「養心莫善於寡慾，其爲人也寡慾，雖有不存焉者寡矣；其爲人也多慾，雖有存焉者寡矣。」（盡心下）克慾的功效，使情慾之動，「動而皆中節，謂之和」（中庸 第一章）「致中和，天地位焉，萬物育焉。」（中庸 第一章）

達到了「中和」的境界，便達到了精神生活的最高目標，是《大學》所說的「大學之道，在明明德，在親民，在止於至善。」（第一章）中和至善，也就是中庸所說的至誠之人，「唯天下至誠，爲能盡其性，……則可以贊天地之化育，」（第二十二章）贊天地之化育，乃能「與天地合其德」（易經 乾卦文言）成爲聖人，「大哉聖人之道，洋洋乎發育

萬物，峻極于天」（中庸 第二十七章）

從孔子到今天，兩千五百多年的中華民族，以孔、孟的倫理生活作爲自己的精神生活。中華民族的文化，以這種精神生活作爲文化的特徵。

二、西方文化的精神生活

西方歐洲人，兩千年來信從基督，開始爲天主教，後分有基督新教。兩教的基本信仰相同，都信人是天主或上帝所造的，宇宙萬物也是天主所造的。人性本善，無奈從原始就生了情慾，而且情慾常墮入罪惡，所以信人生有原罪的餘毒。因著原罪的餘毒，人就迷失了生活的目標，目標不是歸向造物主天主，反而歸向現世的財物，造成種種罪惡。天主憐憫人類，乃遣天主三位一體的第二位聖子，降生成人，取名耶穌基督。基督降生，講道訓人，重申舊約的十誡，又特定「愛天主在萬有之上；愛人如己。」爲最高的兩條誡命。爲消除人類對天主所犯罪債，基督甘願受猶太人的妒恨而被釘死在十字架上，自作犧牲。死後第三日復活，第四十日後升天，升天前建立了教會，指派了十二門徒繼承祂的救世事業，又立定了聖事，以增進人的精神力量。基督的信仰便建立了西方人的精神生活。

西方人的精神生活，目標在於歸於造物主天主或上帝。造物主天主爲絕對的精神體，超越宇宙的一切，人憑人的力量絕對不能和天主相結合，基督以聖洗聖事，授予人祂自己的神性生命，提攝人的心靈—靈魂上到天主的境界，又在彌撒祭祀的聖體聖事中以自己的體血，助人養育這種神性生活。

爲保持神性的生活，人應該節制情慾，遵守規誡，勉力修德。實踐這種生活，人對宇宙間的事物不應視爲對人生有重大的價值，不可留戀，對於精神界的善德，則予以高貴的價值。基督信仰鼓勵人捨棄現世的財富和愛情婚姻，絕財絕色絕我的奉獻生活。

文藝復興以後，中世紀的苦修生活，漸漸變爲樂世生活。十八世紀以後，科學發達，出產豐富，享樂主義和消費主義逐漸形成，到了第二十世紀成爲西方社會的特徵，東方人看西方人，乃看爲追求物質生活的人；東方人看西方文化，缺乏精神生活。但是在目前的西方社會裡，宗教信仰仍然很堅定，宗教教育在家庭和學校裡仍然繼續實行。社會的習慣雖然在許多方面已經脫掉了宗教的色彩，但是在重要的節期和典禮中，仍舊保留濃厚的宗教情緒，例如結婚和殯葬，必常舉行宗教儀禮。每年一度的聖誕節，更是充滿宗教信仰的情緒。

西方基督信仰的精神生活，簡單說來，以人爲天主或上帝所造，人有不死而可永生的心靈—靈魂。靈魂因著聖洗的洗禮接受基督的神性生活，神性生命以耶穌聖體作養育，以行善避惡作實踐。善德中以愛天主愛人爲中心，避惡以遵守十誡爲規範。神性生活的發揚，使人遠離世物，心向天主的絕對真美善，終而達到與天主結合的奧秘境界，永久生活。

神性生活爲宗教信仰的生活，不由哲學或科學去討論。因此，西洋哲學不討論精神生活，最多祗研究倫理生活的道德律。但是宗教信仰乃是民族文化的重要部份，研究西方文化而不研究西方宗教，便沒有路途可以懂得西方文化的內容和意義。

三、結　論

中華民族的文化因著孔孟的儒家哲學而結成各種生活的方式，西方文化因著基督信仰而形成各種生活方式，兩方都有各自的精神生活。然而在七十年來，中國社會推翻了孔、孟的儒家倫理，改變了社會的生活方式，想要接受西方的生活外型。西方社會因著社會科學的發達，物質享受增高，社會生活漸漸脫離宗教信仰，產生了許多奇奇怪怪的精神團體。這樣中西兩方都看著倫理道德的消失，精神生活的退縮，物質生活的泛濫。不過中西的文化並還沒有建立新的型態和新的內容，中國方面現在努力整頓傳統倫理生活，西方方面現在致力更新宗教信仰生活，兩方都力求精神生活的重建。在交通方便的今天，兩方重建精神生活的努力，必能互相比較，互相求益，將來兩方的精神生活必有更多相同的要點。

人是心物合一的本體，生活必要顧全心物兩面。一個民族的文化便不能沒有精神生活。然而為有精神生活，必須承認精神的存在；若是祇承認有物質，絕對否認精神，則一個民族的生活，可以有很高的智慧生活，發揚科學，產生大量產品，民族的財富和武力可以很強，但是每個人的生活，必定缺乏心靈的自由、心靈的滿足、心靈的目標。人就要如同孟子所說沒有仁義禮智四端就不是人。絕對唯物的民族文化，就造成不是人的生活。唯物辯證的無神論必定造成這種生活，唯物的金錢享樂主義也會造成這種生活。我們必定要避開這兩條偏見的路，要走承認精神存在而精神生活的中庸之路。

今日的中華文化

復興的文化，統一的文化

一、中國文化的現狀

中國文化大學邀請我到週會講話，我想最恰當的題目是講「今日的中國文化」。中國的傳統文化在春秋戰國時代奠定了根基，在漢朝建立了類型。貴校創辦人曉峰先生，著手寫「中國五千年史」，已出版了戰國學術冊。曉峰先生在自序裡說：「戰國時代爲中國思想史上的黃金時代，諸子百家的學說，爭奇鬥妍，有如春花怒放，極一時之盛。中國自古及今，至高深的哲理，至精采之政論，至優美的文章，盡在其中。」又說：「戰國時代的歷史現象，一言以蔽之，『趨向統一之路』，無論思想、人才、國策、戰略，都是朝著同一目標而奔赴。」（中華民國五千年史 第七冊 戰國學術自序）漢朝統一了中國，罷絀了百家，獨尊儒家。漢朝所尊的儒家思想，已經不是純粹的孔、孟思想，而是滲雜了道家、法家和墨家的思想。這種融會各家的儒家思想，建立了中國文化的定型。漢朝的文化就是中國的傳統文化。因此，我們中國人自稱漢人。

什麼是中國文化呢？漢朝的中國文化，以儒家的仁道爲基礎，仁是生命的發揚，宇宙萬物的互相聯繫，結成一體。《中庸》和《孟子》都說，仁是人的心。人心既仁，便照孔子所說立己立人，達己達人，也照孟子所說仁民愛物。《禮記·禮運篇》乃主張大同，以天下爲公。然而生命發展的歷程，常有次序，需要風調雨順。人的生活便需要中庸，適合時和地，儒家因此重禮。禮正名分，分上下，別貴賤，儒家重禮乃重忠孝。漢高祖命叔孫通定朝儀，肯定皇帝的尊嚴，《孝經》一書制定中國家族制度。爲加強禮的效力，漢儒也主張重法，加強皇帝的權力，集權於皇帝一身。漢初的皇帝都採用道家思想，實行無爲，減輕刑法。中國後代做官的人都以道家的無爲調劑儒家的自強不息，一方面勤於政事，治國安民，一方面遊山玩水，陶冶性情；而且在日常生活上，也抱著以退爲進的心理，明哲保身，愛保守而不愛改革。

中國的文化，是倫理的文化，一切都由倫理去評估價值；是天命的文化，以天命爲理，以天道爲人道的範圍；是重禮重法的文化，重權威，貴服從；是安身立命的文化，不冒險，不好奇炫異。用具體的名詞來說，中國的文化是帝國的文化，是宗族的文化，是鄉土的文化。

這種文化從漢朝到清末，延續了兩千多年，但是到了清末，中國和西洋的強國相接觸，顯出了自己的文弱，受盡了列強的欺凌。國內知識份子遂急求改革。西洋的文化是民主的文化，個人的文化，追求享受的文化，和中國傳統文化居於相反的地位。國內知識份子從民國成立以來，主張全盤西化，急進份子引著青年們傾向共產主義。以至於在八年抗戰以後，共產竊據了大陸，徹底消除中國的傳統文化。但是三十年後，大陸同胞在飽受了共匪的迫害，全國陷入了貧窮的生活，大家都希望恢復中國的文化，摧毀共產政權。中華民國政府遷到台灣以後，深深受了遺失大陸的經驗，決心改革政治和社會生活，力求富強。三十年後，台灣澎湖金門馬祖的社會成了富裕的社會。但是自由中國在台灣所表現的文化，從食衣住行各方面，除了「食」以外，完全成了西方的文化，政府乃極力提倡復興中國傳統文化，社會幾方面也倡導恢復民族道德。在這種建立中國新文化的運動裡，我和幾位研究一下，今日中國的文化，究竟應該是怎樣的文化？

二、復興的文化

今日中國的文化，是我們所願意努力建立的文化，這種文化應該是復興的文化：第一，是復興中國政府的文化；第二，是復興中華民族的文化。

第一，復興中國政府的文化，現在國際上的慣例，無論報章或國際文件，一說中國政府，即是指著大陸共產的北平政權。中華民國的政府則稱爲台灣的台北政府。在前十幾年，國際人士多不知道台北在那裡，也都把台灣的台北政府不估計有若何政治價值。現在因著台灣的經濟發展，政府的實力加強，國際人士開始著重台北政府的政治地位。我們所要建立的新文化，一定要能增加自由中國政府的政治地位。

政治地位的增加，在於經濟的實力。以往中國的傳統文化，爲農村文化，爲鄉土文化，今日中國的新文化是要工商的科技文化，是要開拓國際關係的文化，科技的文化是工業的文化，是自然科學的文化。一切工作機械化，一切學術研究科學化。政府的組織，教育的設施，社會的行動，常有計劃，常求合理。國際關係的文化是大同文化，在工業上有國際合作，在商業上有國際道德，在觀光上有國際禮貌。中國人再不能是抱殘守缺的人，也不能是粗俗愚昧的暴發戶，應該是國際市場上爭取信譽的青年人。

第二，復興中華民族的文化。中華民族現在陷入兩重喪失自體性（identity）的危機中：一重危機是大陸共匪摧滅中國文化的危機；一重危機是自由中國進入開發國家全部西化的危機。在這兩重危機中，中國人將不能自己體認自己是中國人了。今日我們要建立的新中國文化，應該是中國文化，新中國文化雖然要是科技文化和國際關係文化，但是必定要有中國文化的本質。中國文化的本質在於發揚生命的仁道，在科技和國際關係的文化中，仍舊要發揚「仁」的本質。立己立人，達己達人，要是今日中國人的品德。目前，社會上的經濟犯罪，帶著所騙來的錢，逃走國外，這是違反中國仁道的罪行。中庸的中和，要是今日中國人行事的人理，不要學美國人的生活緊張心理，不要學日爾曼人的嚴肅固執，不要學日本人的錙銖必較，今日的中國人仍舊要有古人的大國風度。家庭的孝道，仍舊要是中國人的美德，雖不能多代同堂，雖不能放棄工作在家侍候老年父母，然而同族親屬應該設立老年親人休閒所，以娛樂服侍老年親人。祖父母住在家中，可以含飴弄孫。注重禮貌原是中國傳統文化的特徵，目前中國社會成了沒有禮規的野蠻人，國家的慶典和壽祭，沒有禮規；社會的壽慶和婚宴，也沒有禮規，連國家規定的禮服都沒有。我們所要建立的新中國文化，應該有禮規。國葬有國葬禮，士祭有士祭禮，家祭有家祭禮，婚宴有婚禮，宴會有宴禮。何種是禮服？何種是便服？歐美人在家宴客，桌布潔白，杯盤刀叉整潔；我們現在的宴會，唯一注意的只是菜蔬多，弄的桌上杯盤狼籍，不堪寓目，我們應該訂定禮規，生活要有禮、有次序。在住的方面，台灣的街市都是洋樓，西式洋樓高達二、三十層，可以有效運用土地，裡面設備舒服、實用、合於衛生。然而公共的歷史性建築物，仍應保留中國的傳統建築藝術，台北有中山樓、故宮博物館、忠烈祠、國父紀念館，中正紀念館，莊嚴美麗，代表中國的文化。

因此，今日的中國文化，應是仁道的文化，孝道的文化，禮儀的文化，中國藝術的文化。

三、統一的文化

現代的中國是兩分的中國，一個是毀滅中國傳統文化的大陸，一個是復興中國文化的台灣。大陸實行共產主義，台灣實行三民主義，實行兩種主義的結果，大陸變成了一極大的勞動營、貧民窟；台灣變成了安樂富裕的開化國家。在中華民族的歷史上有了多次的分合，中國的歷史哲學以分必有合，合又有分。現在事實上的兩個中國，將來一定要合起來，重新成爲一個中國，中華民族要重新合成一家。合成的新中國，當然是代表中華民族文化的三民主義的國家。

但是，我們從台灣回到大陸，不是戰勝而佔領敵國，是回到我們的故鄉；大陸不是作亂的匪區，而是受盡共黨蹂躪的中國，大陸人民沒有逃出共匪的掌握，不是他們的罪過，而是沒有方法可以逃出。因此，我們回到大陸而建立的中國新文化，是要統一的文化。共產主義不能存留在三民主義內，共產主義在大陸所造成的生活方式，要在統一的前題下，融會在三民主義的民主、倫理、科學三大範疇以內，大陸三十年來人民參政的習慣，可以變爲民權主義下的基督民主制。大陸三十年來實行的共產制度，可以修改爲民生主義下的維護公益的私產制。大陸三十年來的貧窮生活可以提高而成爲中國傳統的勤儉節約生活。我們以三民主義統一中國並不是以台灣的生活方式強硬地加在大陸的同胞身上，而是要將大陸近三十年來的生活方式融會在台灣的生活方式中，以救台灣生活的頹廢和浮躁。將來統一的中國所建的新文化，將是統一的文化。

統一的文化，將減輕或甚至消除中國以往的鄉土文化。在農業社會裡，老死不出鄉門，各省各縣有自己的生活方式，造成各種的鄉土文化。今後中國的文化當是中國大一統的文化。例如，在台灣有大陸各省的人和本省人，大家共同造成了一個統一的生活方式，原先各省各鄉的風俗習慣都消失了。大陸在共匪壓迫之下，城市人下放到鄉村，內地人遠征到塞外，一切的婚宴和年節的習慣，都遭消滅。今天，中國的文化，必定是大一統的文化。

大一統的新文化，將有一個特色，就是民生主義的育樂特色。西洋的文明，爲追求享樂的文明，常動、常向前追求。中國古來人的享樂，集中在「食色」，所以說：「食色，性也」。又說「飲食男女，人之大欲也。」今後，中國文化也將是享樂的文化，但是享樂，應從精神上發展，提倡育樂、戲劇、美術，倡導體育，在山間水畔建築別墅。藝術之樂，山水之樂，代表高度的文化。宗教之樂，乃精神享樂中的最高度享樂，化以往中國民間的迷信為合理信仰，提昇人心由物質上到精神，役物而不為物所役，能有西洋享樂文化的優點，而不學西洋享樂文化的缺點。

四、總結

今日的中國的文化，要能復興政府，復興民族，統一中國。將是科技的文化，將是仁道的文化，將是中庸的文化，將是守禮的文化，將是享樂的文化。此傳統的文化，在三民主義的民主、倫理科學三大範疇內，顯明當前時代的色彩，建立新中國人的信心和人格。

民國七十年十月十九日講於文化大學

一、新聞的時間性

新聞工作所重視的是時間性，新聞事業所爭取的也是時間性。現在科學發明對於新聞工作的幫助，就是在於把握時間。無線電打字照像，使一件事的消息立刻傳到世界各地。衛星的傳播更使一樁事件發生的經過和進行的現狀，同時傳播到世界各洲。九月十六日，聯合報展出電腦排版的實況時，王董事長曾經致詞說：現在無論在世界什麼地方，都可以當天見到臺北當天的報紙。這種驚人的發展，把地域對時間的限制都取消了。從新聞的工作方面說，地域的區別和地域的距離已經不存在了。全球已經變成了一個城市，或一個鄉村。

新聞和時間的關係，是從事件發生的時間去看。所謂新聞爭取時間，即是事件發生的時間和新聞發布的時間，中間的距離越少越好。又從收取新聞者的方面，爭取收取者和發布的時間，兩者中間的距離越少越好。既說是新聞，就要所報導的事件，是在最近時間以內所發生的。否則，乃是舊聞。所謂「新」，即是時間上的新。

但是在時間內所發生的事，不能都是新聞；就像社會上所發生的事，不能成爲歷史的事。一椿新發生的事爲能成爲新聞，必定要能引起收聽的人的注意。收聽的人的注意和時間也有關係，因爲人們的注意力常隨著時間而變。在這時候注意這事，在另一時間注意另一事。人們的注意力常受兩種因素的支配：第一是好奇，第二是利益。一位記者爲爭取新聞的時間性，應該先能把握社會人們此時此刻的注意點。注意點有兩種因素，「利益」因素和時間及地方很有關係，常爲具體環境所限制。至於「好奇」的因素，則可以常是一樣，從古今來的人都具有「好奇」的心理，因此新聞記者利用人們好奇心的機會很多。他們發佈新聞，常選擇足以引起或滿足人們好奇心的事，而且使用刺激這種心理的描寫法。

因此，新聞的時間性就不單純地是事件發生的時間和發布的時間所有的距離，而是包含著收聽新聞的人所有的心理。從這一方面觀察新聞的時間性，問題就相當複雜了。今天我願和大家討論一下。

二、

「時間」的名詞，爲古今哲學上討論不休的問題。西洋哲學家常常爭論「時間」是客觀的或只是主觀的。康德說時間是主觀的範疇，亞里斯多德和聖多瑪斯主張時間爲客觀的附體。笛卡爾、萊布尼茲、洛克等以時間爲一種心理方面的次序，牛頓則認爲時間爲上帝的繼續存在，柏格森卻主張時間爲生命的延續。中國小乘佛教主張「有」，但是對於前生現在來生，有的主張三世俱有，有的主張祇有現生。儒家和道家沒有特別討論這個單獨的問題，而以時間在生命裡的性質去討論。莊子講養生，以超越時間抱天地而長終爲目的。《易經》則以八卦的六爻位置，討論時間在生命中的意義。

從生命的意義去討論時間，西洋有「歷史學派」，主張歷史的事蹟都是現存的事件。當代歷史哲學家克洛車和柯靈烏就有這種主張。歷史的事件若就發生的時間上看，不能成爲歷史，歷史是要有講歷史的人去研究，講歷史的人在研究歷史時，要把以往的事在自己心中重現出來，他所講的不是以往發生的事，而是在自己心裡所重現的事。我們不去跟這些哲學家爭論，我們只就易經的時間觀念，來研究新聞和時間的關係。

《易經》的一本書裡，好多次說「時義大矣哉」，易經講宇宙的變化，變化是在時間裡表現出來，時間對於變化，意義就很大了。《易經》爲表示時間，以卦爻的位置作代表，一個卦有六爻，六爻像一支梯子排列起來：一二三四五六，每一個位置代表一個時間，位置和時間互相配合，六爻的卦由兩個三爻的卦合起來，上面的卦稱爲上卦，下面的卦稱爲下卦。上卦和下卦的中間位置，是第二爻和第五爻，所以二和五稱爲「中」。六爻由陰爻陽爻而成，乾卦之爻都是陽爻，坤卦六爻都是陰爻，其餘別的六十二卦都由陰爻陽爻共同組成的。若是在一卦裡陰爻居在第二位，陽爻居在第五位，便是各得中正；這種卦便是中又正的卦，中正的卦究竟象徵什麼意思？象徵在一樁事上，各種分子或力量都洽得其中，都正在適當的地位。例如「同人」卦是個中正卦，「彖曰：文明以健，中正而應。君子正也。唯君子爲能通天下之志。」象徵君子居在高位的時候，以溫柔接待人物，故能和天下的人物相通。「萃」卦是個中正卦，「彖曰：萃，聚也，順以說，剛中而應，故聚也。」象徵君子外面順人，內中剛強，故能萃聚眾人。又如「革」卦是個中正卦，「彖曰：文明以說，大奇以正。革而當，其悔乃亡。天地革而四時成。湯武革命，順乎天而應乎人，革之時大矣哉。」象徵一種改革，合乎當時的天心人意。

《易經》對於時的意義，是在於一種事合於當時的正當需要，用「中正」兩個字作解釋。「中正」也就是「中庸」。孔子在《中庸》的第二章說：「君子之中庸也，君子而時中；小人之中庸也，小人而無忌憚也。」孟子曾經說：「伯夷，聖之清者也；伊尹，聖之任者也，柳下惠，聖之和者也；孔子，聖之時者也。」（萬章下）在古代聖人中間，孔子最能知道，也最能適合時間的意義。

時間的意義，在漢朝的易經學者中，以春夏秋冬作代表。春夏秋冬四季象徵五穀成長的過程，春生夏長秋收冬藏，時間的意義便是生命的歷程，而且是生命發展的歷程。生命的發展不單在時間以內，又是在空間以內。漢朝易學家以東南西北配春夏秋冬，空間也象徵生命的發展。生命的發展是在時間和空間以內，時間和空間互相結合，講時間的意義時，要連帶講空間；講空間的意義時，要連帶講時間。

中國的傳統思想以宇宙以內的凡百事物，都是爲著生命的發展，每椿事物都和生命有關係，而且都和人的生命有關係。新聞是人世間的事，或者是自然界的現象。新聞事件的本身和人的生命當然關係密切。在新聞發佈方面，新聞對於人的生命也非常有關係，一件新聞發佈出去，得其時，可以爲人有益，不得其時，爲人有害。利害，即是人生命的利害，關係人的生命的發展，或是有利於生命發展，或是有害於生命發展。

三、

儒家以人的生命為心靈生命，即是精神生活。儒家並不否認肉體生活也是人的生命，人是人物合一的實體，然而以心靈為主。心靈有理智、有意志、有感情；肉體有感官，有感情。人生命的發展，由理智作主，一切的發展，都該是合理的；不合理的生命活動，不單不能發展生命，且能傷害生命。發展生命的事，儒家以一個字作代表，即是「仁」。

新聞的時間性，以發佈時間為標點。發佈的時間和事件發生的時間的距離，為新聞事業的第一種時間性，事件發生的時間和發佈的時間，兩者中間的距離越短越好。新聞記者和新聞事業所追求的，就是這種時間性。而且新聞傳播者很多，報紙電台都爭取新聞時間性，因而彼此中間又有另一種時間性，即是對一件新聞，大家爭著是第一家發佈者，或更好是獨家新聞。這種時間性的基礎是人們的好奇心，新的事件是以引起好奇心的注意。

但是新聞的時間性，還有第二種，即是時空的時間性。由收聽者方面去計算，一件新聞的發佈是不是合於時宜，即是在當前的一刻，這件新聞應該發佈不發佈，而且是應該怎樣發佈，這就是易經所講的中正。

新聞時間性中正的標準，是生命發展的利益，生命是整個一個人的生命，心靈生命為主，肉體生命爲從，兩者不得偏廢。新聞時間性包括時空，時爲第一種時間性，空爲第二種時間性。新聞時間性的中正，在於新聞在發布的時候，對於人生命的發展有益，即是說有益於人的生活：所謂「人」，包括，私人，包括團體，包括國家民族。爲權衡這幾方面的利害，要求新聞從業人員具有多方面的修養：學識的修養、道德的修養、社會心理的經驗，新聞的傳播能夠得到「中正」，新聞的時間性才是完美的時間性，這件新聞不論事件本身怎樣，新聞必定是完美的新聞。

「中正」是不偏不倚，恰得其當。一件「中正」的新聞在發布時，就恰得其時。不中正的新聞，即使在傳播方面是最快速的，也不能算得是合時的新聞。例如荷蘭賣給中華民國潛艇時，新聞發得太早，幾乎把這件事情破壞了，損害國家的利益。又例如中華民國有要人參加雷根總統就職典禮，新聞發布太早，便破壞了原定的計畫。這就是不中正的新聞不得其時，失去了自己時間性。

新聞的時間性，所以應是「時空」的時間性，要憑空間的合理要求，權衡新聞發佈的時間，使恰得其當。國家的利益、團體的利益、私人的利益，就是各自的生命在發展上可有的助力，新聞的中正時間，便是適合這些利益的發佈時間。所謂利益爲合理的利益，有時暫時的傷害能有利長久的生存，新聞所以能夠是批評、能夠是攻擊，易經說改革在時間上很有意義。

諸位女士，諸位先生，各位都是新聞界的先進，我一個研究哲學的人來向大家講新聞的時間性，實在是班門弄斧，膚淺得惹人笑話。不過，我祇是想給大家表示，一樁最普通的事，例如「新聞發布要恰得其時」，其中含有一段哲學的大道理。也為表示，哲學不是空談，而是每樁平常的事所應有理論基礎。

民國七十一年九月二十五日講於新聞教育學會全體大會

社會變遷中的道德觀

一、現在的社會

現在的社會是個變遷的社會，中華民族的社會更是繼續在變，且是變遷很快。從君主專制變成民主共和，從軍閥割據變成北伐統一，從九一八事變到七七事變，從八年抗戰到抗戰勝利，從剿匪到共同抗日，從徐蚌會戰到撤出大陸，這是五十年內政治的大變遷。在思想方面，全盤西化，左傾投共，杜威的實用主義，羅素的數學邏輯，卡納普的語言邏輯，沙特的存在論都曾風靡一時。在日常生活方面，住宅都成了洋樓．服裝都穿著洋服，行走都用機車汽車，工作都在工廠，物質的享受已和歐美一樣，祇是吃飯，西餐還沒有代替中餐。社會的制度也全盤改了，農業改成工商業社會，大家庭改成小家庭，父母之命的婚姻改成了自由戀愛，私塾學堂改成了鄉鎮林立的各級學校。民國七十一年的變遷，勝過了中國已往歷史的兩千年的變遷。

將來怎麼樣呢？

將來的變遷一定會繼續下去；但是變遷的形式，將不會如最近七十年的劇烈和速度。祇是在科技的升級，工商業的發展，交通和通訊的迅速，所有的變遷將是未來社會的特點。五十年後，中華民族的未來將是怎樣？我們預計中華民族的未來是自由的未來，是爲亞洲盟主的未來，是科技的未來，是物質享受引起精神煩悶的未來，是因世界變遷對將來懷疑的未來，是個人主義引起生活枯燥的未來。在這樣的未來，道德觀念將是怎樣？

現在我們社會裡的道德觀念，六十歲左右的人還記得少年時家庭裡和學校裡所教的道德觀念，也還服膺這些道德觀念，六十歲左右的人，也是這個亂離變遷中長大的人，他們沒有看到民國以前的世界。但是他們的父母則是民國以前的人，他們的父母用自己的道德觀念教育了他們，他們童年少年的社會還是農業的社會，所以他們也就接納了父母所教的道德觀念。現在的少年人壯年人，則已是工業社會的人了，他們或者經過了戰爭，或者沒有經過戰爭，他們現在一般的趨勢，以個人的前途至上，前途的基礎在於金錢和職業，金錢的享受在於肉慾，肉慾支配男女的愛情。這種趨勢構成了價值觀，結成了道德觀。現在一般人的道德觀，以道德爲隨時代而變的規律，古代的道德觀已經成爲歷史的遺跡，和現代人的生活不相適合。現代人的道德是變遷社會中的變動道德觀。

二、變的道德觀

道德爲變的規律，這不是新的思想。在歐洲的哲學裡，最早的這種思想，已經有希臘詭辯派哲學家普洛特哥拉斯（Protagoras 480-410 B.C.）主張人爲萬事萬物的權衡標準。但是希臘傳統哲學家柏拉圖和亞里斯多德則主張倫理道德律以人性爲基礎，人性不能變，基本倫理規則也不能變。天主教的信仰傳遍羅馬帝國後，大神哲學家聖奧斯定以哲學結合信仰，主張倫理道德的基本規律由造物者天主所定，利於人的人性，永世不變。中世紀的士林哲學集大成者聖多瑪斯接納了亞里斯多德和聖奧斯定的倫理學說，肯定人的良知生來具有造物主所定的基本道德律，良知並能知道這種道德律，基本道德律不變，其他道德規律則可以隨時代和地域而變。這種哲學思想支配了歐洲整個中古時代，到了文藝復興以後，歐洲的哲學思想逐漸興起了許多派別。

首先有英國的實徵派或實驗主義，即是洛克和休謨等哲學家，主張人的知識祇是感覺的知識，超於感覺的對象不能爲人所知，人性便被列於不可知的對象中。人性即不可知，倫理道德的人性基本也不可知，便應另找感覺可以知道的基本，感覺的對象本來可變，倫理道德的基本也就可以變了。

休謨所定的倫理道德基本爲人追求利益的天性。人生來追求快樂與利益，在生活中便講功利，「功利主義」乃成爲近代和當代倫理學說的主流，霍布斯、休謨、邊沁（Jeremy Benthan 1784-1832 A. D.）孔德、斯賓塞，都是這派的代表。功利的價值觀，隨著社會環境而異。

康德不是功利主義者，然而他接納美國實徵主義的思想，但是他又不願以倫理基本爲可變，乃主張倫理道德爲實踐理智的先天要求，爲一種絕對的命令。康德的倫理觀成爲「形式倫理觀」，他所肯定的祇是倫理的形式，即是該有倫理，倫理的內容則沒有肯定，既沒有肯定便可以變。

尼采是近代一位著名的思想家，他崇拜「超人」。超人不受任何拘束和限制，他自己創造自己的生命，制訂自己的規律。尼采否定歷史的價值，超人要擺脫歷史的包袱，一切由自己開始。由尼采看來，倫理道德當然不能不變。

個人的意識作爲倫理規律的創造者，普通一般人不願接受。德國的史賓格勒（Oswald, Spengler 1880-1936 A. D.）則說倫理道德爲文化的產物，有多少文化，就有多少道德。這種主張和社會學者的習慣道德說相近。習慣道德說以倫理道德爲社會習慣所養成。社會的環境改變，倫理道德也就改變。馬克思的唯物辯證史觀，就是這種思想的流毒。不過，馬克思在社會習慣上更加上了唯物辯證的鬥爭律。

美國是一個新興的天地，對一切都抱著樂觀。美國的思想便趨向「實用主義」。杜威的原則以真理在於合於實利。能夠解決一個問題的理論和方法，即是真理。能夠行得通的計畫即是好。真理非一成不變，倫理原則更不是千年的定律。

當代歐洲思想，在科學上有相對律，在歷史哲學上有唯史論，在形上學上有論實體的存在論，釀成了思想的潮流，就是一切都是相對的。倫理和法律失去了作基本的自然律。

中國歷代主張人的倫理道德在於「率性之謂道」（中庸 第一章）人性則是「天命之謂性」，天命按《易經》所說爲天地之道。人道以天地之道爲基本，天地之道爲天理，天理即「天經地義」，「天經地義」豈能變換？乃是「放之四海而皆準」的。

孔子主張倫理道德的規律爲「禮」，禮係聖王所制，聖王制禮以天理爲標準，禮的基本便不可變。兩千年來中國的倫理常守著「禮」，古今一樣。到了民國，社會的環境變了，發生了新思潮，胡適套用尼采的話：「現今時代是一個重新估定一切價值的時代。」（胡適文存 第一集 卷四 新思潮的意義）又說：「我以爲現在所謂新思潮，無論怎樣不一致，根本上同有這公共的一點──評判的態度。……禮教的討論只是要重新估定古代的綱常禮教在今日還有什麼價值？女子的問題只是要重新估定女子在社會上的價值。……」胡適的重新估定價值，並不是要廢除古代的一切倫理規律和社會制度。但是一般的趨勢，則漸漸走向全盤西化，拋棄了傳統的倫理道德。臺灣的社會更是在急速變遷之中，一日千里，由貧農社會進入富有的開發社會了。大家都問以往農業社會的倫理道德還能適用於今天的開化社會嗎？

三、社會變遷中的道德觀

我答覆這個問題，加以分析。

人有人性，人對人性的認識雖有多有少，根本上則常一樣；因為人對於人性的基本認識是天生的。因此人性不單在本質上不能變，就是人性的認識在基本上也不變。王船山縱然說：「性日生而命日降」，日生的性因著日降的天命，性仍舊是一樣。

人性是有倫理道德的基本規律，人又天生對這種規律有天生的良知。良知所知道的基本倫理規律，無論古今中外，常是不變。什麼時候和什麼地方的人，不知道該行善避惡呢？什麼時候的人和什麼地方的人，不知道該愛父母，父母愛兒子呢？基本的倫理道德律很少，很簡單，人人都可以知道。王陽明曾經說良知人人都有，就是常常做賊的人，你說他賊，他還有些忸怩不安。

在社會的變遷中，人的素質可以變，然而人總是人，人的生活常是人的生活。就人之所以爲人這個基本點上，不能有變遷。

但是人的生活方式隨著社會而變，現在中國人的生活方式大大改變了，生活的倫理道德律乃是生活方式的規範，便不能不變。

可是中國人在現代變遷的社會中，也仍舊是中國人，將來也還是中國人。中國人之所以爲中國人，有自己文化的特質。這種特質乃是中華民族的民族性，常表現在中國人的生活中。

中華民族有什麼特質呢?從古代的經書，又從歷代的哲學思想家和歷史家的著作裡，我們可以看到三點特質，這三點特質也已經成爲中國倫理道德的原則。

第一，中國人的整體生命觀。《易經》以一卦的三爻，代表天人地，又說有天道、人道、地道，人和天地合成一個宇宙整體。宇宙整體爲一個有生命的整體，生滅不絕，互相聯繫。張載曾以天地爲父母，人民爲同胞，萬物爲同黨。王陽明倡「一體之仁」，人的最高目標，爲和天地同德，使萬物發生。中國古人常看四海爲一家，常守孟子所說：「仁民而愛物」「萬物皆備於我」。現在社會的變遷，交通工具和通訊工具進化非常快，空間的限制已經減低到最低限度。飛機和衛星使全球的人都感受到同住在一起。國家的界線還有，但是一國的事常可以牽涉到別的國家。雖然，當前社會變遷的趨勢，走向個人唯我主義，然而個人的生活和別人的生活，聯繫得越來越緊。因此整體生活的道德觀在中華民族的生活裡，需要發揚。否則，一個人的自私和一個國家的自私，可以毀滅整體的人類。將來工作的環境，每一個人可以獨立工作，不必在工廠集體做工，而祇是一個人支配機械人。然而社會的結構則愈來愈密，常常牽一髮則動全身。

第二，中國人的生命的協調和諧觀。生命既是一個整體，整體中必定有次序。次序使整體內的分子互相協調，使整體呈一種和諧的生活。中華民族從古就喜愛生命的協調和諧。古代教育重視禮樂，禮爲分，樂爲合；分是協調，合是和諧。在大家庭制度裡，上下尊卑分得清楚，事事有次序，次序的實現爲敬，有了次序的協調，還有大家融洽以成天倫之樂，和諧的實現爲愛。敬愛是中國社會的兩根支柱，使中國社會安定了五千年。當前的社會爲變動的社會，動沒有次序則亂，亂則不安。現代的人便常覺心中不安定。心中不安定時，有物質的享受，也不覺得快樂。歐美今日的青年有這種感覺，今日的中國青年也有這種感覺。所以在這種變遷的社會裡，必定要有次序，要互相尊重。年輕的敬重年長的，年長的愛護年輕的。男性尊重女性，女性尊重男性。父母子女夫婦朋友，有敬有愛。越是進入原子時代，趨向個人主義，生命的協調更重要，以能達到生命的和諧。

第三，中庸的生命觀。中國古代的農人，農人所注意的是四季運行，風調雨順。易經講宇宙的變化，以中正爲原則。中正即是「得其時，得其地」，就是中庸之道。所謂中庸是對每椿事而講，每椿事有自己的「恰恰好」，不能多，不能少。每椿事不相同。例如孝敬父母的孝道，在實踐上，每個人不同，因爲每個人的具體環境不同。但是在原則上，中國人常主張要恰得其當，不要偏激，不要太過。而且對於法律也是要求不要執行過嚴，而要講求情理。許多當代學人，譏諷這種原則，爲阿Q的精神，爲作事不徹底。實際上，世界上的事，沒有一件事是做到徹底的，中間總要經過阻力，消耗了徹底的成份。當然，我們要求大家守法，要求公務員和負責做事的人做事徹底，然而中庸的生命觀，仍舊將是中國社會的特質，也是中國人生活的快樂。

各位同學，對於社會變遷中的道德觀，我的答覆很清楚，倫理道德的基本是不變的，倫理道德的實踐是變的。倫理道德的基礎是人性和民族特性。人性在理論方面常不變，在實際的人性知識上可以增多。民族特性在理論上是可變的，在實踐上則常古今一貫。

中華民族的社會天天在變，物質的變遷是進化，是生活的提高。精神的變遷則靠道德觀的正確，目前的趨勢向下，增加了各方面的罪惡。我們要提出正確的道德觀，以扭轉向下的趨勢，以激起精神向上。

民國七十一年十一月二十三日講於淡江大學

現代中國人的人生觀

一、機械化的人生

當第十七世紀後期，牛頓等科學家發明科學的許多原理時，科學家們認爲宇宙間的一切都可以用理智去解釋，整個宇宙好似一架機器，互相聯繫，互相推動，所以當時產生了「唯理論」，同時又產生了「機械論」。這兩種思想本來是互相矛盾的，人的理智非常靈妙，中國古人稱人的心爲「神」，神妙莫測；機械則是呆板的、限定的、沒有變化的。然而機械爲理智的產物，非常有規律、有成效，也非常巧妙。若是整個宇宙是一架機器，人的理智能夠懂得這架機器的理論，人便能控制宇宙，人也能駕御宇宙，人就能成爲宇宙的主人。因此，第十八世紀和第十九世紀，歐洲思想的趨向，是科學萬能。

然而，這種宇宙是一架機器的思想，抬舉了人，又壓迫了人，人成了宇宙機器的控制者，人便掌握了宇宙，同時，卻也使人成了宇宙機器的一分子，人本身也成了機器。人的生活便被關閉在物質裡面，人的理智也被限制在科學的必然性原理以內。英國哲學便興起了

「實徵主義」，一切都以感覺經驗爲主。

歐洲大陸遂起了反感，在文藝界新創了「浪漫主義」，在哲學界成立了唯心主義，將人的心靈從物質的機械桎梏裡解放出來。在政治上，乃有法國的大革命，以自由、平等、博愛的號召。

但是科學的研究則提供了生活的享受，人們的享受慾爲天生的衝動，有了享受而又要求更高的享受。科學的研究雖是理智的享受，然也提供了人們物質生活的享受資料，人們對於科學的研究便繼續前進。在生活享受的追求中，人們的人生觀，以現世的福利爲中心，人生的價值以物質重於精神。因著這種精神，歐洲產生了兩次世界大戰，第二次世界大戰且傷害了亞洲和非洲。歐洲青年遂產生一種厭惡物質享受的心理，熱切地追求脫離物質的生活，前幾年有「嬉皮」運動，目前有對東方神秘主義的傾向。

我們中國在近四百年的時間裡，明末清初義大利傳教士利瑪竇和比國的南懷仁、德國的湯若望，將西洋的科學輸進中國，可是清朝中葉的考據學則追源中國的學術，返回到秦漢守舊的風氣，封閉了中國的海岸。清朝末葉，列強以武力強迫中國通商，而且野心勃勃，大有以中國作殖民地的企圖。中國有識之士，遂大聲疾呼，急起改革。民國成立以後，社會改革的聲浪，越湧越凶。清末改革的趨向，是因西洋「船堅砲利」，乃趨向引進西洋科學，另外是軍火，倡「中學爲體，西學爲用。」民國初年，維新的文人，則倡「全盤西化」。社會的人士也在生活各方面，拋棄了傳統的習慣和生活規律，採用西方的衣食住行方式。但是因爲連年戰爭，北伐成功後，立即有日本人的侵略，後來八年抗戰，雖獲得勝利。共黨又禍國，竊據大陸，徹底赤化。

政府遷來臺灣，兵荒馬亂，人心惶惶，風雨飄搖。幸賴先總統 蔣公保守了臺灣基地，中美協防盟約帶來安定。政府乃在安定中追求經濟發展，用經濟發展以鞏固復興基地。三十年來，臺灣一躍而爲開發國家，人民生活水準提到了歐美人民的高度。

當前政府的政策，還要追求高度的科技，發展精密的工業，學術和思想的趨向，都在發展科技。

科技對於人生所帶來的第一個觀念，就是一切科學化，求學要科學化，作事要科學化，生活也要科學化。科技對於人生所帶來的第二個觀念，就是一切經濟化，事事求經濟，一切爲生產，經濟爲社會價值的標準。科技對於人生所帶來的第三個觀念，就是「新」，一切都求新、求進步。舊的觀念和方式都不合時代。

這三個觀念所造成的人生觀，乃是機械化的人生觀。所謂機械化不是第十七世紀的機械化，以宇宙爲一架機器，當前的人生機械化，是科技的人生觀。科技精密的技術，技術進入宇宙的秘密，以利用宇宙的原料和動力，加強人類的生產。生產供人類的享受，享受慾再催促人類追求科技的進步，科技和享受組成一連環，一環滾一環地形成了今日的人類生活。

科技機械化的人生，是要有紀律的人生，然而同時是享受人生，人類追求最大的自由。享受的對象爲物質生活，追求物質享受遂驅使青年盜竊強暴，誘使商人欺騙詐僞。好新求進的心理，摧毀了祖傳的習慣和道德，社會形成一種新的野蠻社會，青少年沒有倫理觀念，沒有禮儀規範。青少年已不知道倫理的規律，也沒有精神的價值。這不是在污蔑科技的人生，而是在描寫科技的人生在當前還是在破壞的階段，還沒有走入建設的階段。

二、新的人生觀

1. 人生的理想

科技爲一種實用學術，學術爲人生的一種方法，幫助人類更能成功地達到人生的目的。例如資訊科技，例如生產自動化，例如電子工程、光學工程，都是爲研究、爲製造關於人生各方面的工具，使人的生活更舒適、更完滿。但是在一般人的心目中，科技成了目的，追求科技學識的人，就全心研究科學。以科學概括一切，發展科技以增加生產的人，就全心增加生產，以生產包括一切。享受生產成果的人，就一心想念生活的享受以享受爲人生的目的。殊不知科學祇是理智的運用方式，所有科學智識和科學方法，祇能幫助人善用自己的理智，處理宇宙和人生的問題。人除理智官能以外，還有意志和感情，這兩種官能不常根據科學而行動。科技的學識就不能範圍人類的生活，人生的目的必定超出科技以上。

先總統　蔣公說明人生的目的：「生活的目的，在增進人類全體之生活，生命的意義，在創造宇宙繼起之生命。可以說是我的革命人生觀。」（自述研究革命哲學經過的階段）先總統的人生觀，綜合了基督信仰和中國儒家的人生觀。先總統信仰基督，崇拜基督爲救人類而犧牲自己的精神。基督的犧牲爲救援人類脫離罪惡，改善生活，以獲取永遠的幸福。中國儒家的傳統思想，以宇宙的變化爲化生生命，宇宙的變化繼續不停，宇宙萬物的生命也就繼續不停。所以《易經》說「天地之大德曰仁。」（繫辭下　第一章）宋朝理學家說天地以生物爲心，人得天地之心爲心，所以人心曰仁。仁就是愛惜生命，發揚生命，乃稱爲愛。宇宙萬物的生命，互相連貫，互相通融。人不單愛惜自己的生命，愛惜人類的生命，還要「仁民而愛物」，對於萬物都要愛。先總統乃說：「生活的目的，在增進人類全體之生活。」科技的目的就是這個目的，增進人類全體生活的便利和享受。儒家人生最高的目的，是《中庸》第二十二章所說的參天地的化育，人的一生要協助天地使萬物的生命繼續發揚，尤其是使人類的生命繼續發揚；人類的生命在家族中繼續，又在民族中繼續，人生的最高目的，便在於發揚自己的民族，使民族的生命，川流不息。先總統也說：「以國家興亡爲己任，置個人死生於度外。」

2. 人生的價值

先總統的這兩句話，繼續了孔子、孟子的人生價值觀，孔、孟都教訓人要「殺身成仁，捨生取義。」以精神的道德，高出一切以上。

科技所造成的價值觀，以物質高於精神，以物質享受高於倫理道德。這種價值觀本來不是科技自身所產生的，科技以學術研究爲主，未來是看重理智的學術工作。然而科技的學術研究爲提高生產，生產的對象是金錢，金錢的對象是物質享受。人類因著天生的享受慾，便由科技的學術研究看到物質享受，因此物質與金錢，便成爲價值的中心。

我們要盡最大的努力，衝破物質和金錢的價值網，使心靈的眼能夠看到精神的生命，看到生命的倫理。精神的價值要高於物質，倫理的價值要高於金錢。

假使我們不能建立精神的價值觀，物質金錢的價值，將污染整個的社會，社會將變成罪惡的淵藪，每一個家庭都有遭受搶竊的恐懼，每個女人都有蒙受強暴的惡運。國小的學生已開始遊蕩，學校的老師也惡意倒會。在這樣的社會裡真有像齊景公對孔子的正名所說：「善哉！信如君不君、臣不臣、父不父、子不子，雖有粟，吾得而食諸！」（論語 顏淵）假使社會的人祇知追求物質享受，沒有倫理道德，社會必亂，雖有很多的金錢和很好的東西，也不能好好享受！

而且，即使社會不亂，民生太平；若是人生的價值，祇在物質和金錢，人的心靈決不會滿足，隨著而來的便是憂悶、失望，或另找滿足的途徑，如嬉皮和荒謬的宗教。

若是我建立了「仁民而愛物」的人生觀，以愛心為生活的表現，則可以連帶就建立正確的價值觀，中國古人也常說：「役物，而不役於物。」人運用物質作生活的資料，而不能奉物質為主人，受物質的控制。物質對於人的生活，有很大的價值，然不能駕馭精神。

3. 人生的精神

科技研究所表現的精神，是耐勞，是繼續向上，是常求新。這種精神若能在人生裡，對著高尚的理想，奉著精神的價值，作為生活精神的表現，則能成為人生最佳的精神。

耐勞，是埋頭研究學術的人應有的第一個條件，沒有一種學術，是輕易明瞭、輕易有發明的。研究科學的人在實驗室裡，十次失敗，百次失敗，仍要耐心繼續。但是在物質享受很高的社會裡，耐勞的精神非常少，大家多是投機取巧，以最少的勞力，賺取最大的金錢，於是有欺詐的經濟犯罪，有偷竊搶奪的少年犯罪，都是想不勞而獲。而且國家民族當前正處在危急存亡之秋，須要全國國民懷有責任感，耐心吃苦，從事國家建設。但是現在的現象，一則是遠走國外，以求個人的安全；一則是花天酒地，盡情享樂。我們要很迫切改正這種心理，使大家肯吃苦耐勞，「毋忘在莒」和國家民族同甘苦。

向上、求新，是科技研究的兩種特性。學問雖是無止境，而科技的研究，更是精益求精，日新月異。電子、雷射、原子、分子，各種研究使相關的機器越見精密，而且日益進步，科技的研究所以常向上，常是新奇。

這種精神可以改進我們傳統的保守惰性。我們的傳統是中庸，中庸教訓我們行事要合於時合於位。這種教訓本來是一種最好的人生規律。然而，因著人生來的惰性，中庸卻造成了我們中國人的保守習慣，缺乏進取的精神。我們古代的科學曾經有很多的發明，但是因著保密和保守的習慣，科學智識從來沒有發達的機會。今天，我們再也不能自己「畫地自牢」，應該有向上進取的精神，持久不怠。好新奇本是人的天性，中國人現在不是都喜歡新奇的東西嗎？而且，一旦有一種新奇的事，新奇的構想，一經發現，大家一窩蜂似地一面跑，結果，大家都失敗。這不是好新的精神。好新和向上，仍舊要守中庸之道，要經過理智的考慮。《大學傳》第二章解釋新民說：「詩曰：周雖舊邦，其命維新。是故君子無所不用其極。」中華民族是一個古老的民族，有五千年的文化；但是中華民族的生命卻常是新的。爲使中華民族的生命不老朽腐化，全體中國人都要努力使自己的生命和事業向上有朝氣，使全民族的生命和事業也向上有朝氣。中華民族當前是處在危急存亡之秋，是在很嚴重的憂患時期。然而憂患的意識不是使我們悲觀，使我們畏怯，或使我們失望；憂患的意識，是使我們看清自己所處的時代，建立自己爲國家爲民族爭生存的理想，不惜犧牲一己的享受，刻苦耐勞，求上進，建立一個新的中華民族，一個有朝氣的新中國。

民國七十二年二月二十三日講於政治作戰學校

家庭的基本權利

家庭在各個民族的文化裡，都是民族生活的基礎。在中華民族的五千年文化裡，家庭更是個人生活、社會生活和國家生活的基本。中華民族的倫理以「仁」為中心，《中庸》說：「仁者，人也，親親為大。」（第二十章）親親為孝，《孝經》乃說：「夫孝，德之本也，教之所由生也。」（開宗明義章）孝，是家庭的道德，有父子然後有孝，所以家庭是中華民族倫理生活的基礎。《大學》說：「物有本末，事有終始。知所先後，則近道矣。古之欲明明德於天下者，先治其國，欲治其國者，先齊其家。……家齊而后國治，國治而后天下平。」（第一章）治家乃是治國的基本。因此，堯舜治國，先親九族。（書經 堯典）這種倫理思想造成了中華民族的社會制度，家庭和家族常是社會和國家的基石，在五千年的歷史裡都沒有變。

但是到了今天，這種制度就變了，而且變得很離譜，變得和中華民族的文化不合，也變得有些反乎人性。對於這種現象，我們就不能不予以注意。現在我祇就家庭的本性，舉出幾個基本點，供大家參考。

人有心靈，能思能想，對於行爲具有自由，自由非常可貴，也非常可怕，爲發展自有的生命，人須自由，但自由不謹慎，便傷害別人的自由。爲維持和平發展我們的生命，人有幾項天生的人權不能被任何其他權力所傷害，國家的憲法，列有保障這些人權的條文。

家庭，是我們人的第一個團體，乃是人性所要求，爲一種天然的組織，在人的人權裡，有關家庭的一部分權利。如我國憲法第十五條，人民之生存權、工作權及財產權應予保障。這部分權利，予以引伸，成爲家庭的基本權利，家庭的基本權利，以人性的人權爲基礎，和人權一樣，應受到社會上各種權力的尊重，不予以侵害。聯合國曾在一九四八年十二月宣布了「人權宣言」，要求各國遵守。羅馬教廷在今年（一九八三年）十月十二日向全球人士和政府，提出了「家庭權利憲章」，以造成國際對家庭權利的意識。

一、家庭的生存權

中華民族的文化，爲生命的文化。《易經》主張陰陽兩氣，運行不息，生生萬物，整個宇宙爲一道生命的洪流，暢流不息。聖人的偉大，即是在於「參天地之化育。」（中庸 第二十二章）《中庸》稱讚孔子：「小德川流，大德敦化。」（第三十章）先總統 蔣公說：

「生命的意義，在創造宇宙繼起之生命。」（自述研究革命哲學經過的階段）人的生命怎樣創造呢？由男女相結合，男女結合在於婚姻，婚姻構成家庭。人爲創造繼起的生命，便要組織家庭。

因此，家庭的第一項基本權利，是每一個人天生有結婚成家的權利。家庭由婚姻而成，每一個人都有結婚的權利。

男女到了結婚的年齡，有天生的權利，可以結婚並建立家庭。德國國社黨曾以亞利安人爲最優種族，鼓勵亞利安人生育，卻禁止低能智力的人結婚。現在保健優生的專家，也主張有遺傳病者不應許可結婚，這些主張都反對基本人權，也反對家庭的生存權。大陸共匪以法律規定人民結婚須有黨政的許可，顯然侵犯家庭權利。國家政府祇有在適當的環境要求時，可以規定結婚的年齡，也可以規定在某種非常情形下，延緩結婚。

國民既都有結婚成家的天生權利，國家就有責任發展教育和經濟，使國民有結婚成家的應有條件。假使國家的經濟貧窮，使青年人不能養妻兒，因而不能結婚成家，政府就沒有完成對國家的責任。

結婚由於雙方當事人的同意，結婚的人有權自由同意結婚。中華民族以往的婚姻制度，是由「父母之命，媒妁之言。」把婚姻認作「結兩家之好」，由雙方家長主持。現在則由男女雙方自作主人，同意婚嫁。大陸共匪卻常由黨作主，指派男女結爲夫妻，藐視人權。

結婚既成了家，家庭則是應該持久，教育子女，家庭便有常相團結的權利。離婚制度便是違背家庭的基本權利，使家庭破碎不整，子女遭受久缺父母愛心的生活。現在社會經濟制度迫使夫婦兩人長在外面工作，不能和子女團聚，使子女失去教養，這種經濟制度也不合於家庭的基本權利。子女成家，與父母分居乃是子女的權利。數代同堂，並不是家庭基本權利的要求，祇是中華民族的傳統，已不合於當前的社會環境。然而三代同堂，以免老年父母無人服侍，使家庭的團體更爲完整。我們現在的國民住宅不爲父母留一房間，不免剝削家庭的基本權利。大陸共匪曾設立人民公社，拆散人民的家庭，分派工作，使夫妻不相見，乃是慘無人道。家庭的生存需要適當的經濟條件，因此具有要求適當經濟的基本權利。適當的家庭經濟，第一是一處住所。流離失所，難免家破人亡，穴居巢處，已不合時代，住在破爛的斗室裡，生命不能發育、家庭應有適當的簡樸房屋，不能買、須能租。國民住宅的政策，正是符合這項權利的要求。

私產制，爲家庭存在的基本條件；沒有私產，家庭生活不能穩定；隨著人心不安，社會紊亂。孟子曾說：「是故，明君制民之產，必使仰足以事父母，俯足以畜妻子，樂歲終身飽，凶年免於死亡，然後驅而之善，故民之從之也輕。」（梁惠王上）現在薪金制度有「家庭薪金」，職員和勞工所得，要能養育家人。西洋的習慣，兒女不負責奉養父母；老年人的生活，由退休金和保險金支持。我們的社會，還沒有普遍保險制度，傳統的奉養習慣，應該保全。

二、家庭教育權

中華傳統文化，以婚姻爲家庭的大事。《禮記》說：「昏禮者，將以合二姓之好，上以事宗廟，而下以繼後世也，故君子重之。」（禮記 婚義）魯哀公曾對孔子抱怨說婚禮過於隆重，孔子答說：「天地不合，萬物不生。大昏，萬世之嗣也。君何謂已重乎！」（禮記 哀公問）中華傳統文化是生命的文化，人的生命由家族而繼續，生命繼續的象徵，在於祭祖。一個人死後，有子嗣致祭，他的生命就繼續下去了。一個人沒有子嗣而死了，應該爲他立子嗣，繼續他的家庭，春秋向他致祭。因此，家族代表祖宗的生命，家庭因此具有生命權。國家不能強迫低能和有遺傳病的夫婦結紮絕育。在醫學發達，社會環境優良的狀況下，低能兒童和惡病兒童可以治療。

夫婦有生育子女的權，也有決定生育多少子女的權，夫婦可以節育，然所用的節育方法，應是自然節育法。國家則不能有規定子女數目，祇可以在實際環境的合理要求時，提倡節育，對生育子女眾多的家庭或夫婦，不能予以制裁或懲罰。共匪現在所施行的節育政策，就是違反家庭的生命權。

生命已經成胎，懷在母親的腹中，胎兒和母親都有權利要求加以保護，不加殘害，而且家庭更有責任，保護胎兒的生命。墮胎法乃是相反生命權。

子女長大了，家庭有責任教養他們，父母也就有權教養子女。父母教養子女的權利和義務，在國家以前，因為家庭成立在國家以先。國家的教育權第一是為協助父母，第二是為養育國民；國家政府便不能剝削家庭的教育權。

父母對於子女有選擇學校的權利，政府可以因實際的需要，規定選擇的方式，但不能強迫父母送子女到一定的學校。父母對於子女的教育費，有權要求政府平等待遇，送入公立學校的子女學費，應當同等，若有多，應由政府補貼。

子女在家庭，應該不受外來的不良教育的影響。家庭便有權要求政府阻止不良的電視節目和廣播節目播送到家，並且有權要求電視和廣播播送優良節目，以協助家庭教育。

子女既是家庭的繼承人，家庭教養子女的生活，家庭就有權利教育子女在祖傳的文化裡生活。父母因而有權把自己的宗教信仰傳給子女，子女成人以後若要改變自己的宗教信仰，他們具有自由，父母除國家的語言外，也有權教子女說祖傳的語言，還有祖傳文化的生活方式，父母也能傳給子女。家庭所以是宗教的搖籃，也是文化的搖籃。少數民族的文化賴家庭傳授，移居外國的僑民也賴家庭保留祖傳文化。

三、結論

家庭是我們生命的搖籃，是保護我們生命的廟堂，又是教育我們生命的學堂；所以有基本的權利保障我們的生命，養育我們的生命，發揚我們的生命。

現在的社會正在劇變的時代，中華民族的文化被困在一種全面洗磨的過程中，家庭制度面臨崩潰的邊緣。但是家庭是人性的基本要求，不能由任何另一制度去代替。因此，我們要認清家庭的基本權利，決心予以保全，使我們的社會仍舊有穩固的根基，家庭的基本權利不僅是我們社會的根基，也是各民族的根基，因爲他是根據人的本性，是人的人權。人在世，只要是人，就要有家庭；有家庭，就要有基本的要求；滿足了基本的要求，家庭才可以健全。有了健全的家庭，則國家治、天下安寧。

中國傳統的人生觀

一、人生的理想

生活在一個動蕩時代的人，心中常多迷惘、不知道自己生活究竟有甚麼意義，若是時代不幸是動盪，而環境又是危險叢生，生活在這種時空內的人，往往是偷生一日，苟延殘喘，沒有生活的理想。但是就是爲在這樣時空的人，中國儒家傳統的思想，提示了健全的人生觀。孔子、孟子生活在春秋戰國時代，當時臣弒君、子弒父、諸侯互相傾軋，爲中國古代最動盪最危險的時代，然而孔子和孟子卻留給了後代的中國人，一個成全人格的模範。魏晉南北朝是中國歷史上的第二個動盪和危險的時代，陶潛、謝靈運、慧遠等人，卻能建立了清高的人格。南宋偏安，奸臣主和，國家處在風雨飄搖之中，又是中國歷史上的一個動盪和危險的時代，然而朱熹在權臣和思想敵人的打擊之下，卻能集中國哲學的大成，心神寧靜，處危如安。明朝亡國，滿清入關，社會安定，思想卻被鉗制，王船山和顧炎武則屹立不搖，不受爵祿。洪楊起兵，社會鼎沸，曾國藩卻能安定國家，樹立儒者的風範。一個人的人格，在動盪不安，生命危險的環境中，更能建立而又更能顯揚；因爲先要樹立一個高尙的理想，然後需要繼續努力，和反擊的勢力奮鬥，以達到目的。在天下平靜，社會有道德時，大家在同一的風氣裡生活，不敢例外，然不容易養成一個出類拔萃的人。人生須有理想，有了理想，平凡的人也可成爲不平凡的人。中國傳統的人生觀就給人一個高尙的人生理想，作爲生活的目標，結成生活的意義。

孔子的生活理想，爲一個「仁」字，「仁」的目標，在於立己立人。「「仁者，己欲立而立人，己欲達而達人。」（論語 雍也）朱熹講解「仁」字，以「仁」爲「愛之理」，又以「仁」爲生命。凡是物，都自然而然愛惜自己的生存，沒有一件物會自己摧毀自己。人愛自己的生命稱爲仁；然而人的生命和宇宙間人物的生存是相連的，人若愛惜自己的生命，也就愛惜別的人物的生存。人的生命，以心靈的生命爲最高最大，和禽獸不同；心靈生活即是精神生活，精神生活即是仁義道德的生活；因此，孔子說仁者是立己立人，達己達人。孟子也說：

「仁者，以其所愛，及其所不愛。不仁者，以其所不愛，及其所愛。」（盡心下）

仁愛乃是人的天性。孟子說小孩生來就知道自己的父母。儒家人生觀的理想，就在於依照人性而生活。《中庸》說：

「天命之謂性，率性之謂道，修道之謂教。」（中庸　第一章）率性爲誠，《中庸》乃說：

「唯天下至誠，為能盡其性。能盡其性，則能盡人之性。能盡人之性，則能盡物之性。能盡物之性，則可以贊天地之化育。可以贊天地之化育，則可以與天地參矣。」（中庸　第二十二章）

孟子也說：

「盡其心者，知其性也。知其性，則知天矣。存其心養其性，所以事天也。」（盡心上）

孔子的人生理想，以「仁」作標準。「仁」爲「仁民而愛物」，以「贊天地之化育」；

這種理想由孔子而子思，由子思而孟子，孟子後的儒家，歷代相傳承，直到現代。這種理想的完成，以「王道」爲代表。歷代儒家的人生理想，都在於「窮則獨善其身，達則兼善天下。」（孟子 盡心上）「兼善天下」行王道，在易經上已經就充滿這種思想：

「與天地相似，故不違；知周乎萬物而道濟天下，故不過；旁行而不流，樂天知命，故不憂；安土敦乎仁，故能愛。」（繫辭上 第四章）

朱熹在《周易本義》作註說：「此聖人盡性之事也。天地之道，知仁而已。知周萬物者，天也；道濟天下者，地也。先且仁，則知而不過矣。旁行者，行權之知也；不流者，守正之仁也。既樂天理，而又知天命，故能無憂，而其知益深，隨處皆安，而無一息之不仁，故能不忘其濟物之心，而仁益篤。蓋仁者，愛之理，愛者，仁之用，故其相爲表裡如此。」

聖人治國，心中沒有私慾，常能依照天地之道去愛民，愛民便養民教民，同時還要使國內的禽獸草木，都能順性而發揚；聖人是「知周萬物而道濟天下」。這就是儒家「王道」的標準，歷代儒家的人生理想，都是「內聖外王」。

這種理想的最高境地，達到與「天地合其德」的境界。「天地之大德曰生。」（繫辭下

第一章）人和天地的大德相合乃能贊天地的化育。

《中庸》說：

「大哉聖人之道，洋洋乎發育萬物，峻極于天。」（中庸 第二十七章）

「仲尼，祖述堯舜，憲章文武，上律天時，下襲水土。辟如天地之無不持載，無不覆幬。辟如四時之錯行，如日月之代明。萬物並育而不相害，道並行而不相悖，小德川流，大德敦化，此天地之所以為大也。」（中庸 第三十章）

這種天人合一的精神生活，在孔子和孟子的生活裡，在《易經》和《中庸》的章句裡，表現得很明顯；但是在後代的儒家則就隱微了，祇有張載的《西銘》和王陽明的「一體之仁」，還保持了這種與天地同德的精神。道家和佛教卻發揚這種精神生活，道家主張和道同化，與天地長終。佛教則由天台宗華嚴宗和禪宗，以求「事理圓融」，和「真如佛」相結合，而有「常樂我淨」。

二、人生的價值

人是有理性的動物，作事常有目的；目的對於每個人，常是有益的事；沒有一個人，會自己害自己，就是自殺的人，他也是追求自以爲更好的目的，即是解除痛苦。對於每個人有益的事，當然不是一件，在兩件或多件有益或有害的事件中，人必須作一選擇。選擇的標準，便是價值觀。

孔子教人的最重要的選擇，在於義利的分別。

「子曰：君子喻於義，小人喻於利。」（論語 里仁）

「君子以義為尚。」（論語 陽貨）

「子曰：飯疏食，飲水，曲肱而枕之，樂亦在其中矣。不義而富且貴，於我如浮雲。」（論語 述而）

孟子也說：

「義，人路也」。（孟子　告子上）

義，爲合於倫理道德的事，是人按自己的名分應做的事。利，則是爲自己私益的事，不合於倫理道德。義利的分別，即是善惡的分別。義利的選擇，即是倫理的價值高於私益的價值。

「孟子曰：魚，我所欲也；熊掌，亦我所欲也；二者不可得兼，舍魚而取熊掌者也。生，亦我所欲也；義，亦我所欲也；二者不可得兼，舍生而取義者也。生，亦我所欲也，所欲有甚於生者，故不為苟得也。」（告子上）

義，看在生命以上，義的價值非常高。孔子和孟子把這種價值觀實現在自己的生活上；孔子在魯國大司寇攝行相事，魯定公收了齊國所送的歌女，三天不聽政，孔子就辭了官，離開魯國。孟子曾答覆弟子公孫丑說：即使齊王升他作宰相，他也不動心，因爲他養「浩然之氣」。

「公孫丑問曰：夫子加齊之卿相，得行道焉，雖由此霸王異矣，如此則動心否？孟子曰：否，我四十不動心！……我知言，我善養吾浩然之氣。」（公孫丑上）

孟子不動心，因爲他的生活常守一定的原則，有自己的標準。什麼是他的標準呢？

「孟子曰：尚志。曰：何謂尚志？曰：仁義而已矣。殺一無罪，非仁也；非其有而取之，非義也。居惡在？仁是也；路惡在？義是也。居仁由義，大人之事備矣。」（盡心上）

人生價值的標準，在於仁義；仁義爲人生之道，仁義之道，對於每一個人，價值最高。

孔子說：

「君子謀道不謀食，……君子憂道不憂貧。」（論語 衛靈公）「子曰：富與貴，是人之所欲也，不以其道得之，不處也，貧與賤，是人之所惡也，不以其道得之，不去也。君子去仁，惡乎成名？君子無終食之間違仁，造次必於是，顚沛必於是。」（里仁）

一個人能夠以仁義爲自己生活的標準，以仁義的價値超過富貴貧賤，他的胸襟必然開拓，抱著「浩然之氣」，具有大丈夫的氣概。

「居天下之廣居，立天下之正位，行天下之大道。得志與民由之，不得志獨行其道，富貴不能淫，貧賤不能移，威武不能屈，此之謂大丈夫。」（滕文公下）

「故士，窮不失義，達不離道。窮不失義，故士得己焉；達不離道，故民不失望焉。」（盡心上）

這種大丈夫的胸襟，是以天下爲己任的精神，負擔天下責任的規律乃是仁義。人實行仁義，則「親親而仁民，仁民而愛物。」（盡心上）「萬物皆備於我矣！反身而誠，樂莫大焉。」（盡心上）雖然孟子也說「形色，天性也，惟聖人然後可以踐形。」（盡心上）告子有「食色，性也」的說法，然而聖人教人守仁義以踐形色的飲食男女之樂。

儒家的傳統人生觀，有很明白的價值觀；精神高於物質，仁義貴於生命。家庭的教育，學校的教育，都盡力培養這種價值心理。

這種價值觀，不僅爲人現生的標準，也是人身後的嚮往。中國傳統的人生觀，有三不朽：《左傳》講三不朽爲立德、立功、立言。儒家不談身後，祇行祭祖。然而人心不甘願一死就滅了，常想死後有生命的存在。孔子既不講死後的生命，但是卻講身後的名，中國人便追求身後有不朽的名。不朽的名怎麼建立呢？第一是立德，《禮記》說：「太上貴德。」（曲禮上第一）孟子也說：「天下有達爵三：爵一、齒一、德一，朝廷莫如爵，鄉黨莫如齒，輔世長民莫如德。」（公孫下）生命的價值，以仁義道德爲高，有道德的人必受人敬重，生前是這樣，死後也是這樣，中國人所敬重的是聖人，堯、舜、禹、湯、文、武、周公、孔子，世世代代受中國人的敬重，這就是不朽。立功的人，也留名於後世。

「子貢曰：管仲非仁者歟？桓公殺公子糾，不能死，又相之。子曰：管仲相桓公，霸諸侯，一匡天下，民到于今受其賜。微管仲，吾其被髮左衽矣！豈若匹夫匹婦之為諒也！自經於溝瀆而莫之知也。」（論語　憲問）

孔子不以管仲不和公子小白同死爲不仁，而稱讚他的功勞；功勞的意義，則在於使人民受益。《大學》也說：

「大學之道，在明明德，在親民，在止於至善。」（第一章）

親民，乃儒家生活的目的，即是「仁」的理想。所以立功，爲仁道的表現。《易經》說：

「顯諸仁，藏諸用，鼓萬物而不與聖人同憂，盛德大業至矣哉。」（繫辭上第五章）

聖人立德立功，盛德大業。但是沒有盛德的人，居心正直，爲民爲國，如管仲、子產一輩的，也可以立功立業，使民受惠，因而留名後世。

立言，言爲教人，孔子曾說：

「子曰：予欲無言。子貢曰：子如不言，則小子何述焉！」（陽貨）

子貢明明以「言」爲教育，孔子說話爲教育弟子。《論語》又說：

「子所雅言，詩、書、執禮，皆雅言也。」（述而）

《詩》、《書》、《禮》都是孔子常用爲教弟子的書，書就是言，著書即是「立言」諸子百家都是著書立說的人，李白、杜甫和韓愈又是詩文名家，他們都以著作垂名後世。著書立說的人不一定有德，不一定有功，李白一生以醉酒爲生活，司馬相如和文君私奔而成婚，還有許多文人都可以算是無德無功的庸常之人，然而他們不庸常，以他們的詩文成爲名人。畫家和其他藝術家用他們的作品而成名，也是「立言」而不朽。詩文和藝術品都是精神的產品，不是物質，「立言」而不朽於後世，也和立德立功一樣，看重精神的價值。

中國傳統的人生觀，奉著「參天地之化育」爲理想的目標，實踐仁義道德以發揮人生活，因而在身後享有不朽的美名。

傳統的人生觀在今天受到挑戰，今天的社會以物質金錢爲貴，以私人享受爲目標，大家所企圖的都是「利」。但是這樣的生活不能帶給人們幸福，人們在身體的享受裡，心靈會感到空虛。在發展科技以增加生產的社會裡，仍舊要有爲國爲民的理想；在工商業互相謀利的競爭中，仍舊要有仁義道德，否則絕對不能「流芳百世」，祇會有「遺臭萬年」。

儒家的商業道德

一、商業與社會的關係

中國古代社會的層次分為士、農、工、商，以士為最尊，以商為最賤。《漢書》記載漢高祖曾下令，禁止商人穿錦繡、操兵騎馬。但是賈誼當時曾上書給漢文帝說：

「而商賈大者，積蓄倍息，小者坐列販賣，操其奇贏，日遊都市，乘上之急，所賣必倍，故其男不耕耘，女不蠶織，衣必文采，食必粱肉，亡農夫之苦，有什伯之得。因其富厚，交通王侯，力過吏執，以利相傾，千里敖遊，冠蓋相望，乘堅策肥，履絲曳縞，此商人所以兼併農人，農人所以流亡也。今法律賤商人，商人已富貴矣。尊農夫，農夫已貧賤矣。故俗之貴，法之所賤也。吏之所卑，法之所尊也。上下相反，好逆乖迕，而欲國富法立，不可得也。」

在古代社會裡以農爲生產的基業。農人所產生的物品，須在地區裡互相調劑，以供需求，商人便應運而生。《周禮》在〈天官書〉裡已經有管理市場的官，市是什麼？《說文》解釋說：「市，買賣所在。」在最初是一種趕集的地方，又有市、有店，這是專門賣貨物的地方，古代對于市所注意的，在於平準，《漢書》記載高祖時，桑弘羊置平準於京師，物多則買，物少則賣。後來這種制度廢了，商人便從中牟利。但是在工業沒有發展以前社會是農人的社會，由士人領導。工業發達以後，社會的生產者，以各類工廠爲主，農人生產的食物，都經過工廠加工，工業在社會裡成了主要的成分，工人的數字逐漸比農人多。和工業同時發達的，是商業，工業的產品不像農業的產品是人所需要，農產物不是產物找消費者，是消費者找農產物，工業產品則須要去找消費者，找消費者便靠商人，爲找商人，商業便進入科學化，成了專門學問。商行公司的組織已科學化，商行公司的管理也科學化。廣告的設置成爲專業，商場的情報也屬專業。商業界的人，進到社會各角落，成爲社會的脈絡，和社會的神經、社會的生命。以商業的情況作代表，社會經濟的統計，以進口出口的物價爲標準，這種數字代表社會經濟的成長或退縮。現代的社會雖是工業社會，實際上乃是商業的社會。商業社會的代表爲都市，都市的生活由商業界所造成。目前鄉下人爭著遷往都市，都市的生活日益奢華。鄉下人的勤儉風氣逐漸消失，商業的生活已摧毀了農業的生活。

工業和社會的關係，是人和機器的關係，是勞工和雇主的關係；再進一步，有生產和學術的關係。

商業和社會的關係，則包括在一個字裡，就是「錢」。凡是和錢發生關係，就是商業的關係。錢的一方面是利，一方面是享受，孔子因爲「謀道不謀食」（衛靈公）便輕視求利的商業，現代人因爲看重享受，便看重商業的求利。求利的慾望日漸升高，求利漸漸不擇手段，目前的社會，經濟犯罪越來越多。

二、商業道德

人性生來是善的。依照人性去行事，事情必好。但是人生而有欲，欲由身體的器官和外物相接，欲便趨於可以感覺的物質物。孟子曾說：這種接觸是「不思而蔽於物，物交物，則引之而已矣。」（告子上）慾趨於自身的享受，常求私利，荀子所以說人隨著情欲，必互相爭奪；因爲物是有限的，人的情欲則是無限的。

商業的目的，在於互通有無，目標在謀利，因此，商業的目的，成爲謀利。孟子曾描寫這種情況說：

「人亦孰不欲富貴，而獨於富貴之中，有私壟斷焉。古之為市者，以其所有，易其所無者，有司者治之耳。有賤大夫焉，必求壟斷而登之，以左右望而罔市利，人皆以為賤，故從而征之，征商，自此賤丈夫始矣。」（公孫丑下）

孟子認為生產者直接以有易無，不會圖利而相爭；即使相爭，有官吏去治理；但是一個從事商業的人，則會設法壟斷市場，以求私利。

王昭禹曾解釋《周禮·天官》說：

「致天下之民，聚天下之貨，使之懋遷有無，阜通貨賄者莫大於市，苟無官以司之，則智詐愚勇怯暴攘奪，誕慢決性命以爭，無所不至矣。先生由是設官以司之，治以理之，教以化之，政以正之，刑以制之；以量多寡則有量，以度長短則有度，止使無為則有禁，敕使為之則有令……八者既立，防制曲備，雖有智者不逞能其姦，雖有勇者不敢肆其暴。」（古今圖書集成 第八十四冊 頁四）

從古代開始，國家對於商人就採用法治，以防止壟斷和欺詐；但是那時商人少，國家的法律僅祇略有規定。例如《唐律》祇在雜律中有七項規定，關於評定市價不平，使用斛斗秤度不平，壟斷市場，買賣奴隸牛馬不立券，律文規定刑罰，明清律典仿效唐律。羅馬古法的民律，有物權一篇，物權中有債權章，爲後代民法的典型。在民權和債權中有些關於商業的法律原則。

法律既不全，商業行爲，則靠道德倫理的規範，商業的倫理道德規範爲社會倫理道德規範，因爲商業在古代開始時就是一種社會活動，就使一項私人的買賣也帶有社會性的意義。商業的哲學就以這一點爲基礎，商業的道德也以這一點爲起點。商業行爲是社會性的行爲，商業的社會性，不在於社會的組織，而是在於社會的生活，既然是關於社會的生活，商業的道德，便是社會生活的道德。

社會生活的道德，社會學家多以爲來自社會習慣，然而社會所以能夠養成一種道德習慣，原因是人對於不良行爲有罪惡感，也就是有良心的譴責，良心的譴責造成罪惡感，大家對於一些不良行爲便不敢做，同時盡力去做不受良心譴責的行爲，這樣才構成道德的習慣，所以俗語常說「天理良心」，天理良心是不能侵犯的。

目前在國際貿易裡，有許多罪行在國際司法裡沒有規定，即使有規定，若兩國之間沒有邦交，國際法不能實行，大家也還是覺得天理良心在，不合理的事不能做，還是有罪惡感。

又如目前我國社會最使人痛心疾首的經濟犯，逃往國外，法律對他們束手無策，又如社會屢出不窮的惡性倒閉、捲款潛逃、仿冒商標、劣貨或磚石破紙充當貨物，已經使國家聲譽掃地；對於這些罪行，全國人都呼籲要制訂防止的法律。但是即使有了法律，若缺乏道德心，經濟犯罪仍然防止不了。因此，現在已經到了非加強商業道德不可了。

三、儒家的商業道德

1. 仁

中國的社會道德，素來以儒家的傳統爲規範。孔子不分社會人士爲士、農、工、商，卻分社會人士爲君子和小人。君子和小人的分別，就是君子追求義，小人追求利。商人則目的在求利，在孔子看來算是小人。賈誼所以說經商的人乃是賤人。然而即使是小人或賤人，可以追求利，但是仍然有應守的規範；因爲行爲的基本規範是發自天理良心。

孔子倫理道德所有的基本，是個仁道，仁道的具體規範在於「己所不欲，勿施於人。」

商業的一切關係，最基本的是人和錢的關係。商人和生產者的關係，商人和消費者的關係，都是錢的關係，對於錢的關係最基本的一點，便是「不損人以利己」。

如何不傷人？那便要遵守正義，義是宜，宜是相當、適合。《易經》講時位，《中庸》講中庸，就是做事要恰得其當。商人普通常「乘人之急」，貨物少，需要者多，便提高價錢。貨物多，便賤賣、收購，或隱藏起來不賣。這是商業界的常情；然而在這種常情裡，也要有適當的範圍，適當的的範圍是義。

2. 義

在現代的社會裡，義德稱爲公德，義德爲宜，第一個宜，是宜於我自己，宜於我自己即是做我應該做的事。在商業上我自己該做的事非常多，範圍非常廣。最重要的有兩方面的關係，第一是守法，第二是守約。商業界的人，對於商法有關的法律，有遵守的義務；對於所訂的契約，有遵守的義務，既有義務，便是在義的範圍內。

義，不僅包括法律和契約的義務，也包括道義的責任。道義的責任，則是良心的責任。有些錢，取了，不違背法律，但是從良心方面說，則於良心不安。借錢與貧苦人照常收利息到期逼著他們還錢，賣東西給貧病的寡婦照常收錢，一點不犯法。可是明知道這些人靠這點錢和東西以活命，在道義上說應當慷慨施捨。

中國社會上常讚揚「仗義施財」的人，他們按著道義，施捨金錢以救濟貧困人，以資助社會公益。

取錢要合於道義，孔子自己也曾加以說明：

「子曰：富而可求也，雖執鞭之士，吾亦為之。如不可求，從吾所好。」（述而）

「子曰：飯疏食飲水，曲肱而枕之，樂亦在其中矣。不義而富且貴，於我如浮雲。」（述而）

義，在儒家的思想裡，還有一種意義，即是「養我」，培養我的精神生活。孟子善養他的浩然之氣，養的方法就是「守義」。浩然之氣為超越塵世的精神，懷著這種精神的人，心情絕對不受人物的牽制，而以道德為自己的生命，乃是聖人賢人。商人賣貨求利，被視為俗人，和小人同類。但是在中國古代，有的商人已經自己列於士人之中，號稱「士紳」。「士紳」不僅有錢有名，而且也被認爲有人格、有道德、講道義、見於公益、爲地方人士所敬重。在現代以商業爲重的社會裡，社會風氣常受商人所左右，如目前臺灣社會的奢侈風氣，可說是由商人所養成。商人應該培養人格，保守正義，有道義之風。社會影響力有一部份已經操在商人的手裡。政府儘管下令不許公務員進入舞廳，不許喜慶大宴客，然而舞廳天天客滿，大小餐廳常有五十或一百桌的喜宴，這些都是商人喜歡花天酒地。要有講道義的人，才能有好儉的美德。

儉的理由來自易經的循環原理，宇宙和人世間沒有一種現象可以持久不衰，缺則盈，盈則缺，富若儉，富可久存，不儉，則速轉爲貧。貧能儉，則轉爲富，然而儉還有一種道義的理由，在國家多難的時期，國民應當知道吃苦以求國運的復興，若全國國民有奢侈之風，大家祇想享樂，一個平安享樂的國家必敗，何況在多難以求興邦的國家，怎樣可以復興呢？

儒家講五常，五常爲五種日常的善德，即是仁義禮智信，配合儒家五行木火金水土，五行以土爲根基，因爲一切都在地上，於是普通對五常祇講仁義禮智，而以信爲各種善德的必須條件，沒有信，不能有善德，就如中庸講誠，「不誠無物」。不信便沒有道德。這一原則在商業界確實是天經地義，缺乏信，就不能有商業道德。

「貨真價實，童叟無欺。」古來商店裡常懸掛這兩句標語，象徵商業的道德，目前社會的經濟犯罪、假冒商標、劣貨亂真、惡性倒閉、倒會潛逃、人頭支票，樣樣都表示缺乏

「信」，詐人騙人。下層的怪現象如金光黨、神棍、求職騙財騙色，也都是不誠實，缺乏信。

中國古代商人最講信用，「一言既出，駟馬難追。」兵可以不厭詐，商人則務必要信，中國古代買賣不必立契，借債可以不用券，一切講信用。明末清初，外國商人喜歡和中國人做生意，就是看重中國人的信用。孟子曾說：

「孔子曰：惡似而非者。惡莠，恐其亂苗也；惡佞，恐其亂義也；惡利口，恐其亂信也；惡鄭聲，恐其亂樂也；惡紫，恐其亂朱也；惡鄉原，恐其亂德也。君子反經而已矣；經正，則庶民興；庶民興，斯無邪慝矣。」（盡心下）

「君子反經而已矣」，君子一切都按照常情去做，絕不假冒，這樣社會才可以不產生邪惡。

信字和恥字常連在一起，有恥便有信，無恥則無信。孟子曾說：

「人不可以無恥；無恥之恥，無取矣。」

「孟子曰：恥之於人大矣！為機變之巧者，無所用恥焉！不恥不若人，何若人有。」（盡心上）

商人就是常用「機變之巧」，所以不守信，又不自以爲恥，便沒有救藥。若自己反心自問，「仰愧於天，俯怍於人。」心中必定不自安，即使豐衣足食，一生也沒有快樂，若再不知恥，自炫於人，便要使自己的妻子和兒女以他爲恥了。孟子說：

「由君子觀之，則人之求富貴利達者，其妻妾不羞也，而不相泣者，幾希矣！」（離婁下）

養成知恥的心理，事事正直，堂堂正正地做人，商人也必可以是君子。《左傳・僖公篇》記載商人弦高以十二牛犒秦師，用緩兵計，遣人急告鄭君，急作守備，是一件愛國的義舉。在目前的社會裡，金錢主義造成了消費主義而形成了享樂主義；全社會的人都追求享樂，大家便都愛錢。對金錢賦予適當的價值，乃是當前社會風氣革新的途徑。金錢的適當價值則在於人對精神的看重，精神重於物質，仁義便將重於金錢；仁義重於金錢，商業道德乃可以建立，商業道德建立了，社會乃可安定，人的生活也可快樂。

中國傳統價值的評述

民國八年的「五四運動」，爲一項政治性的運動。運動的起因，是巴黎和會逼迫中國將德國用強權在山東所得的特權，由日本繼承，暴露了中國國勢的衰弱，受列強的欺侮。全國的青年爆發了反抗的情緒，促進國民的反省，決心以求自強。從一項政治性運動變成了一項思想革新運動。政治的失敗是因爲經濟和武力落後；經濟和武力的落後是因爲缺乏科學；科學的缺乏，是因爲中國傳統的思想輕視科技。因此，五四運動所提倡的新思想是科學。科學來自歐美，新思想運動便主張放棄中國的傳統哲學，接受西方的科學。

這時代思想的代表，胡適，雖不是學科學而是學哲學的人，他以中國文明和西方文明的比較，是三輪車和汽車的比較，三輪車用自然的人力，汽車用科學的物力。（胡適 東西文化的界線 胡適文存 第三集）。

胡適尊敬發明蒸汽，發明電力的科學家爲聖人；因爲科學的發明，改革了西方人的生活方式，提升了西方人的文明。科學的發明加強生產，生產的加強發展經濟，經濟的發展提高生活享受；因此科學雖是直接影響學術研究，間接則影響整個的人生。科學在西方社會生活所發生的影響是漸進的，因爲科學的研究是逐漸進步，西方社會生活的改革也是逐漸進行，在原有的傳統的基礎上，步步改革。祇有俄國在共產黨執政以後，才毀滅以往的傳統，建設一個完全新式的共產制度的社會。俄國原來沒有科學的傳統，社會生活落後，共產黨原意用趕工的方式，迎頭趕上歐洲的工業先進國家，運用他們所信仰的社會主義。

中國在民國初年，開始革新運動時，大家也是想用趕工的方式，迎頭趕上歐美各國的科學。大家認爲中華民族的傳統思想和生活方式，是一種惰性向下的文明，也是一種祇顧名詞而不顧動的守舊文明，胡適說我們急需新的覺悟，「這種急需的新覺悟就是我們自己要認錯。我們必須承認我們自己百事不如人；不但物質上不如人，機械上不如人，並且政治社會道德都不如人。」（胡適　請大家來照鏡子　胡適文存　第三集），既然萬事都不如人，中國青年便唾棄中華民族的傳統文化，認爲都沒有價值。「遠在中共『文化大革命』以前的三、四十年間，一條一條反中國文化的潛流，早已出現在近代中國人的思想意識裡。在一九二〇，三〇年代中，人用『封建餘孽』形容中國的政治制度和社會結構，用『吃人禮教』描述中國舊有的人倫規範和社會禮俗，用『孔家店』概指中國人的基本思想和信念，都可說是這些潛流在初期激盪而成的浪花。」（中國文化新論　序論篇　劉岱撰　頁十二　民七〇年　聯經出版事業公司）民國初年的青年大都左傾，對共產黨的全盤革新，產生幻想的憧憬。但是中華民族不是俄國民族，中華民族具有高尙的悠久文化，共產黨三十年來和中華文化挑戰，沒有辦法可以毀滅五千年的傳統，最後必是傳統文化吞滅了共產主義。

國民政府遷都台灣，以安定爲基本政策，在安定中發展經濟。經濟發展已得到全面的進步，乃進而發展科學，以科技提高工業。現在台灣已成了進化中的社會，人民享受高度的物質生活，於是政府和社會人士乃轉而謀求精神建設，建立一種新的生活思想，奠定中華民族文化的復興。

國民政府和社會人士，尤其青年人，已經不和民國初年知識份子具有同樣對中國文化的看法，目前的社會主流思想，乃是重估傳統文化價值，不是拋棄傳統文化的思想，也不是回到舊日的傳統價值，而是重新估定傳統文化的取捨，不只是一種客觀的研究，而是種種的生活體驗。

傳統文化重權威，以君主專制爲政府體制，現在則實行民主。然而現代中國的民主，還是一種兼重權威的民主制度，不是義國和歐洲以政黨爲主的民主。在亞洲其他國家和非洲新成立的國家裡，也都有這種同樣的現象。中國的民主從民國成立到現在國民政府，都以領導人的權威爲中心。

傳統文化以大家庭爲社會基礎，現在台灣社會進入工業社會，廢除了大家庭制度，家家都是小家庭。但是目前社會人士在恢復三代同堂的家庭方式，兄弟姐妹結婚後分居，父母則在一個兒子或一個女兒家中居住，享受歷代所稱讚的「抱孫」或「娛孫」的樂趣。

傳統文化重孝，現代台灣社會重個人的人格，重個人的自由，常講「代溝」。尤其許多青年在美國留學，學習了美國的習慣，沒有孝養父母的觀念。然而現在教育部提倡孝道教育，規定教孝月，社會上也熱烈響應祭祖典禮，使兒女對於父母的關係，尚能保持孝養的義務。

傳統文化重禮，現代台灣社會對於生活沒有禮規，就只保存了一些喪葬儀式；古代中國多禮的社會，竟變成了沒有禮儀的社會。可是大家也感受到在國際應酬日漸增多的社會裡，中國社會沒有中國式的禮儀，乃是一大缺點，希望能有一種新的中國禮規。

傳統文化偏重哲學思想，傳統的中國哲學則偏重倫理，今天的台灣社會已注重科學，社會的倫理又已仿效歐美的倫理，傳統文化的價值在這一方面，遭遇了挑戰性的排擠。但是由大陸七十年的經驗，先是左派思想主張全盤歐化，後是共產黨徹底摧毀中國的全部傳統，而人民的生活越來越痛苦，社會越來越亂，連共產黨也開始喊「中國式社會主義」。自由中國的政府則由先總統　蔣公創設了中國文化復興委員會，台灣民間目前有多種研究中國文化革新的學術會議和著作，這都顯示大家對中國傳統文化的價值，不予以否定，而要使它具有歷史的時代性。

中國傳統文化的中心，在於對精神生活的重視。精神生活爲人的心靈生活；人的心靈生活爲宇宙中的最高生命，和全宇宙萬物的生命相連。人的精神生命的發揚，要在每個人和人類，又和萬物互相關連，互相幫助，互相和諧，才能取得發展。傳統文化乃主張仁，主張《中庸》，主張一體的生命，主張天人合一。這種中心的思想，在目前科技發達所招致的災害中，更顯出非常重要。目前科學運用不得當所引起的公害，如環境的污染、自然生態的傷害，已經造成人類生命的重大危險。這就顯示宇宙間有聯繫，且有不能破壞的和諧。人類社會目前所有的分裂，也因著極權共黨的摧殘人權，和物質享樂主義的貪慾無厭。造成政治上、經濟上和思想上的紛亂不安。在這種的社會裡，中國傳統文化的價值，顯出特殊的重要性。

傳統文化所造成的各種生活方式，應隨時代而變。今天生活方式不宜反對科學；然而科學不是生活，而祇是生活的工具。把科學合適地安置在生活裡，用科學發展人的生活，不使生活被科學所奴役，這是當前文化復興工作所有的難題。科學可以使人生硬化僵化，現代歐美人人又重新追求「藝術的人生」。以往歐洲文藝復興使歐洲興起浪漫的人生。浪漫人生失去平衡，乃招致科學的人生。現在科學的人生又失去平衡，使人企圖回到浪漫的情緒。中國傳統文化的中庸，傳統文化的宇宙和諧以及天人合一的思想和精神，應當是一條平衡的現代生活的途徑，又可以培養成現代中國人的中國式生活，造成中國的新文化。

民國七十三年六月亞洲基督信仰大學院校學術研討會

倫理道德和民族復興

一、倫理道德的重要性

《大學》的第一章上說：「古人欲明明德於天下者，先治其國；欲治其國者，先齊其家；欲齊其家者，先修其身；欲修其身者，先正其心。」修身才能齊家，齊家才能治國，治國才能平天下。天下那時是周朝的天下，就是中華民族的天下。國，那時是諸侯的國家，是天下的一部份。爲治國平天下，大家說：「德者，本也；財者，末也；外本內末，爭民施奪。」（大學傳　第十章）又說：「國不以利爲利，以義爲利。」（同上）這些話在現代的經濟學者或政治學者聽來，或者要認爲太迂闊、太守舊。可是，我們仔細去研究，看出說得很有道理。沒有道德的經濟發展，不是國家的利益，而爲國家帶來禍患；因爲大學說了，德爲本，財爲末，若把本末倒轉了，就是使民相爭相奪。我們最近社會所受的兩種經濟禍患，一種是毒玉米轉賣爲飼料和酒料；一種是餿水製造食油，都是只顧謀利，不顧道德，耶穌曾教訓徒弟們說：「凡聽了我這些話而實行的，就好像一個聰明人，把自己的房屋建築在磐石上。雨淋、水沖、風吹，襲擊那座房屋，它並不坍塌，因為基礎是建築在磐石上。凡聽了這些話而不實行的，就好像一個愚昧人，把自己的房屋建築在沙土上，雨淋、水沖、風吹，襲擊那座房屋，它就坍塌了，而且坍塌的很慘。」（瑪竇福音 第七章第二四—二七節）耶穌教人實行的話，就是所謂「山中聖訓」，教訓人基本的道德，如果缺乏了基本道德，任何人任何事都站不起來，即使站起來了，也必定倒下去。一個民族、一個國家、或者一個家庭，只建築在經濟上，完全不講道德，就是建築在沙土上，一定經不起考驗。

民族和國家，通常在運用上，常用為同義詞，因為我們中國五千年來以漢民族立國，民族就是國家，國家就是民族；但是在名詞的本身上，而且在實際上，意義並不相同。國家是政治的組織，以法律為根據，以權力為基礎，在中國古代和朝廷相混合。國家的建立和復興，常是靠實力，即是武力和經濟力。民族則是血統的團體，以血統為根據，以文化為基礎。國家所重的是政治的組織，民族所重的是血統與文化。中國儒家的政治哲學，以道德作為權力的基礎，孔子所以主張德治，孟子主張仁政。然而在實際上，中國歷代的朝廷還是重法，重實力。中華民族在五千年的歷史中，常能屹立不搖，就是當外族即是蒙古民族和滿洲民族，統治中國的時期，漢族的文化能夠同化蒙古和滿洲民族的文化，這就因為漢族的文化力強。

一個民族的文化是這個民族對於生活環境的適應、改良和創新的成就，成就有外形可見的一面，有精神不可見的一面；古蹟和生活的習慣是可見的一面，思想和精神爲不可見的一面。可見的一面能夠遭破壞，甚至於消滅；不可見的一面，則可以久存；有了這不可見的一面，民族乃可以延續生存。猶太人亡國兩千年，分散各處，而能保存猶太民族，今天還能建立以色列國家，就靠民族的精神。

民族的精神由民族生活的基本思想所建立；這種基本思想可以是宗教信仰，可以是人生哲學。在基本思想上，然後由生活習慣去養成。養成以後留傳後代，和血統相合，成爲民族的象徵。中華民族的精神是中庸的仁道。

二、民族復興的基礎

民族的精神支持民族的存在，使民族的生命綿延不絕。民族精神有時增強，民族的生命因著增強；民族精神有時衰頹，民族生命也隨著衰頹。清朝末年，因著外力的侵略，愛國的學者，想著是國家的實力不如人，乃提倡西學爲用，學習外人的船堅炮利，但是到了民國初年，學者們認爲中國不如人，乃是文化不如人，於是大喊打倒孔家店，大喊全盤西化，毀棄中國傳統文化，接受西方化，當時陳獨秀、李大釗、胡適等人，就在「新青年」雜誌極力宣傳並實行這種思想，當時青年人都左傾，後來受了共產黨的騙，政府遷台以後，大家才反省民族文化不能毀滅，卻應該復興。先總統　蔣公即發起文化復興運動。

民族的生命雖然存於血統中，由血統以傳衍；然而血統的生命，祇是物質方面的自然生命。民族的整體生命是民族的血統和民族的文化融合在一起的生命。民族文化生命以民族精神爲主幹，民族精神以民族道德爲基礎；因爲倫理道德乃是精神生命的規範。

中華民族的精神是中庸的仁道；中庸的仁道由《書經》的〈洪範〉開端，《易經》加以發揮，《論語》和《中庸》兩書予以完成。五千年來的民族生活都沿著這種精神繼續發展，五千年中國人以人的生命和宇宙萬物的生命相連，人要「仁民而愛物」，這種大同之仁，不偏不倚，大中大正，養成中華民族的精神，但是每當亂時，因著戰爭，社會不安，道德低落，魏晉南北朝、唐末、宋末、明末、清末，國家大亂，外族入侵，民族的生命便處在危難中，宋元明清各朝在開國初年，力求社會安定，獎勵教育，提高人民道德，中華民族的生命也就能夠復興。清朝末年經過太平天國和拳匪的大亂，曾國藩、譚嗣同、國父中山先生，都極力主張仁道，以復興中華民族的精神。

今天，我們不談大陸，只談臺灣。臺灣經濟的繁榮，奠定了國家生存的基礎，科技的發展，將來可以充實國防的武器。一般談政治和經濟的人，認爲這是中華民族得以復興的途徑。但是在目前經濟和科技還沒有達到發展的極峰時，社會生活和民族生命就感到了威脅，因爲經濟和科技增加財富的能力，用之於犯罪，危害了大眾的生命；例如有毒玉米案、餿水製成食油案，不道德的行爲，日益加多。偷竊強暴都用科技的凶器。今天，大家切身體驗到若再不盡力提高道德，經濟發展和科技發展雖然再高，人民的生活將更多受到傷害，人人都將恐懼不安。例如一個「愛死病」的消息就擾亂了社會的人心。

即使臺灣經濟和科技發展，不帶來各種犯罪，而祇是富足逸樂。富足逸樂也就可以使我們忘國。大陸的共產政權天天在想攫取臺灣，在臺灣的人民卻一點不想這事，只求享樂，缺乏憂患意識。一旦發生戰爭，誰會肯犧牲性命，豈不是要像唐明皇、宋徽宗、清末的皇帝那樣喪失自己的國家嗎？又即使共產政權不使用武力攻打臺灣，而祇用統戰陰謀，在臺灣祇求享樂的人，民族道德和精神很低落，豈不容易被滲透嗎？

目前有許多社會人士，呼籲制訂各方面有關的法律，打擊各種經濟犯罪。但是「道高一尺，魔高一丈。」一項法律剛頒布，不願守法的人就會找到漏洞。中國社會學者常說中國人以心中內在的力以成全人格，西洋人以外在的法律成全人格；中國人以自心內力提昇生活，西洋人以外在的上帝提昇生活。他們不知道西洋人的宗教信仰包括整體生活，守法時還以上帝的誡律警戒自己，所以常守法；中國人不信上天的誡律，只信自己的人，就憑自己的心想各種方法不守法。因此，即使制訂許多法律，若是沒有道德，仍舊預防不了各種犯罪。

現在政府施政的目標，是在復興中華民族，訂立各項發展經濟和科技的計劃。然而經濟和科技乃是復興民族的方法，復興民族應有的基礎，則是民族的道德。

有不少人說這祇是老生常談，也祇是說籠統話；復興民族道德應該有具體的計劃。我們也同意這種說法，要求文化建設委員會和國家建設委員會制訂一個確實的復興民族道德計劃。

按照我們的想法，這種計劃，第一，編定學校倫理教科書，新加坡政府編了中學儒家倫理教科書。中華民國政府爲什麼不能做？第二，訂立促進社會道德的各項工作確實執行，如教孝週、禮儀週、公德週、睦鄰週。第三，制訂各項社會基本典禮：婚禮、葬禮、壽禮、見面禮、宴禮。但是最重要的，要以適當方式予以宣傳，更要以恆心，著實執行。

在提倡民族道德上，我們宗教界有義不容辭的責任，宗教的目標就在於引人遠離罪惡，基督降生即爲將人從罪惡中救出來。今天我們的座談會便是爲反省我們的責任。

我再總括說一句：道德是復興民族的基礎，因爲要以道德復興民族的精神，以民族精神振興民族的生命，中華民族精神的特點是中庸的仁道。

民國七十四年十一月十七日演講

穩定民族文化的基點

一、親　情

近幾年來，亞洲和美國各地，都舉行學術會議或座談會，研討中華民族文化和儒家思想的現代化。目前，在新加坡就有自由中國、中國大陸、香港、美國、新加坡的學者，正在開會討論這類問題。這類問題不僅在口頭或紙上作討論，而且還要將好的結論，在自由中國和中國大陸的社會裡去實行。

目前，海峽兩方面的社會，都沒有一種適當的文化生活，中國大陸因著共產黨的專制政權，摧毀民族的傳統文化，逼迫人民過相反人性的生活。但是近日深深體驗「此路不通」，學者們乃群起研討民族的固有文化，希望能找出一種可以實行的生活方式。在自由中國的臺澎金馬，則在經濟飛躍的境遇中，盡量追求物質享受，同時實行自由民主政治，又呈現變態的暴力，因此大家都體驗到須要建立一種適合時代的文化生活，以振興國民的精神。

既然，海峽兩方面的社會都在尋求建立適合時代的文化生活，兩方面又都向傳統的民族文化裡去尋求新文化生活的元素，兩方面就都返回到民族的根，就都知道同出一源，在民族的根裡，可以互有共識，互有共同的精神，互相結合的基礎。

中華民族的傳統文化，內涵非常複雜，涵蓋的地區不僅是海峽兩岸的中華民族，而且也涵蓋東南亞和美國的華僑，從全球的中華民族的子孫生活裡，我們可以尋到幾個共同點，這幾點應該看爲中華民族的基點。

在台北市近郊墓地的問題，很使人心焦，因爲濫葬，台北四周的山都滿了墓。這一點是中國人的特點，身後的墓爲一大事，在東南亞華僑的區域內，墓地也是重要的建築，因著看重墓地，便關心掃墓；因爲掃墓，便虔誠祭祖，因著祭祖，便興建宗祠，締結宗親會。這一切實際的生活方式，來自中國祖傳的家族思想和家親感情，這種家庭親情乃是中華民族文化的一個基點，可以連結海內外的中國人。雖然今後的國民生活不能繼續以往的家族制度和傳統的孝道，然而家族的親情，仍然可以延續，我們宜提倡掃墓、祭祖，興建宗祠，以穩定這個文化基點。

二、藝術

中華民族是一個好藝術的民族，歷代學者研究學術常不用西方的分析方法，而用藝術家的直接體驗方法，中國的繪畫是一項特有的藝術，中國的宮殿式建築又是一項特有的藝術，中國的瓷器聞名世界。在國內國外，我們應當發揚這些祖傳的藝術。先總統　蔣公建造了宮殿式的故宮博物院、忠烈祠和陽明山的中山樓，這些建築已成爲觀光勝地（中山樓應及早開放），北市中心的中正紀念堂和國家戲院和音樂廳，也是遊客很多的名勝。

中華民族的藝術又表現在家庭的陳設，傢俱木器具有特別風格，男女的服裝各朝各有特色，目前，家庭的陳設多以西式沙發爲主，男女的服裝都是西裝，可是日本有和服，韓國有韓服，泰國、馬來西亞和印尼，也各有本國服裝，在隆重的典禮上，我們四千年的文化，就沒有留下一套代表祖傳文化的衣服，中國人就好比沒有文化的民族，只好效法西方人處處事事穿西服，然而長袍馬褂和旗袍，並不難看。在故總統蔣經國先生移靈典禮中，治喪大員身著長袍馬褂，氣派莊嚴，關於這一點，大家不要看作「等閒事」！祖傳的藝術代表傳統文化的基點，而且關係到國民的日常生活，我們應該提倡傳統藝術，穩定民族文化的另一基點，將來的文化部，在國民日常生活中的文化成份，應起倡導的作用。

三、孔廟

中華民族的文化爲儒家文化，以往讀書人必定要讀四書，再則讀五經。現在的學生不讀這些書了，對於儒家的思想認識得很淺。再經過胡適等人的打倒孔家店和毛澤東的批孔揚秦，好不容易近幾年才在海峽兩岸又恢復對孔子的敬重，青年們也對孔學發生興趣，一項具體的行動則是孔廟祭孔。九月廿八日，全臺的縣市舉行祭孔大典，臺中和高雄的孔廟也成爲觀光勝地。爲使散居各地的中國人體驗祖傳的文化，則可以建造大小型的孔廟（在日本東京就有一座古色古香的小孔廟），也舉行小型的祭孔典禮（近年在美國已數次盛大舉行），必定可以穩定中華文化的一個重要基點。在中國歷史上唐太宗貞觀二年，諭定全國各州縣建立孔廟，祭祀不僅在學校皇宮，今天則可由民間團體，在民間和華僑僑區內，建立孔廟，也鼓吹大陸同胞集資建立至聖先師大成殿。

四、中　道

中華文化的一個特點是中庸之道；中庸之道爲每事合於位合於時，恰得其當，中華民族最厭惡走極端，常喜歡從容中道；雖然造成了一些流弊，如苟且敷衍，但是家和社會安，則是好的成效。現在中國大陸，共產黨一意走極端，以中道爲懦弱。自由中國方面，一年來突然顯出一些極端的現象，尤其在立法院根本劃除中庸之道。這些海峽兩岸的極端份子都是想學西方的德國人，由德國而俄國人。可是國民對他們的厭惡，日漸月深，把他們的政治資產都摧毀了。我們應提倡中庸之道，使與守法精神相配合，以成今天我們生活的原則，穩定中華文化的一個重要基點。「民進黨」和執政黨宜有君子協定，爲反對而反對，應適可而止。「民進黨」的政治資本是本省人，但往後，赴臺澎的青年人大都是各省的混合兒，政府對執政者已沒有省界，在國際上更沒有「臺獨」立腳點，「民進黨」在今天就該在中國文化中找政治資產。

五、仁道

目前，在臺灣的社會裡常常發生殘暴的怪現象，天天都有殺傷人命的案件。在中國大陸，共產黨口口聲聲主張階級鬥爭，宣揚恨。可是中國人的祖先則以仁道立身立家立國，孔子的「吾道一以貫之」即是仁。四千年來中國人常以宇宙爲一道生命的洪流，滾滾不息，聖人便要贊天地的化育，和天地合德。今天我們要加強愛的教育，電視上少播映仇恨的影片；報章上少作暴力事件的渲染報導；在學校裡，現在還講八德，講四維，我認爲還是落實一點，專門來講「仁道」，消除仇恨，消除殺氣，穩定中華文化的基點中的基點。

六、結語

討論中國文化的革新和現代化，千言萬語也說不完，各人的意見很多。但是這門工作，必定要做；現在已經開始，必定將要繼續，但在實際上，我們不能等到討論有了結果才開始行動，我便提出幾點實際行動，先來穩定文化的幾個基點，使文化不至於日益消失，到後來要重建時，已經失去了基礎！文化為生活的方式，一種社會流行的生活方式，自然結成社會的一項制度，但是這種文化制度，不一定要由政府去規劃，可以由民間自由結成，然為加強文化方式的建立，今天則需政府和民間的力量互相配合，使能見到工作的成效。

家庭爲神聖廟堂

一、家——人生的根

在科技的世界裡，一切都在人的理智視線下，原先具有神秘性的事物，都失去了神秘性。一切都俗化了，一切都降到現象界的層次裡。《易經》曾說天地變化之道非常神妙。

「易，無思也，無為也，寂然不動，感而未通天下之故，非天下之至神，其孰能與於此。」（繫辭上 第十章）

天下變化之道，在於宇宙萬物生生不息；生命的變化神奇莫測。聖人贊助天地的化育，聖人的生命也是神奇莫測。《易經》說：

「神而明之，存乎其人。默而成之，不言而信，存乎德行。」（繫辭上 第

十二章）

面對著宇宙的神妙，看著生命的神奇，人有幾份欣享的心情，更具有敬重端肅的感覺。詩人騷客乃能作詩歌詠，宗教信徒乃能頂禮膜拜。歌詠自然的詩章，感謝神靈的歌曲，發揚人的精神，提高人的想望。

現在科學以試管授精，生命失去了神秘性；太空人登上月球，月亮也失去了神祕性。父子的愛情，掘下了代溝；夫婦的結合，埋下了墮胎；家庭天倫的樂趣，已經由電視節目和工廠所代替；家庭失去了神秘性，祇成了生活的一個據點。

在中國傳統的社會生活裡，家庭乃是神秘的中心和基礎。人的生命由家庭而延續，家庭祭祖，表現了生命延續的神秘。青年的教育以孝悌爲基礎，孝悌的教育在家庭中完成，家庭便是人格教育的神秘基礎。農業社會的人老死不出鄉里，鄉里的事，由家族處理，家庭乃成爲社會組織的神秘中心。

家，乃是人生的根。

現在呢？青年人都從鄉間往都市的工廠，祇在年節時歸家。城市裡的都市人，每天到公事房辦公，兒童青年到學校上課。家中人早晨出門，晚晌纔回家，還有人半夜不歸，父母兒女一週不會面。社會組織以里和鄉爲基礎，再有各種社團，家族的族長早已消失，家在人心中和社會裡已經沒有地位，越往後走，家庭的觀念將越淡薄。

但是，人的天性，要求有個家庭作生活的根。

二、家庭教會

三年前，天主教全球的代表在羅馬開會，研究家庭在現代的意義，重新肯定家庭的價值，又重新聲明家庭的神秘性，以家庭爲一小教室，而且稱家庭爲一「家庭教會」。

教堂在天主教會裡蠻有一種神秘性，祭壇上的聖龕裡有耶穌的聖體，耶穌基督自己在教堂裡。教友進入教堂，懷著神秘的心情，祈禱、獻祭。

天主教的家庭，也就含有這種神秘性，夫婦的婚配爲天作之合，是按天主聖意的結合，具有神聖的性質。子女的生命爲天主的恩賜，每日的工作，是天主所安排。因此，在家庭早晨晚晌都有祈禱。或者每個人，或者夫婦或父母子女分別或共同祈禱。家庭便成了小教室，洋溢著神秘的精神氣氛。

中國傳統的家庭本來也早晨在祖宗靈牌前供香，月初十五，供奉祭品。孔子曾說：「祭神如神在。」家庭祭祖就如祖宗在家。還有信從佛家、道家的家庭，家中供有佛像或神像，晨夕祭頌。家庭不是如同神聖的廟堂嗎？

現在科學時代不能相信迷信，然而也不能摧毀宗教信仰。天主教的家庭以家庭爲「家庭聖堂」，使宗教信仰得有適當的培養。除家庭祈禱外，家庭父母子女一起誦讀聖經。遇有家庭慶節，或家人疾病，邀請神父到家舉行宗教典禮。社會上充滿了物質的氣味，耳目所見都是物欲的形色，家庭的宗教生活，乃能在家人的心中，注入純潔的精神芳香，沖淡物質的氣味。每個信友不是每天常到聖堂，不能常坐在聖堂的靜穆中，冷清一下外面世俗的熱浪；若能晚間在家裡找得一分的宗教氣氛，便可以使心靈得到平衡。

可是許許多多的天主教家庭，並沒有這種宗教的神秘氣氛，家中的門窗和外面的街道相連，引進外面社會的一切物質氣味。家中人心中所呼吸的，和在街道上所呼吸的空氣一樣，家庭顯不出精神的色彩，更不能說有神秘的價值。但是這種通常的現象並不能證明家庭不是神聖的廟堂，祇是顯示大家須加倍努力，以造成家庭的神秘氣氛。

三、家庭為神聖廟堂

男女的愛情，大家都承認有神聖的意義，不能讓肉慾、金錢、暴力介入。當一對夫婦，真情相對，渾然忘我，口不出言，心不多思，如同聖保祿宗徒所說他們兩人，已經不是兩人，而是兩人結成了一體。這種一體的愛，即是神秘的愛，言語不能解說。

孟子曾說孩提之童，生來就知道愛父母。在日常的生活裡，我們常能看到，一個年輕母親，抱著自已的小孩，小孩望著母親，母親注視小孩，在母子的兩雙眼睛裡，流露著不能言宣的愛。這種母子相連的愛，即是神秘的愛，言語不能解說。

家庭就是由這種神秘的愛所組成的。爲什麼我們要強調離婚或墮胎呢？爲什麼我們要強調代溝呢？科技和工商社會給家庭帶來莫大的衝擊，難道我們就要讓家庭被沖毁嗎？我們就沒有可能去尋找新的模型，使天生的家庭神祕之愛，仍舊可以發育，結成一種新式家庭的天倫之樂嗎？工商社會的人們，每天在社會上所度的生活，是忙碌、是焦慮；每天所遇著的是欺詐、是暴力；若竟不能在家庭裡呼吸清新的精神空氣，在天倫的神秘愛裡，消除物質的焦慮，平靜物慾的衝動，那樣的生活將是一種瘋狂的生活，一種沙漠的乾燥生活，人生還有什麼價值呢？我們要創造新式的神聖廟堂，刷新每天生活的精神。

家庭乃是人生的根。

三民主義的仁道—統一中國的基礎

緒論

許多人問我：三民主義統一中國，對於宗教有什麼影響？我答說：影響很大！三民主義主張民權，民權就是人權，人權就是自由。自由就有宗教自由。在中國大陸，共產主義爲唯物的辯證無神論，以宗教爲人民心理的毒素，有計劃地予以剷除。爲應付實際情形，共產黨辦「愛國教會」，把教會放在無神政黨的統治之下，宗教失去了信仰自由的意義。例如：天主教爲全世界統一的宗教，領袖是羅馬教宗，「愛國教會」卻嚴禁天主教和羅馬教宗通往來，使天主教會變了質。三民主義不是唯物論，承認人有精神生活，精神生活宜有宗教信仰。國父孫中山先生和總統　蔣公都是基督教的信徒。在三民主義治理下的臺澎金馬，享有宗教自由。假使三民主義統一中國，大陸宗教恢復自由，乃是宗教界的大事。

這一點就事實談事實，我們若要研究三民主義的哲學思想，更可以看到三民主義的基本思想和宗教教義的基本信念，互相吻合，更可以明瞭三民主義統一中國和宗教的關係。

我曾經發表兩篇論文，第一篇〈由宗教信仰看民生史觀〉；第二篇〈三民主義和基督〉

信仰」。在兩篇文章裡都研究了三民主義和基督信仰的相合點。在現在這篇文章裡，再要深入研究一個基本的共同點，爲加強就事討論三民主義統一中國對宗教的益處所有的理論根據。

一、三民主義的基本為仁道

三民主義是一種政治主張，是治國的一種原則。中國最早的一種治國原則是大學。先總統蔣公在民國二十三年九月十一日對盧山軍官團第三期學員講「大學之道」，在演講開端說：

「我昨天引了　總理民族主義中的一段話，提示我們中國固有的政治哲學之精微博大，高明切實，為任何國家政治哲學所不及。所以　總理說：『中國古時有很好的政治哲學。我們以為歐美的國家，近來很進步，但是說至他們的新文化，還不如我們政治哲學的完全。中國有一段最有系統的政治哲學，在外國的大政治家，還沒有見到，還沒有說得那麼清楚的，就是大學中所說的格物、致知、誠意、正心、修身、齊家、治國、平天下那一段話。把一個人從內發揚到外，由一個人的內部做起，推到平天下止。像這樣精微開展的理論，無論外國什麼哲學家都沒有見到，都沒有說出，這就是我們政治哲學的知識中獨有的實貝，是應該保全的。』……大學一書，把個人的內在修省以及向外發揚的道理，發揮到了極致，可以說政治上一切基本的原理都不外此。」

中國儒家傳統的政治思想在於「以人治人」。這種思想不祇是行仁政以愛民，而是要自己本人要正心誠意。先總統　蔣公又說：

「所以大學一書，是自古以來傳下的做人做事最根本的原理。」

政治是先正己而後正人，政治就是以人治人，也就是自己先好好做人，然後使別人也好好做人。

儒家的人，是「倫理人」。人不僅是理性動物，而是有倫理的人。人之所以爲人，因人有心思之官，心思之官即是心。心生來有仁義禮智，如同天地之德，即乾坤，具有元亨利貞，元爲始，包括亨利貞。仁爲元，包括義禮智。所以《孟子》書中說仁爲人心，又說仁爲人。中庸書中也說仁爲人心。人既是仁，人爲正心正人，便要發揚仁道。

仁道，乃是生命之道。仁爲元，元爲生命的開始，接著有亨利貞，即是春生，夏長，秋收，冬藏。仁，乃是生命的發揚。人的生命和宇宙萬物相連，不能單獨存仁，王陽明講「一體之仁」。發揚一己的生命，應發揚別人的生命；發揚人的生命，應發揚萬物的生命。孔子說仁者立己立人；《孟子》說仁民愛物；《中庸》說至誠的人，盡性而盡人性，盡人性而盡物性，以參與天地的發育。

總理在民生史觀說明人的進化，不像獸類的鬥爭，而是以合作共存；合作共存即是仁道。

總理又常講博愛，並親題「博愛」二字的橫匾或中堂。先總統　蔣公說：

「仁的內容是什麼？就是博愛。在倫理方面推演出來，就是『忠孝仁愛信義和平』八德。在實行方面，其實質就是以『天下為公』的三民主義。」

又說：

「民生為宇宙大德的表現，仁愛為民生哲學的基礎，亦即革命的根本條件。」

三民主義以民爲基本，民以生爲本，民生乃三民主義的目的。民生的哲學基礎爲仁愛，因此仁乃革命的根本條件。這一點就和共產主義針鋒相對，互相衝突。共產主義革命的根本條件爲階級鬥爭，階級鬥爭的哲學基礎爲辯證唯物論。以「仁」統一中國，即是以三民主義的哲學基礎，推翻共產主義的哲學基礎。

蔣公又說：

「我們最廣深的理論，以仁愛為出發點，物我內外表裡精粗，都以仁愛為本源。這仁德就是我們中華民族固有的德性，無論對物對人都以此為本。所謂『仁民愛物』」。

仁爲中華民族傳統的德性。易經說：

「天地之大德曰生，聖人之大寶曰位，何以守位？曰仁。」孔子在《論語》書裡很多次講仁，仁即是孔子思想的「一貫之道。」漢朝儒家講《易經》，創「卦氣」說，以陰陽五行配六十四卦，再以六十四卦配一年四季，十二月，二十四節，七十一候，三百六十日。六十四卦象徵宇宙的變易，宇宙的變易在一年四季中運行，一年四季的運行爲春生夏長秋收冬藏。宇宙的變易便是爲五穀的生長，也就表現「天地好生」之德。宋朝理學家朱熹乃說：

「天地以生物為心，天包著地，別無所作為，只是生物而已。亙古至今，生生不窮。人物則得此生物之心以為心。」

「發明心字，曰：一言以蔽之曰生而已矣。」

「天地之大德曰生，人受天地之氣以生，故此心必仁，仁則生矣。」在天地一方面說，爲「生」；在人一方面說爲「仁」。生是仁，仁是生。在醫書上，手足痲木沒有生氣，稱爲不仁。在生物學說：桃仁杏仁，爲桃杏的生命之源。天地生化萬物，人發揚自己的生命。發揚生命爲仁。朱熹乃說：「仁爲愛之理」。愛惜自己的生命，也愛惜人物的生命。孟子乃說：「仁民而愛物」。

這種生生不息為仁的思想，由宋朝一直傳到清朝，清朝載震講「生生之仁」，清末譚嗣同講「大同之仁」。

二、仁道即行的哲學

總理的孫文學說為發動革命精神，主張「知難行易」，以突破傳統中的「知易行難」。先總統蔣公為解說總理的思想，運用王陽明的「知行合一」創「行的哲學」。

「古往今來宇宙久間，只有一個「行」字纔能創造一切，所以我們的哲學，唯認知難行易為唯一的哲學。簡言之，唯認行的哲學，為唯一的人生哲學。」

「行」是什麼意義？蔣公說：

「這個『行』字所包含的意義，要比普通所說的『動』廣博得多，我們簡直可以說『行』就是人生……」

我們要認識「行」的真諦，最好從《易經》上「天行健，君子以自強不息」一句話去體察。……

凡是真正的行，他必然是有目的、有軌道、有步調、有系統。……

說到這裡，我再將行的本義以及與人生關係說一說。古人說：「性與生俱來」，我以為「行」為性之表，所以「行」亦與生俱來。……

我們可以明瞭所謂「生」，就是人類生活，群眾生活，民族生存，國民生計而「生」。所謂「行」，也應當為人類生活，群眾生活，民族生存，國民生計而「行」。人和禽獸的不同，就在於此。古人說：「民之秉彝，好是懿德」，所謂「懿德」就是自立和立人，就是生民從天性上就具備了仁愛的德行，所以我說「仁」是與生俱來的。

蔣公講「行」，從王陽明的良知出發。王陽明以良知為心的本體，心自然靈明，自然發而為知。心自然的發而為知，就是「行」。蔣公也說宇宙的自然運行即是「行」，這就是

《中庸》所說的誠。《中庸》說：「誠者，天之道也；誠之者，人之道也。」天自然運行，天的運行化生萬物，自然是善。《易經•繫傳》說「一陰一陽之謂道，繼之者善也，成之者性也。」陰陽之道自然繼續運行，人的心自然「行」不息。心爲仁，爲明德，心的「行」，便是「明明德」，便是「誠」，便是「良知」，便是「仁」。吳經熊資政說：「行的哲學妙在能用一個行字，貫通天人及大自然。蔣公在哲學上最偉大的貢獻，就是他把行字同良知良能及大自然呵　成一氣，使人人能發憤而爲頂天立地的大丈夫。」

人心是仁，心自然流行爲行，行便是仁的自然表現。蔣公所以說：「所謂懿德，就是自立和立人（仁），就是生民從天性上就具備了仁愛的德行。」

三、三民主義的仁和天主教教義的仁

我雖不主張由天主教教義去解釋三民主義，但我則主張由天主教教義去研究三民主義。前年，秦孝儀主任編《民生史觀論文集》，邀請專家由各種學術方面去看民生史觀。他方請我寫一篇由宗教信仰去看民生史觀，我答應了，也寫了這篇文章。但是當時很匆忙，沒有從仁字方面去看民生史觀，現在我就補充所缺的這一點。

普通從宗教信仰去看三民主義，常從倫理方面去看。從倫理方面去看，三民主義和天主教的教義不單不相衝突，而且很相合。再者，從政治方面去看，三民主義主張平等自由，主張私產制，這也和天主教教義相同。現在，我從「仁」去看三民主義和天主教教義，則可以看到兩者在思想的基礎上相合。

仁是三民主義的哲學基礎，在這一點上，總理和先總統 蔣公繼承了中華文化的傳統。仁不僅是一種德行，而是人之所以爲人的理由，即是人的本性，人若是不仁，便不是人，和禽獸無異。

天主教的教義的基本，在於相信最高尊神—天主，又相信天主救人而降凡的基督。聖若望教宗說：

「仁愛是出於天主；凡有仁愛的，都是生於天主，也認識天主；那不愛的，也不認識天主；因為天主是仁愛。天主對我們的愛在一樁事上已顯出來，就是天主打發自己的獨生聖子，降凡人世，好使我們藉著他得到生命。」

天主是仁愛，不僅具有仁愛的德行，而是天主的本性就是仁愛。一切的愛都由天主所生，人的心由天主所生，人心即是仁愛，仁愛乃是人心的生命。不幸，人類因罪惡而泯沒了自己的心，乃不愛而恨而妒，天主遣聖三的第二位聖言降凡人世，犧牲自己以贖人罪，以他的生命賜給人們，人乃重新有仁愛，這種仁愛是出於天主，而是和天主同性質的愛。因此，仁，是天主教義的基本。

三民主義的仁，來自儒家的傳統。儒家以天地之心爲仁，化生萬物，人得天地之心爲仁，仁乃是人之心，就是人之所以爲人之理。仁，在三民主義思想中爲哲學基礎。

總理和先總統　蔣公都是虔誠的基督信徒，都懷有悲人憫世的愛心。先總統　蔣公講求天人合一，以「仁」而組合。他們的三民主義，即是中華民族傳統文化的結晶。以三民主義統一中國，是在中華文化的傳統基本上去統一中國人。若從宗教立場去看，也是在天主教義的基礎上統一中國。

了解三民主義統一中國的正確意義

一、中國文化傳統

最近幾天，在中央日報看到關於知識份子的文字，我也有些感想，三民主義統一中國的運動，在國內的知識分子裡並不熱烈。關於這一點我不完全歸罪於知識分子，罪是在於教育方面，把三民主義和國父思想教成了一種政治思想，並且教成了執政黨的黨綱。不在執政黨的知識分子，自認為自己有自己的思想，又既然不在黨，當然不必熱烈地捧著別人的黨綱。

然而實際上，我國憲法規定中華民國以三民主義為建國的根基，三民主義便不祇是一個黨綱，而是國家命脈的基礎。國家的命脈是民族文化，國家命脈的基礎，便是民族文化繼續的基礎。因此，三民主義應從民族文化去看、去研究，而不是祇從政治方面去讀。國父孫中山先生早就說明三民主義是中華民族文化的延續，先總統蔣中正先生更聲明三民主義是中華民族道統的傳承。

民族思想在周朝就開始，民權思想是孔、孟的仁政思想，民生思想更是歷代儒家理論的重心。孫中山先生一生奔走革命，三民主義祇是他的講演；蔣中正先生則畢生研究中國傳統文化，對於三民主義作了很多發揮和闡揚，更創立孔孟學會和文化復興委員會，把三民主義和中華民族的文化相結合，實行三民主義乃是復興中華文化，使儒家思想能夠合於中國人的現代生活。現在學校教三民主義和國父思想，應該把　國父孫中山先生的思想和　先總統蔣中正先生的思想聯合一起講，尤其要將三民主義的思想和中國傳統的思想連貫起來，在講三民主義時，闡述中華民族的文化。

二、漢學的意義

中華民族的文化，是一種活的生活，又是學術研究的對象。研究中華民族文化的學術稱爲漢學，漢學是我們中國人用的名詞，以漢民族代表中華民族，西方人則用「中國學」或「東方學」代表漢學。既然是研究中華文化的學術，也就該是研究三民主義的學術，可是直到現在沒有一位漢學者以研究三民主義爲漢學。

漢學的研究對象，有中國文字學、中國語言學、中國民族學、中國風俗學、中國考古學、中國古物挖掘學、中國宗教學、中國古禮學、中國經籍學、中國歷史學、中國哲學思想、中國社會學、中國藝術……等等領域。歷史學家湯恩比曾說在機器時代，凡是工廠的產品都稱爲出產品，實際上則祇是產品的原料，一切考古的學術祇是爲歷史預備資料，然而目前卻以考古爲歷史，真正的歷史反而被輕視爲不是歷史。漢學的情況也是一樣，漢學的研究對象爲中華民族的文化，文化的表現在於實際的生活，在於生活的思想內涵、現代研究漢學的人，祇在文字，或語言，或考古，或某一方面專心研究，卻把整個的中華文化和傳統思想忽略了。我們喊漢學在臺灣，實際上有幾位外國漢學者來臺灣研究漢學？研究考古，他們去大陸；研究語言文字，他們去大陸；研究經籍，他們去大陸，我們自己也以爲祇有那些學術是漢學，勉強湊湊數。卻不知道漢學在臺灣，代表中華民族的生活內涵，若要研究中華民族的生活應該到臺灣研究，而不是到大陸去研究共產主義的生活；而且漢學在臺灣，是中華民族傳統的思想在臺灣，雖然，臺灣一般人的思想傾向歐美化，然而大家究竟知道，應該努力恢復民族的文化，使傳統的思想能夠現代化。若要研究漢學，便應該來臺灣研究中華民族的傳統思想，而不是到大陸去研究漢學的共產化，向馮友蘭一般共產化的學者詢問中華民族的思想。

可是我們自己也不知道這一點，也不看重這一點。幸而社會目前已經漸漸體會到民族傳統思想的重要，學術界積極在研究傳統思想的現代化。

漢學在臺灣，因爲中華民族的傳統思想在臺灣，中華民族的藝術在故宮博物院，中華民族現代史的檔案在黨史會和國史館，中華民族的生活在三民主義。

三、反共的意義

三民主義統一中國是反共，是要廢除共黨的暴政；但這不是兩黨相爭，也不是兩種主義相鬥，而是中華民族的文化根本反共。

現在一般反共的政策，卻祇是事實上去反共，一意宣傳共產主義不能建立良好的經濟制度，三民主義建立了富庶的臺灣，共產黨所作都是壞事。假使這樣反共繼續下去，若將來中共步蘇俄的後塵，成了超級強國，那時還有什麼反共的理由呢？反共應從思想上去反，自由是人性的天生人權，私產制度也是天生人權之一。

中華民族幾千年來以仁道建國，《中庸》和《孟子》都說「仁者，人也」，共產主義則以仇恨建國建黨，以鬥爭爲政治方法。中華民族從堯、舜開始就有中庸之道，生活力求和諧，共產主義則偏走極端，破壞了家庭，毀壞了五倫。中華民族的文化以人性爲根基，「率性之爲道，修道之爲教」，根本和共產主義相衝突，三民主義反對共產主義，就是在這種基礎上反共，然而我們的青年有幾個人知道從思想上去反共？因爲我們沒有傳統思想的教育，用什麼去反共！沒有講習過共產主義，怎麼知道他的錯誤！三民主義教成了黨綱，不在黨的人就不知道反共了！

科技教育當然非常重要，但是思想教育還更重要。三民主義的教育是目前的思想教育，是目前反共的教育；然而結果怎樣？我們要說中國智識份子對於三民主義不熱衷，那是因爲教的不好。

四、建設傳統思想

建設傳統思想，這句話表面看來似有矛盾。傳統思想已經有，用不著人去建設。思想不是一種機器，不是一座房屋，不能由人去建設。然而我用這句話來代表對於傳統思想，我們要用建設的心情和方法去推動。傳統的思想不僅留在我們的書籍裡，而是留在我們的血脈裡，留在我們的生活裡。但，這種存在，是一種無意識的存在，是一種隱而不顯的存在，我們應該用有意識的心情認識血脈裡和生活裡的傳統思想，應該把隱在私人、家庭和社會裡的傳統思想找出來，放在眾人的眼前，作爲生活的嚮導。這是一種建設性的工作。

找出了傳統思想，要加以洗刷，加以補充，賦予新的結構，使成爲現代生活的中心思想。這是一種建設性的工作。

三民主義統一中國，也就是這種建設性工作的完成，三民主義既然是中華民族傳統思想的現代化，在這種思想內統一中國，乃是在中華民族的文化裡統一，即是中華民族的統一。

可是為能實現三民主義為中華民族傳統思想的現代化，而要做前面所說的一番建設工作，需要有一個中華民族文化的研究中心，這個研究中心需要有充份的研究經費，培養優良的研究員，從事中華文化的各方面研究，不可以僅頒幾份徵文獎，不可以僅編幾種學術史，應有著實的、深入的研究員，造成有學術價值的研究結果。藉著這種研究結果，才能討論傳統思想的現代化，才能建設中華民族的現代生活模式。大陸同胞看臺灣不僅是經濟的繁榮，而是新中華文化的發揚。

中華民族的精神生活

普通常說東方文明爲精神文明，西方文明爲物質文明，或說東方人的生活爲精神生活，西方人的生活爲物質生活。這種說法不僅是太籠統，而且是不合於事實。東西兩方面的人都有物質生活，也都有精神生活。東方中國人的精神生活，在於倫理生活；西方歐洲人的精神生活，在於宗教生活。中國儒家以與天地合其德的天人合一，爲生活的最高峰，西方歐美天主教以與天主結合一體，爲神秘生活的頂點。與天主結合一體以靈魂的超性生命爲基礎，與天地合其德以心靈之仁德作基礎，兩種精神生活在不同中有相同之點，即都以仁愛作爲命脈。

一、心的生活

孟子曾說：「耳目之官，不思而蔽於物，物交物，則引之而已矣。心思之官則思，思則得之，不思則不得也。此天之與我者也，先立乎其大者，則其小者弗能奪也，此爲大人而已矣。」（告子上）人由身體和心靈相合而成，即所謂「心物合一」，身體是「耳目之官」，爲人之小體；心靈爲「心思之官」，爲人之大體。孟子說「體有貴賤，有小大，無以小害大，無以賤害貴。養其小者爲小人，養其大者爲大人。」（同上）心耳之官大於耳目之官，人在生活上應該修養心靈，心靈代表人，爲人的特點，耳目則人和禽獸都有，所以孟子也說：「人之所以異於禽獸者，幾希！庶民去之，君子存之。」（離婁下）君子即孟子所謂大人，修養心靈的生活。

儒家歷代以心的生活，代表人的生活。心爲精神，虛靈不昧，故稱爲「心靈」，心的生活便是精神生活。

儒家的心靈生活，用十六個字可以總括起來，《書經·大禹謨》說：「人心惟危，道心惟微，惟精惟一，允執厥中」雖大禹謨出自古人尙書，稱爲僞書；但是〈大禹謨〉的這四句話，卻成爲儒家的中心思想，宋明理學家詳細研究道心和人心，又主張人心定於一，尤其集中精力討論中庸的中道。

人性的善惡問題，糾纏了儒家學者一千多年，從孟子開端一直到清朝的學者；儒家學者討論性，常從「心」去討論，孟子所謂性善，是人心生來傾於善；荀子所謂性惡，是人心生來傾於惡，朱熹討論人性，以人性爲理，理爲人心之理。朱熹以「心統性情」，人性爲人心之理，情慾爲人心之情。孟子主張性善，因爲他主張人心生來具有仁義禮智之四端，即是側隱之心，羞惡之心，辭讓之心，是非之心。「人之有是四端也，猶其有四體也。」（告子上）若沒有這四端，便不是人。人生來乃是仁義禮智之人，爲倫理之人，人的生活便是倫理的生活、儒家因此以人的精神生活爲倫理道德生活。

二、仁的生活

人心雖有仁義禮智四端，四端之中以仁爲最貴。孔子曾以仁爲他的一貫之道，宋明理學家都以仁總攝一切善德；因爲仁代表人心，人心即是仁。孟子曾說：「仁，人心也；義，人路也。」（告子上）又說：「仁也者，人也。」（盡心下）朱熹以人得天地之心爲心，天地之心有好生之德，因此天地以生物爲主，故人心爲仁。朱熹以生解釋仁。生即生命，果實的生命稱爲果仁，人的生命稱爲人心。

天地以生物爲心，對於宇宙萬物的變化都求得中道。四時春夏秋冬的運行，爲使寒暑得其中；風霜雨露的施行，要求風調雨順得其中，《易經》講宇宙的變易，標明「中正」爲變易的原則。孔子講人的倫理生活，以中庸爲生活之道。儒家歷代都看重中庸，中庸便成爲中華民族的民族性。人心爲仁，仁乃生命，身體的生命遇到肢體不仁，肢體便痲木，心不跳動，生命就消失了。精神的生命，遇到心靈沒有仁愛，生命也就消失。儒家從開始講博愛，《禮記》的〈禮運篇〉講大同，人不單愛自己的親人，「故人不獨親其親，不獨子其子。」孔子講自己的志向，「老者安之，朋友信之，少者懷之。」（公冶長）張載在《西銘》裡說：「民吾同胞，物吾與也。」王陽明在大學裡說萬物有一體之仁。仁的表現爲愛，朱熹以「仁爲愛之理」，發揮仁愛，就是發揮精神生活。

三、孝的生活

孟子曾說：「親親，仁也。」（告子上）又說：「仁之實，事親是也，義之實，從兄是也。」（離婁上）儒家倫理傳統因著仁愛造成了中華民族的孝道，把整個民族的倫理生活，總括在一個「孝」字裡，一個中國人的一生，從出生到死，就是孝。「大孝尊親，其次弗辱，其下能養。」（禮記 記義）人生的目的，在於揚名顯親，人生最忌諱的，在於以惡事污辱父母的名字。司馬遷雖然被冤枉受了刑罰，自己還認爲損害了父母的遺體，沒有面目去掃墓，拜祖先的墳。孝道代表了中華民族的精神生活。因著孝，不敢作惡；因著孝，努力行善；因著孝，愛自己的家；因著孝，社會和平不亂。《孝經》所以說：「孝者，德之本也，教之所由生也。」（孝經　開宗明義章）《論語》上有子也說：「君子務本，本立而道生；孝悌也者，其爲仁之本歟！」（學而）

四、道德良心

孝道教育子女行善避惡，什麼是善惡的標準？孔子曾經教訓弟子：「非禮勿視，非禮勿聽，非禮勿言，非禮勿動。」（顏淵）但是一般的人不懂禮規，不能以禮作善惡標準。一般人的善惡標準，乃是道德良心。每一個人生來都具有一種不學而知的良知；良知當人行事時，自然而然地告訴人這事可以或不可以做，良知普通稱爲良心。

《大學》教人修身，修身的基本在於正心，「欲脩其身者，先正其心。」（第一章）正心則在於誠意，誠意又在於致知格物。致知格物，是爲知道善惡之理，宋朝朱熹和陸象山兩人各有各的主張，朱熹說爲致知，應該研究外面事物的道理，陸象山說爲致知，只要看自己的心。實際上兩者都要，良心告訴事情的善惡，但若事情複雜時，良心就懷疑，不能決定了。多研究外面事物的環境，便可以培養良心。儒家看重老師，看重朋友，便是爲培養自己的良心。

良心不是一種學術的知識，乃是實際行動的規律，王陽明教人「致良知」，要知行合一，使良知所指明的善惡，在行爲上表現出來。良心說可以做，才做，良心說不可以做，就不做。王陽明說凡是人，無論好人壞人，都有良知，就是常做賊的人，良心也會指責他不對。

《中庸》和《大學》便教人「愼獨」。你一個人獨自在一處的時候，也不能以爲沒有人看見，就隨便作壞事，因爲你心裡的良知，會指責你。

人生的快樂，在於心中沒有良知的指責。《孟子》說：「君子有三樂：父母俱存，兄弟無故，一樂也；仰不愧於天，俯不怍於人，二樂也；得天下英才而教育之，三樂也。」（盡心上）自己問心無愧，可以對得起天，對得起人，對得起自己，就是孟子所說：「仰不愧於天，俯不怍於人」的快樂。

五、結語

很簡單地述說了中華民族的精神生活。中國人的精神生活，是心靈的生活，人心生來是仁，愛惜生命，以天地萬物爲一體，互相協調，遵守中庸。因愛生命而先愛自己的父母，力行孝道。行孝必須避惡行善，善惡的標準，在於自己的良心，人若沒有良心，便沒有精神生活。

在今天的社會裡，還可以實行這種精神生活嗎？今天的中國人仍然有自己的心靈，祇不過金錢的豐富，增加了身體的享受，物質的生活掩蓋了精神生活，但是今天的中國人因著物質的享受，真正得到幸福快樂嗎？大家卻感到心靈的空虛，覺到身體的厭倦。大家開始尋找精神方面的滿足。心靈的生活也是今天中國人所需要的生活。

中國古人以心靈的生命爲仁的生命，是天地萬物一體的生命。今天中國人自私的心很高，一個人自私，一種團體自私，使社會不安，社會充斥犯罪。人類又自私，破壞自然的環境，滅絕動植物的種類。這種生活不引人走入幸福，而引人走入喪亡的危機。因此，仁的生活，互愛互助，乃是目前迫切的需要。

中國傳統的大家庭，今天社會不適合這種制度。今天所要的家庭爲小家庭。但是小家庭並不排擠「孝道」，兒女可以和父母同居，父母幫助子女，子女照顧父母。古來孝道的尊親，弗辱和奉養，今天都不合於時代環境，但是古代孝道的知恩報愛之心，也是今天社會所需要的教育，這種教育才能使社會成爲有情的社會和有禮的社會。

尤其道德良人，是今天所最需要的生活標準。金錢價值越高，享樂的慾望越強，道德良心便更要顯明。今天社會人士，若能都看自己的良心，都能自己對得起自己，都求問心無愧，社會上的惡事都必減少，各行各類的不道德行爲便不會囂張。

今天所講的現代化生活，是民主和科學化的生活。民主和科學的發達，由人去求，乃爲人生的幸福。幸福若違反人的良心，人心祇有痛苦，絕不會有快樂。

我認爲今天的中國人，必須要有中國人的精神生活。

中華文化看台灣

一、

「四人幫」的審判，亮開了大陸同胞的眼。「四人幫」的罪乃是共產黨的罪，江青抄人家的家，乃是共產黨三十年來在大陸抄殺了千萬人家的模型。江青反劉少奇，林彪反毛澤東，乃是共產黨內部權力鬥爭的階段。「四人幫」有罪應該判死刑，乃是共產黨有罪，應該剷除，既然共產黨自己公開地承認本身的罪狀，大陸同胞便敢睜開眼來看臺灣，喊出了「政治學臺北」。中華民國政府在臺灣三十年，沒有內部的權力鬥爭，總統的繼承依照憲法，尊重民心。國民的生活，安和樂利，和諧自由。大陸同胞對於自己的私人生活，對於自己的家庭生活，對於國家的政治生活，都一心嚮往臺灣，想跟臺灣看齊。

共產黨自己也不能再騙大陸人民說：「臺灣人民貧窮，啃草根，吃樹皮。」他們也不能不從香港把臺灣的電器家具買進去，標明是中國臺灣省的產品，同時也唱出口號「經濟學臺灣」，要跟臺灣看齊。

若從臺澎金馬的同胞「人心思蜀」，看望大陸，那是想老家，願意早日回大陸，重建自己的家園。所以我們才說「毋忘在莒」，大陸同胞今天睜眼看臺灣，則是嚮往臺灣同胞的生活，羨慕臺灣同胞生活的自由和富裕，他們希望也有同樣的生活。

臺澎金馬的生活，不是共產黨所可以給予人民的，而是三民主義的中華民國政府所能造成的。大陸同胞嚮往臺灣的生活，就是嚮往三民主義的中華民國政府。既然嚮往三民主義的政府，就要唾棄共產黨的僞政權。這就是我們反攻的力量，也就是先總統　蔣公所講的政治作戰。

二、

「政治學臺北」和「經濟學臺灣」，具有很大的向心力，吸引大陸同胞的心傾向三民主義的中華民國政府，然而這個想望和嚮往，祇是生活享受的嚮往，還不是生命的基本要求。雖然古人也說過：「食色，性也」，生活的享受也是人生的天然要求，然而人的生命還有一種較比食色更基本的要求　那就是「民族性」。

一個人不是一個孤單的人，他是活在人群中。他更不是從天上掉下來的，或是從地裡生出來的，他是從父母所生的，父母又是從父母所生的。一個人常是生活有血統上互相聯繫的人群裡。血統聯繫的人，因著遺傳而性格有些相同，因著生活在同一的土地上，所造成的生活方式也相同。久而久之，血統聯繫的人由家族而變成民族，民族性進而變成了第二天性。第二天性在生活各方面的表現，造成民族的文化。

中華民族具有自己的民族性。《易經》講時位中正，形成了中國人愛中庸而惡偏激的天性。《易經》講君子自強不息，養成了中國人勤苦耐勞的天性。孔子講克己復禮，鑄成了中國人守禮的天性。《易經》講天地好生的心，人心就是仁，培養了中國人仁民愛物的天性。孔子以孝為教育的基本，造成了中國人行孝的天性，在中國人的心目中，一個人若是沒有這幾種天性，便不是人。一個不孝之人，大家都罵他不是人；一個殘暴不仁的人，大家都罵他沒有人性。孟子說，人心生來具有惻隱、羞惡、辭讓、是非之心。中國儒家以人是個倫理的人，沒有倫理的人便淪為禽獸。

在臺澎金馬，我們的政府正在努力提倡倫理，恢復中華民族固有的道德。在學校的牆上，都寫著禮義廉恥四個大字，在台北市，先總統　蔣公以仁愛、忠孝、信義、和平、敦化，作最大街道的名字。政府又頒發「國民生活須知」，指導國民衣食住行的禮儀和規則。這一切設施，用意在保全我們中華民族的民族性，使每一個中國人成為堂堂正正的中國人。一個中國人無論走到世界任何地方，可以使人看出來是一個真正的中國人。

可惜，大陸的同胞在共產黨的暴力政權下，要失去自己的第二天性。家庭被拆散了，兒女屬於人民所共有，消滅了祖傳的孝道。財產和勞力既屬於人民的共產，一切由黨去支配，人民養成怠工的習慣，破壞了中國人勤苦耐勞的天性。天天喊著階級鬥爭，處處抄家殺人，摧殘了中國人的仁愛天性。農民革命和文化大革命，事事都走極端，抹殺了中國人的中庸之道。共產黨在大陸盡力變中國人不是中國人，使大陸同胞失去民族性。

我們要向大陸同胞號召歸根，歸到祖宗的天性裡，繼續作祖宗的孝子賢孫，成爲堂堂正正的中國人。我們在臺澎金馬的同胞，每個人在倫理道德上都要自強起來，事事表現中國人的天性。大陸同胞必定會睜眼看我們的生活，在我們的生活裡看到中國人的天性。

三、

民族的天性，爲民族文化的一部分，中華民族具有自己的民族性，在生活上造成了中華民族的文化。在思想上中華民族有自己的哲學，儒釋道三家思想現在還支配中國人的生活。在藝術上，中華民族有自己的詩歌，有自己的戲劇，有自己的繪畫，有自己的建築。在衣食住的生活上，中華民族有自己的服裝，有自己的食譜，有自己的家具。在社會生活上，中華民族有自己的婚、喪、宴會的禮儀，有自己的民俗節和民俗節的風俗，有自己的宗族和同鄉社團。在學術上，中華民族有自己的醫學、音樂、天文曆法、史學。我們祇要進入臺北外雙溪的故宮博物院，我們馬上體會到中華民族文化的悠久廣博和美麗。

先總統　蔣公以大政治家的眼光，提倡恢復中華文化成立中華文化復興委員會。復興中華文化，是我們臺澎金馬同胞生存之道。先總統　蔣公遷都臺北，不僅是爲一部分中國人求自由，而是爲保全中華民族旳文化。一個民族喪失祖傳的文化，這個民族就是喪亡了。共產黨在江西剛成立政權時，農民協會已經開始摧殘中華文化，然後在竊據大陸的起初幾年實行赤化，以毛語錄代替四書五經，文化大革命時摧毀了中華文化的遺產。王船山在《讀通鑑論》說：「魏晉以降，刻石之濫觴，中國之文乍明乍滅，他日者必且凌蔑之以至於「無文」。」（讀通鑑論十二）大陸將沒有中華的文化，因此，中華文化應當在臺澎金馬自由地區予以保全，加以發揚，使大陸同胞睜眼看臺灣，看到自己祖先的文化，而造成「中華文化看臺灣」的向心。

但是我們在臺澎金馬爲保存中華文化和發揚中華文化，應做的工作還很多。保存中華文化，不僅是建造博物館，把文化遺產展出；而是在我們每個人的生活裡和我們社會生活裡，表現出中華文化的生活方式。現代中國人的生活方式，當然不和七十年前的中國人一樣，中華文化是活潑常新，然而在新的中國人生活裡，必定要看得到中華文化的傳統。目前台北市的中山樓、故宮博物院、歷史博物館、忠烈祠、國父紀念館、中正紀念堂、圓山大飯店，莊嚴雄偉，表現中華文化的建築美。但是這種建築美，應普及全臺灣。現在正在建築的各縣市文化中心，以及各縣市將來興建的具有歷史性的建築，都要能顯露中華文化的建築美術。現代中國人的衣著已經趨於輕便，採用西式服裝。但是在隆重的典禮中，穿著長袍馬褂的禮服，婦女們穿著適合時宜的旗袍，可以顯出中國服裝之美。在住宅的廳堂，在旅館中的大廳，布置中國式傢俱，可以引人觀賞中華文化的景觀美藝。還有戲劇院的戲劇和音樂廳的國樂，可以使人陶融在中華文化的樂曲聲韻裡。在私人和社會生活中，有禮貌負責任，有中庸的品德，表現中華文化的倫理美。這樣的一個社會是一個中華文化的社會。外來的觀光客，在臺灣可以體驗出來中華民族有自己的文化，有自己的特性。

四、

去年八月，中央研究院召開了第一屆國際漢學會議，嚴前總統在開幕詞裡肯定說「漢學在臺北」。他舉出了許多證據，最重要的證據是漢學的古籍和遺物，都保存在台北市。去年九月十九日，蔣彥士秘書長在大專院校校長會議上說，曾有一位美國學者對他說：「爲研究中國古書他來臺灣，爲研究中國思想他要去日本。」這一樁事使他感慨很深。臺灣保存漢學的古籍，但是少有研究的人，若是我們真正要繼承中華民族的文化而予以發揚，真正想使大陸同胞喊「文化看臺北」，使國際上的學者承認漢學在臺北，則我們對於中國思想的研究和發揚，必須要有更多的努力和建設。中央研究院應當早日成立哲學研究所，系統地整理中國古代哲學古籍，系統地深入研究中國哲學思想，配合大學哲學研究所，培植研究中國哲學的人才。即將成立的行政院文化委員會，應研究出一通盤的計畫，鼓勵中國哲學的創作，促使中國新哲學的產生，再要普遍提高全國青年對中國學術思想和人生哲學的認識和興趣，使他們在追求科技的知識時，具有中國人對精神生活的愛慕。

大陸共產黨竭力在挖掘古人的墳墓，挖出幾千年前的古物，他們企圖以古物吸引國際人士的注視，以爲中國文化在大陸。中華文化在大陸，是一些古蹟，古蹟是死的陶石銅鐵，古蹟所代表的文化，若沒有繼承文化的活人，文化是死的文化。中華文化在台灣乃是活的，死乃是幾千年流傳到今天，而在今天仍舊是新的活文化。

文化的活力，是人心的活力。中華文化的活心力，乃是仁義、中庸、自由的道德力量。雷根在就任美國總統的講詞裡有一句名言：「最重要的，我們必須明瞭，世界上沒有任何武器的威力能比得上自由的人的意志和道義勇氣。這是我們在今日世界中的敵人所沒有的武器，這是我們美國人擁有的武器。」我們臺澎金馬的同胞擁有中華文化的活心力，這種活心力是攻破大陸同胞人心的最強武器，使他們心向臺灣，心向三民主義的中華民國政府，心向中華民族的文化。王船山曾說明一項歷史原則：「大勝不以力，大力不以爭，大爭不以劇。」（春秋家說 卷一 頁二十）恢復大陸是一種最大的勝利，不能以武力去取得。爲取得恢復大陸的大勝利所用的力量，應是最大的力量，這種力量是民心的歸向。取得民心歸向是一場大戰爭，這種戰爭不能迅速完成。我們以建設中華文化取得大陸同胞的向心，大陸同胞必定會發動這種向心，畢竟他們都是中國人。

民族文化統一中國的意義

一、新的形勢

最近兩年來，國內突然出現了新的政治型態，中華民國的政府開放了往大陸探親，又開放民間代表往大陸參加會議；大陸方面興起研究儒學的風氣，接二連三地舉辦儒學國際會議，從臺灣往大陸探親的人，在大陸看到民間保留了許多以往的習俗，民間也口口聲聲咒罵毛澤東，心理上便認爲中共實質上改變了政策，現在已到了雙方談統一步驟的時候，以傳統的文化作爲根基。

這種心理，乃是一種誤覺；由誤覺的心理進而推進行動，就犯了政治的錯誤，而且冒著很大的危險。所以我現在畏談民族文化統一中國的意義，爲避免談文化統一而忘了三民主義。

二、三個步驟

三民主義包括民族、民權、民生三大部份。民族文化統一中國應該有三民主義的三大步驟：第一、文化統一；第二、政權統一；第三、經濟統一。這三個步驟不單是內容不同，而且步驟的先後也不同。中共羨慕中華民國的經濟發展，要學臺灣經濟發展的路線，但是他們不願改變文化的理念和政治的制度，因爲他們相信經濟生產方式改變了，上層政治制度也會改變；但是我們相信若是相信文化的理念不改，便不可能走臺灣經濟的路線，以求經濟統一。同時在台灣方面有人主張開放和大陸通商，投資或大量借予開發基金，也不能改變大陸中共的政權，反足以加強中共政權的聲勢。又有自由地區的一些學者，或在臺灣或在美國，目前主張海峽兩岸開始談統一的步驟和形態，他們覺得中共政權受到經濟改革失敗和社會復興儒學的雙重壓力，可能接受中華民國政府的一些要求；但是這些學者沒有深入研究中共的基本政治理念和基本政策並沒有改變，而且也沒有在短期內將要改革的預兆，現在就談統一，那和民國三十年代和四十年代，和中共談判統一的情形，沒有多少不同。沒有文化統一，就談政權統一，不能有統一，祇有投降。

三、文化統一

爲談海峽兩岸的統一，現在是談文化統一的時候，也只能談文化統一。

文化爲民族生活的方式，民族生活的方式由民族的思想而結成。民族的思想不是少數人的孤獨思想，應是大家的普遍生活。民族的普遍生活來自生活的習慣，生活的習慣由傳統思想所養成，傳統思想便是民族文化的傳統。在民族生活環境改變時，傳統的生活習慣已不合於生活的環境，民間的先知先覺就要從民族文化傳統裡，提出新的理念。改革生活的習慣，造成民間的新思想，建設民族的新文化。

目前，我們所實行的文化建設，就在於建立「倫理、民主、科學」的生活習慣。而這種生活習慣不能憑空把西洋的制度搬來，務必要和傳統的文化連結，因此興起了「儒學現代化」的問題和運動。

中國大陸四十年來，屈居共產政權統制之下，在公開的生活體制方面，整體地改變了中國文化的傳統，十年的「文化大革命」，幾乎摧殘了全部的文化遺產。幸而毛澤東死後，停止了文化大革命。

革命的野蠻行動，近年更爲緩和；經濟改革的阻力，在文化的邊緣又恢復了零星的現代傳統；民間的舊有習俗，也能夠在社會生活裡再度出現。研究儒家學說的學人，公開地召開研究會，發表演講。但是直到現在，這些學人還脫離不了以馬克思主義解釋儒學的路途，九十多歲的馮友蘭正在改寫他的《中國哲學史》。因此，我們的學人今年在新加坡的國際儒學研討會中，就直率地批評大陸學人的思想。

在大陸的文化建設工作，首先要能肯定傳統文化的價值，第二步則在尋找傳統文化的基本點，然後第二步以傳統文化的基本點建立適合當前環境的生活方式。生活方式的建立，或由民間習俗風行，或由政府規定制度，但是習俗的風行，一定要有政府的認可，否則政府可以禁止，習俗便不能成立。中國文化傳統的基本點，一定包括有自由、平等、家庭、私產；在大陸可以在這種理念上建立生活方式時，共產主義的基本就被揚棄了，中共政權也在根本要變質。中共政權若變質，便應放棄無產階級專政的原則，又要放棄共產霸佔政權的理想，開放黨禁，國民黨和其他政黨在大陸合法進行組織，軍隊不受政黨統治，到了那種政治環境裡，才可以進行政治統一，才不是國民政府向大陸的共產政權投降。

有了政治的統一，然後安心進行民生經濟的統一。但是爲預備政治和經濟的統一，民族文化的統一，必須做好奠基的工作。舉一個簡單的例說，大陸的人民，已經養成了怠工的習氣，做也好不做也好，反正一樣祇有恰可生活的薪金。目前，共黨允許農人可以有幾分屬於自己的耕地，商人可以有幾項私人的交易，農人和商人便拚命搞好屬於自己私產的事，這種習氣一養成了，將來在民生經濟的各種建設上，都將成爲一大阻力，文化建設便要在觀念和心理方面，改正這種自私心理。

四、當前工作

當前文化建設工作，在自由中國、香港和大陸，尋求對傳統文化的共識。共識的範圍，包括對傳統文化的價值之肯定，對傳統文化的基本觀念和精神的認同大家有了共識，便從事實際的工作，建立在基本觀念和精神上的新生活方式。

在中華民國方面，對於傳統文化的價值，目前已有相當的共識，民國初期摒棄傳統文化的心理，經過日本侵略和共黨禍國的慘痛經驗，今天已經消失，大家現在所追求旳是在傳統文化的現代化。現代化的目標，在於「倫理、民主、科學」。

既然大家對於傳統文化的價值，和對於傳統文化應該現代化，已經有了共識，便進一步尋找傳統文化的基本精神和理念，從歷代思想和生活的歷史去研究，又從當前民間的習俗和心理去研究。同時，因社會民眾生活出現文化斷根的混亂層面，例如社會生活的禮儀，又如民主參政的方式，我們便應積極研究，訂立適合環境的方式。在研究民族傳統文化的基本精神和理念，和倡導適合現在環境的生活方式，乃是我們文化統一的雙層工作；中華民國要站在倡導的地位，所有的結果，將來可作爲香港和大陸的示範。

生活的品質

這個題目看來很呆板，看來又很單調，大家都在提倡提高生活品質，卻未講生活的品質，不是近乎說廢話嗎？我是研究哲學的人，研究哲學的人則喜歡挖根子，因爲哲學就是找各種事物的根子，大家都在提倡提高生活品質，我們便先要弄清楚生活的品質究竟是什麼？

一、生活品質的意義

人類的生活和自然界動物植物的生活不相同，自然界的動植物依照天然的本性，生長老死，常常一樣。雖然生物進化論主張生物可以進化，因著天然的環境改變生活，但是古生物學上祇有已經滅種的生物，卻沒有從一種生物變成別一種生物的化石，生物進化論便說生物的進化乃是突變，表現突破的現象。不過，就是有突破現象，也是自然環境的影響，不是生物自身的主力。人類的生活在今天常聽見突破的口號，在生產方面要有突破，在交通方面要有突破：：等等。人類的生活突破乃是由人類自己主動。馬克思曾主張生產的工具使人類生活有突破，由石器到銅器，由銅器到鐵器，由鐵器到蒸氣，由蒸氣到電氣，由電氣到核能。然而工具的發明則靠人的理智。人就是因爲有理智，理智的思維力是無限的，人乃用理智追求生活的新工具和新方式，人類乃有歷史，人類生活便有進化。

人類的生活有心靈和身體兩方面，心靈則和身體結合成的一體，心靈的生活也靠身體的生活而活動。因此，人類的生活便須要有資料，資料就是材料，就是工具；人類生活的資料便是生活所需要的材料和工具，普通說人類的生活爲衣食住行，這四類的生活都需要材料，衣需要布料，食需要食物飲料，住需要建材，行需要交通工具，除了這四種生活以外，人還有娛樂，學術、藝術、宗教的各種生活，這些生活本是心靈的精神生活，然而都需要物質的資料和工具，娛樂需要場地，學術需要書籍，藝術需要資料，宗教需要場所和祭物。

我們講生活的品質，便是指著生活在各方面所需要的材料和工具，而且按照生活材料及工具的進化。

但是我們講生活的品質，還有最重要的一點，就是所說的：「品」。品字，普通用爲指品位、品格、品行，都帶著分別和評判的意思，譬如品評、品嚐、品題。對於一個人，我們的品評他，看他的品格怎樣，指定他的人格屬於君子或屬於小人。魏晉南北朝的清談，就以品評人格爲資料。一個人的人格包含很廣：性情、才能、事業、道統。一個人看自己的人格則是看自己的權利，以人格不可侵犯；別人看一個人的人格則是看他的道統，道德高人格也高。因此，人類的生活也可以受品評，也就可以有高低，品評即是訂定價值的高下，一個人有自己的身價，一個人的生活也就有生活的價值。

中國人的生活素來以儒家的思想作爲標準，近來社會思想已多元化，儒家思想爲能繼續領導中國社會，須要經過一番的革新，因而目前講提高生活品質的人不知道怎樣指明生活品質的高下，然而若沒有生活品質的評價，生活品質的提高將成爲一種口號，或者成爲一種外表的面具，生活的真正價值將每況愈下。

生活品質的意義，生活運用生活的資料和工具所造成的價值。

現在我按照我自己的意見，談一談生活品質的評價，或許不會走得太偏。

二、生活品質的價值

生活品質的價值由三方面去觀察：一、由生活的資料和工具；二，由生活的方式；三，由生活的精神。生活的這三方面，構成生活的真美善三個層次。

1. 生活品質的第一層價值—眞

生活須要資料和工具，資料和工具的供應，由國家土地所藏的資源和國家工業的產品；以及國家商業所進口的高級品來供給；這些資料和工具好，生活的品質也就好。

資料和工具的好壞，在於是否適合生活的需要，生活的需要，最基本的在於維持身體的生活，有了基本的維持，生活要求舒服，要求方便，要求快樂。對於飲食，最基本的需要是充饑止渴，然後要求口味的快樂。對於衣服，最基本的需要是禦寒，然後要求舒服，要求漂亮。對於住，最基本的要求是蔽風雨，然後要求舒服美觀。對於行，最基本的要求是達到目的地，然後要求舒服，要求快速。人類的知識愈高，科學愈進步，工業愈加發達，工業便製造更好的生活資料和工具。現在家庭的用具都電氣化了，冰箱、洗衣機、吸塵器、電視機、冷氣機、錄影錄音機，這些工具使家庭生活更舒服。打字機，電腦，機器人，生產自動化，這些工具使辦公室和工廠的工作更快更準確。汽車、飛機、無線電、通訊衛星，這些工具使人類的交通更方便更迅速。上面的一切工具都由科學的發明而產生，社會越科學化，生活的資料和工具越好，因此，社會若在科技上更進步，社會便更現代化，社會生活也隨著進步而現代化，生活的品質隨著提高。

但是科技的進步和生活的品質的提高，並不是並駕齊驅，甚且還能背道而馳，例如目前生活環境和生活食品的污染問題。環境的污染由科技而造成，食品的污染由化學品而製造，都是違反天然的本來狀況。

因此，科技製造的生活資料和工具，應該真正能夠使生活舒服、方便、健康。

除衣食住行的需要外，人的生活還需要許多更高的資料和工具，這就是心靈生活的需要，人爲增加知識，需要書籍，社會便設立圖書館；人爲保持健康，需要運動，社會便建造運動場。人爲培植情感，需要藝術和宗教，社會便建立藝術館和宗教廟堂。隨著社會經濟繁榮了，人對於心靈的需要更強。社會越能滿足這些心靈的需要，生活的品質乃能提高。

生活品質的第一層價值，在於生活的資料和工具，是否真能滿足生活在身體和心靈兩方面的需要。孟子曾說人有小體和大體，小體爲身體，大體爲心靈，大體較比小體更高更貴重。生活品質的第一層價值，在科技發達的社會裡，對於身體生活的資料和工具，自然會提高，因爲科技產生更新穎的產品，人們自然會採用；但是在心靈生活的資料和工具方面，則靠國家政府運用政策去提倡。所以，在評判社會生活的品質時，應注意心靈生活方面的資料和工具是否真能使人的生活得到舒服，滿足，健康。

2. 生活品質的第二層價值──美

人生來具有生活資料和工具的需求，否則不能生活，同時生來也具有美的要求，美的要求表現在生活的方式上，生活的方式構成民族的文化。

美是各分子的和諧，凡是物體本身必定是和諧的，本身各分子各在各自的位置，在量的大小和行動的先後上也互有協調；因此每個物體本身是美的，假使不美則是本身有了缺陷。而且在生存上，宇宙的萬物都應該表現和諧，《易經》很看重時和位；即是每個物體，每樁事物都要合於時合於地。這種美的要求是物體本性的要求，人在自己的生活上便也要表現美。

美的實現，和經濟財富不相關聯。我們看最古的石器和銅器鐵器，已就具有藝術的風格，我們看山地同胞的粗糙衣服，也具有藝術性的花紋。一間房子裡的設置，不在於家具的華麗或粗笨，而是在於陳設的方式，或者雅緻或者俗氣。衣服也是一樣，不在於衣料的貴賤，而在於式樣和配襯的雅俗。所謂暴發戶的婦女，衣著鮮艷，珠光滿面，俗氣令人發嘔。

禮儀爲生活的方式，禮儀常具有象徵的美，可以陶冶人的性情。有禮的社會，生活上表現次序，表現和諧。中國古代是個有禮的社會，生活也很雅緻。到了民國時代，社會改變了，思想複雜了，生活變成亂而俗。目前要提倡生活品質，在這方面要建立現代化的生活禮儀。

現代社會的生活方式，我們還可以沿用傳統的好原則：清潔、雅緻、有禮。

吃飯時，滿桌都是骨頭，魚刺，蝦殼，太不清潔，不美觀。一領襯衫，在什麼場合都穿，汗漬髒污，不清潔，也不美觀。公園草地，塑膠袋，汽水罐，衛生紙，丟滿一地，很不清潔，很不美觀。瓜子殼，餅乾屑，果子皮，拋在火車座位下，既不清潔又不美觀。風景區隨處攤販，騎樓行人道，堆滿機車，太不清潔，不美觀。這絕不是現代文明人的習慣，也不是開發國家公民的生活方式，絕對要改！

進到故宮博物院，參觀中國古代家中的陳設，心中不僅是感到舒服，也感到欽佩。雖說那是古代王宮或富家人的廳堂，但是普通讀書人的家庭也都陳設雅緻。走到英國看到紳士的服裝，走到日本，看到和服的雅緻，回想我們國內的人的衣著，雅俗的分別很大。

景觀設計現代已經成爲一種專門學問，街道庭園要有設置，房中陳設要有設置，服裝衣飾要有設置，就連每天的生活也要有設計。因著設計，美的外形要表現在生活的各方面。

生活的雅緻更要表現在禮貌上，「彬彬有禮」才可以稱爲現代的文明人，既然現在大家都感到提高生活品質的需要，政府就應慎重地制定社會禮儀，倡導實行。

3. 生活品質的第三層價值—善

每個人在維護自己的人格時，常想到自己的地位，自己的權利；但是別人看他的人格時，則常看他的道德，道德高，別人才尊敬他的人格。社會生活的品質也在於社會的道德，並不因爲科技高，生活用品精美，就自視爲現代文明人的品質。看看街市都是鐵門鐵窗，晚間單身女人不能出門步行，不能坐計程車，也不能單身住在家裡，這種社會生活是進化的文明人生活？商場的仿冒層出不窮，惡意倒會、惡性倒閉、捲款潛逃……這種商場生活也是文明人的進化表現？

我們不能也不願說現代的社會較比古代的社會更壞，但是至少我們應該說現代的中國社會沒有進化的社會該有的社會道德。現代的中國社會是工商業的社會，（雖然農業社會仍舊具有重要性），是多元思想的社會，（雖然儒家思想仍舊深刻地存留社會人心裡），是關係很複雜的社會，這樣的社會應該具有守法負責的美德，就如街上來往的車子多了，駕車的人就應該守交通規則，否則，交通必亂。現代社會各行各業的關係很複雜，國家應該定有法律以維持社會的秩序。我們中國人從前因社會關係單純，又因國家地大物博，又因傳統儒家不重視法律，因此便不習慣守法；但是到了今天社會複雜的時候，若不守法，社會的秩序就要亂了。中國歷代常守孔子的教訓「思不出其位」，養成「各人自掃門前雪，莫管他人瓦上霜」，到了今天大家住公寓，大家在工廠和商店共同生活，大家若還不彼此照顧，而且社會的組織已成爲一座大的機器，若是大家不人人負責，社會的生活便不能在各方面同時並進，表現和諧的進步。

現代的社會除守法和負責的公德外，還應有好義、勤勞、大公的私德。

儒家的傳統倫理，教人嚴格於義利之分，君子好義，小人好利。今天商業興盛的時代，當然以利爲重，然而卻也不能求利不擇手段。目前，我們的社會就出現這種現象。

勤勞是中國人傳統的美德，在各國的華僑都以勤儉起家。但是西洋的工業標語是「以最小的消耗獲取最大的利益」；再者，中國大陸的共產制度造成了做工的人不做工，待遇一樣，工人便偷懶成性。大陸逃出的人多有這種態度。又因社會各機構實行退休制度，老年人在家閒著無事。傳統的勤勞美德漸漸爲青年所拋棄。

大公的博愛素來爲中國人的傳統美德；孟子曾說「親親而仁民，仁民而愛物」（盡心上）目前對於親父母也不孝了，對於旁人強暴仇殺，對於生物殺害絕種以破壞生態環境。歷代中國的「仁愛」社會，卻變成了殺氣騰騰的社會。

我們若出國旅行，或出國考察，在歐美已開化的國家裡也可以遇到聽到這些缺乏私德的行爲，但是不會見到這種缺德行爲造成社會風氣。因此，我們不能不痛加反省，極力提倡社會道德，否則，社會的生活品質絕對無法可以升高。道德倫理乃生活的精神，生活若衹有外貌缺乏精神，便不能視爲人的生活。孟子曾說：「無惻隱之心，非人也；無羞惡之心，非人也；無辭讓之心，非人也；無是非之心，非人也。」（公孫丑上）

我現在作一個總結：生活的品質，由生活的質料和品格而成，兩者都應符合時代。現代社會的生活，使用現代科學化的資料和工具，以清潔、雅緻、有禮的風格，懷著守法、負責、好義、勤勞、大公的精神。這樣的生活，才是真美善的生活，它的品質才能高尚，度著這種生活的人才能快樂。

民國五十七年八月廿四日在華視文化中心講演

獻身於基督的人在社會的地位

目前在世界各國，另外在歐美工業發展高度旳國家，司鐸們常常問：「司鐸在當前的社會裡居什麼地位？」在以往歐美的國家裡或是天主教的國家裡，或基督教佔多數的國家裡，天主教的司鐸在社會裡居在一個領導者的地位；司鐸領導社會人士的宗教生活，也領導社會人士的倫理道德生活；而且也領導社會人士的日常生活。後來社會組織變了，政府統治國民的日常生活，工商者取得了領導社會的地位，人心傾向物質享受放棄宗教信仰；因此，司鐸在社會的地位也就變了，目前便發生了這個問題，司鐸在社會裡居什麼地位呢？

跟著來的，修女們也開始發生疑問：修女在社會居什麼地位呢？

我不想在今天的談話裡，答覆這兩個問題；我祇想給你們幾個觀念，作爲答覆這兩個問題的根據。

一、問題的意義與價值

在我們中國的教會裡，這兩個問題似乎沒有人公開提出來，我們的神父和修女也大都不想這些問題；但是不能說沒有這些問題，也不能說這些問題對於我們的教會不發生影響。現在，青年的新司鐸和修生們，青年的修女和中年的修女，就不斷在這個問題上，發生質問，發生困擾，也發生聖召的疑難。

青年司鐸和神哲班的修生，在心裡常常想著現在司鐸所作的工作，在社會裡有什麼價值呢？現在司鐸的生活有什麼意義呢？是不是值得爲聖教會而犧牲成家立業呢？青年修女們也在問修女在社會裡應該是什麼角色呢？中年的修女看到青年修女受教育做工作，她們就問自己沒有學識，不能做什麼事，在修會裡有什麼意義呢？

目前社會上的價值觀，已經和以往的價值觀不同，現在的社會是一個動的社會，一個創造事業的社會，司鐸們在聖堂裡所作的宗教性工作，修女們在修院裡所做的日常事件，已經不被人重視。司鐸和修女便要求在社會裡有所表現。

司鐸和修女把自己的工作範圍擴張到社會裡，這是一件適應時代要求的好事。假使我們若仍舊把自己關在聖堂和修院的圍牆以內，我們將被社會所摒棄。我們要走出圍牆以外，踏進社會裡去創造工作。

二、獻身於基督的人應有的地位

主曾向宗徒們說：「是我召選了你們，不是你們選擇了我！」（若十五、十六）主又向宗徒們說：「我召選了你們，爲叫你們結豐富的果實。」（若十五、十六）主在升天以前向宗徒們說：「如果聖父怎樣派遣了我，我也這樣派遣你們，你們去向萬民傳教福音。」（若二〇、二一、谷十六）聖保祿宗徒在致希伯來人書裡說：「司鐸是從人群中間被選出來的，從事屬於天主的事。」（希五、一）這些話就決定司鐸在社會中的地位，間接也決定修女的地位，凡是獻身於基督的人，都從基督得到一種使命，一種工作，什麼使命呢？直接參與基督的救世工程。

基督的救世工程是一種屬於靈性的工程，是引人脫離罪惡，歸向天主聖父的工程；即是使人的生活有高尙的目的，有真正的幸福。這種救世工程的工作，使用現世的事物，而不留在現世的事物裡；使人可以享有現世的福利，但以永生的幸福爲目標。

在目前的社會裡，教會提倡社會正義，提倡國際和平。在目前的社會裡，教會從事各種社會工作和文化工作。許多神父和修女都在這些工作裡，實現他們的聖召使命。

但是問題就在這裡，對於這些社會工作和文化工作，社會裡有專業的人去做。在社會裡有公務員、有學者、有教育界人士、有工業家、有商人、有大眾傳播人員、有醫務人員、有律師、有工程師、有工人、有雇員，這一切的人都有自己的工作，也有自己的社會地位。難道司鐸和修女就沒有自己的工作，祇是去做其他社會各界人士的工作？因此，便使自己的身份和地位，在社會上不能分得清楚嗎？

司鐸和修女因著時代的要求，也可以，而且有時應該做其他社會各界人士的工作，但是司鐸和修女一定要有自己本身的工作，因著自己本身的工作而造自己的社會地位。司鐸和修女都是受天主召喚而獻身於基督的人，他們的使命是直接參與基督救世的使命。由這種使命產生他們的本身工作。這種工作在引人歸向天主。引人歸向天主的工作，是對於人類生活的教導和輔導的工作。

在中國傳統的社會裡，每一家都敬重「天地君親師」。天生人，地養人，君保護人，親生人，師教人，天地君親師都是人生命的基本。中國古人以教師居崇高的社會地位，受每個人的尊敬，因為教師教導人怎樣生活。司鐸和修女因著參加基督救世的使命，便應該作教導和輔導人們的生活，使他們歸向天主聖父。司鐸和修女的工作，就屬於教師的工作。基督教人稱呼他們教士叫「牧師」，就是這種意思。我們天主教人士稱司鐸爲神父，是以司鐸爲精神生命的父親應該教養別人的精神生活；稱修女爲姆姆，也是以修女應該輔導人們的精神生活，如同普通一般母親們的操心。

教友們都承認司鐸和修女的這種地位；社會上一般人也承認司鐸和修女爲精神生活的導師。目前社會裡興起了一種輔導工作，如生命線、如張老師、如青年觀護人，這些人都是人們生活的輔導人。我們教會的司鐸和修女，在歷代的社會裡就做了這種工作。

司鐸和修女，爲輔導人們的生活，有牧靈和傳道的工作。這是直接的輔導工作，基督爲救人立定聖事作工具，神父的自身工作，除祈禱克苦、講道之外，就是執行聖事。修女們也是以祈禱克苦、講道、勸人參加聖事，爲本身工作。司鐸和修女，在其他方面的工作，如社會工作、教育工作、文化工作、醫務工作；在這些工作上，也應該以輔導人們生活爲目標；因著這種目標，司鐸和修女和社會上普通作這些工作的人纔有分別。而且不僅工作目標有分別，工作的態度也有分別。

獻身於基督的人，在生活上常與基督相結合，常以基督所用爲救世的工作爲工具，即是祈禱和犧牲。司鐸和修女在社會上的地位，是站在人類社會和天主之間，以祈禱和犧牲使人類和天主相結合。站在這個地位上，去教導人，去輔導人，以歸向天主爲目標，人們會去承認我們的精神生活的導師地位。

不要說這是我們自誇，實在是基督召喚我們的目的，我們自己本不是以做人的精神導師；但是因爲我們分擔基督救世的使命，我們便應該承認這種地位。

精神導師所要求的是要有高尙的聖德。有聖德的人，自然會使人敬重，會叫人服從。中國古代名符其實的老師，也都是品格高尙的人。

精神導師，對於各種職業的人都需要，在各種地方也需要，因此神父和修女的導師工作，在各方面都可以實踐；但在其他方面，神父和修女無論做什麼工作，都要有引人向善，歸向天主的目標和方法。否則，便和不獻身基督的普通人一樣，失去了聖召的意義。

聖召的意義，非常高尙；因聖召而獻身基督的人在社會的地位也很尊高。祇是要我們自己認識聖召的意義，埋頭去做天主願我們做的工作，在聖堂、在修院、在教堂、在辦公室、在幼稚園、在廚房、在病房，都可以做別人的精神導師。基督曾經說：「我來，爲叫他們得更豐富的生命」。獻身基督的人繼續基督的使命，就是使人得精神的生命。

二月五日對主顧會修女講話

同心合力發起三代同居運動

好久想把憋在心頭的話，向大家說一說，可是沒有時間執筆，這幾天舊病氣喘症因身累而忽發，住進榮總，過了兩天，一切正常，趁著難得的空閒，便執筆把憋在心頭的話寫出來，請大家一起來想一想。

在輔大行政樓，我常常看見小孩子，都是女職員的子女，寒假時，幼稚園放假，家裡沒有人，只好帶到辦公室來，我也不好講話。還有早晨八點鐘上班，有些太太晚到，總務處和訓導處想了許多辦法簽名或打卡，我說還是算了罷，想想她們一早起床，煮早餐，裝先生上班和子女上學的便當，自己再拿著提包急著走，校車已經趕不上。

這些事還算小事。剛生出的子女沒人管，祇好請保母，或放托兒所。小孩天生需要母愛，而且天生懂得母愛，保母是不能替代的。小孩稍大，送入幼稚園，放學後，送入小學，放學後，父母不在家，小孩到那裡去？子女進人國民中學，父母都想子女成龍成鳳，但是偏偏中學教育因著聯考，學校專門補習和考試，一些學生生性不好讀書，多不喜歡每星期的考試，便蹺課在外，結交歪朋友，造成社會的青少年犯罪率日增，犯罪青少年的年齡越來越低。就是好青年，每天都手拿書本，對著老師背誦，和父母見面的時間不多，聽父母的教訓更少，這輩青年長大以後，對父母的親情並不深厚，不會有真摯的孝心。

另一方面，工業的發達，在臺灣已由人工密集的程度進入技術精密的程度，工廠自動化，農產品過剩，工產品也將到這程度，退休人漸漸多，休閒的時間漸漸增加，半老人和老年人都沒有工作，爲什麼不爲休閒的人，找一份「含飴弄孫」的工作，增加一份天倫樂趣？同時，改良小孩和青少年的家庭教育，培養傳統的孝道呢？

目前，中小學提倡親職教育，把媽媽召集到學校去，校長們卻不想媽媽們大多數在家庭以外工作，她們那裡還有時間去集中精神爲教養子女？爲什麼不請祖父母和外祖父母來做親職教育呢？許多專家要說老年人不懂青年人心理，老年人跟不上時代，但是事實上，祖父母或外祖父母對於孫兒女和外孫兒女的心理更能了解，他們的關心也不下於孫兒和外孫兒女的父母，他們的話，小孫和小外孫更能接受。最近，在報紙上，我們看到蔣故總統　經國先生的孫女作文哭祖父，懷念祖父對她的關心和照顧，情感是多麼深！我的一個近房侄外孫女，她和丈夫都每天上班，她的兩個女兒，由公公照管，孫女兒對祖父比對媽媽還更親近！可看出中國傳統所說祖孫兩代感情好，是有天生的根據。

孟子曾說小孩生來就知道愛父母，但是祖孫的愛也是天生的，祖父母和孫輩也是血脈相通。保母則屬外人，和小孩沒有天生的關係，小孩和保母也沒有天生的親情，保母的教養，雖能有科學化的方法，總不能像祖父母或外祖父母一樣地深入孫兒心。

青年犯罪的原因，多半來自缺乏家教和親情，再一半則因升學聯考而使中小學教育脫離正軌，變成不正常的補習教育，忽略了倫理生活的培養。挽救之道，第一，父母或外祖父母，撫養孫輩。第二，是改革聯招，以中學分數算入聯考，使中小教育重入正軌，校長和老師有暇管教學生的生活，提倡師道。

目前臺灣社會，殘暴時見。但是儒家的傳統以人心爲仁，仁實以親親爲要。目前臺灣社會既解放了傳統的大家庭，小家庭祇有夫婦兩口帶著小子女，對於傳統的孝道拋棄殆盡。人既不孝父母，人心的仁消失，人心的仁消失，殘暴無情日出不窮。爲改良這種可怕的現狀，最適當的途徑是培養孝道。三代同居，便是培養孝道的最良方式。孝愛父母的愛心，不是一天或一年的，乃是終生；一個人終生有愛心，不輕易變成殘暴無情。

我所以極力提倡三代同居，使幼有人教，老有人養。國家興建國民住宅，應設計三代同居的房間，贍養金和所得稅應適合三代同居的需求，老人大學和空中大學應有家教的課程。我也呼籲社會有心人士同心合力發起這種三代同居運動，對於社會的安定，將來必有莫大的功效。

天地一沙鷗

一、當前社會的浮動

杜甫的一首詩，題目是「旅夜書懷」

「細草微風岸，危檣獨夜舟。
星垂平原闊，月湧大江流。
名豈文章著，官應老病休。
飄飄何所似，天地一沙鷗。」

當唐朝安祿山作亂，全國紛亂不安，杜甫寫了好幾首詩，描寫在兵亂中的感慨。這首詩應該是寫在安祿山的作亂已經平定了，杜甫年老多病，到了退休的時候，自己感慨一生在社會裡，在人生裡沒有安定，好比當時他在船上所看見江中的沙鷗，飛來飛去，沒有一定的住所。近年我們社會裡又流行一種文藝思想，以杜甫的「天地一沙鷗」代表浪漫情緒，無拘無束，自由自在，隨心所欲。

但是最近幾年，我們社會裡又發生幾種不安定的現象。社會裡的人，充滿了投機心理。那裡可以發財，就往那面跑。八〇年代，台灣社會裡出現了大家樂、媽媽樂、馬上樂、六合彩，很多人都去弄這種賭博性彩券，想一下成爲財主。目前則大家弄股票，滿街是證券公司，美國時代週刊，在三月十九日報告台灣股票戶口已經有四百萬，每五個人中就有一個人玩股票，每早晨有四十至六十萬人，進入號子，上市公司的市值資產已經到二千七百五十億美元，較比西德的二千二百多億美元還要多。另一種現象是台灣各地的民眾抗議運動，爲環保、爲行業、爲政黨，聚眾示威，演成暴動。還有一種不安現象，是思想的流變，人生的價值，事業的價值，倫理道德的價值，都在急速的變遷。再加上社會犯罪的增加，滿地黑槍，天天綁票及強姦，造成了台灣治安低到最深坑底，許多經濟界人士，工業界人士，和中等階級的人，都想移民到別國去，這些人便有了「天地一沙鷗」的感覺。

二、知止而後有定

生命是活的，不能停滯，不能呆板。青年人的生命，更是精力充沛，好似春花怒放，向各方面發展。但卻不可以亂，動者亂，沒有方向，時刻「改弦易轍」，不能有成就。青年人必須要「立志」，選擇自己的方向，確定自己的方向。立定了志向，自己知道往那方面走，集中自己的才能和自己的精力，追求達到自己的目的。

為立定志向，先要認識自己；為認識自己，須要反省。或者在早晌，靜靜地思考一下，自己有什麼才能，有什麼興趣，有什麼學識和技能；又思考一下，自己的家庭環境，自己的社會環境；還要跟朋友和父母談話；然後自己作結論，決定自己的志向。

中國古人說：男兒要有大志，現在女兒也要有大志，但不論大志或者小志，總要有個志向。

志向指出生活的方向，標明工作的目標。有了方向和目標，心緒就可以安定。所謂安定，不是呆板不動，而是不亂。心緒不亂，才可以思考；有思考，才可以選擇工作的方法。心緒不亂，可以提高工作的興趣，增加工作的信心。心緒不亂，對人對事可以看得清楚，在人生免不了有錯誤時，立時可以理會到錯誤，也可以改正。大學古書裡說：「知止而後有

定，定而後能靜，靜而後能安，安而後能慮，慮而後能得。」（大學 第一章）

目前我們社會表現的大缺乏，是缺乏思考，就是做事不加考慮。常因情緒化而動。大學生在中學生時代，集中精力和時間，補習功課，預備聯考，少有機會學習思考的方法，又少有時間思考。我常主張大學生讀點哲學，習慣思考，將來做事常常知道考慮。爲能考慮，須要有安定的心情；爲能安心考慮，須要知道自己作事的目標；目標就是志向，《中庸》古書裡說：「凡事豫則立，不豫則廢。言前定，則不跲。事前定，則不困。行前定，則不疚。道前定，則不窮。」（中庸 第二十章）用白話翻譯這段話：「任何事情，事前有準備就可成功，沒有準備就要失敗。說話先要有準備，就不會站不住；做事先有準備，就不會怕被困難打擊；行動先有準備，就不會怕疲勞後悔；做人的道理先想好了，就不會走不通。」

三、仁以貫通一切

青年人的志向究竟在該在那裡？青年人應該有什麼志向？答案是由每位青年自己去答覆。

聖保祿宗徒曾經說：「好似天上的星辰，一顆一顆的光亮都不相同，同樣我們每人將來的成就也不相同。」（格林多前書 第十五章第四十一節）青年人的志向也是一樣，每個人所有的都是每個人自己的，和別人所有的不相同，但是星辰的光雖都不相同，每個星辰都有光；同樣青年人的志向雖不相同，志向的精神則都相同，即是都有愛心。

人是什麼？西方哲學說「人是有理性的動物」，因爲祇有人可以思考。中國哲學則說：「仁者，人也。」（中庸 第二十章）人是有愛心的。孟子也曾說過：「仁，人心也；義，人路也。」（告子上）仁義究竟是什麼？每一個物體，不論是礦體，是植物、是動物、或是人，都不願意毀滅自己，動物都有天生逃避危險的良能。保全自己，是保全自己的生命，生命就是仁；愛自己的生命，就是仁愛。人生來愛惜自己的生命，生來便有仁愛。人的生命，不是單獨的生命，也不能單獨存在，必須做別人的生命，做萬物的生命相聯繫。中國古人的大同思想，以人和宇宙相結合爲一體，人爲生活要吃動物的肉、植物的蔬菜水果，還要用草藥和礦物藥，王陽明所以在「大學問」裡說萬物的生命爲一體的生命。現在環境保衛的工作成了社會和政府的重大問題，生活的環境一被污染了，人和動物植物都遭殃。人爲愛自己的生命，就要愛宇宙萬物。人的愛心，由自己的生命，推展到宇宙萬物的生命。中國傳統思想中的聖人，就是參加天地化生萬物的工作，《中庸》第二十二章說至誠的人贊天地的化育。孟子所以說仁民而愛物，培養自己的「浩然正氣」，把宇宙萬物都放在自己的心裡。

現在的世界，是個大同的世界，交通方便，往來非常快。衣食住的方式，幾乎大家都相同了，走在台北的街上，就像走在美國和歐洲的街上。但是人心卻還沒有達到大同世界，國和國爭，民族和民族鬥，黨和黨相玩，每個人求利、強姦、搶竊、綁票、販毒、假幣、少年犯罪，無所不爲。而且還將野生動物殺盡，亂砍樹林，生態環境污染。這些罪惡，都是缺乏愛心造成的。社會裡另有一些缺乏愛心的問題，老年人沒有人照顧，殘障者無法謀生，年輕的女童被逼賣淫。青年們，你們要立志造成一個新的社會，一個有愛心的社會。「給較比取，更要好」，這是一句中西的諺語，聖經上聖保祿宗徒就曾經說過（宗徒大事錄第二十章第三十五節）。孟子曾說過「親親，仁民，愛物」，你們要能「推己及人」，愛自己的生命，也要愛別人的生命，愛自己的老人，也愛別人的老人，愛自己的兒童，也要愛別人的兒童。人生的快樂，不在於自己享受生活的舒服，而是在於同別人一同享受。你們的志向是爲人服務。

爲人服務，是你們的人生觀。

坐在別人的肩上，踏在別人的頭上，不是人生的途徑；攜手同行，才是人生的正當道路。

人生觀穩定了，生活才可以穩定；但不是說因此人生沒有不定的遭遇，沒有困苦和艱難；人生的遭遇和困難，時時處處都有，不過人生觀既然穩定不變，工作的精神就可以保持不變，可以從不定的遭遇和困難中，一步一步走過去，可以事業有成。

四、理想高懸

立定自己的志向，保持自己的人生觀，還要抱著開放的胸懷，有超越世物的氣概，精神才可以安定。

道家莊子在〈大宗師篇〉曾說人要外於天下，外於世物；就是說要逃避人世社會，要拋棄人世的物質享受。佛教更以萬物爲空爲假，絕不要貪，不要想拿。這兩種想法不是人生通常的想法，人活在世上，要做人世的事，要享受人世的事物。但是做事和使用世物，都要合於中道，即是傳統思想的中庸之道，要適可而止。

人世的事，人世的事物，在目前的社會裡，用金錢作代表，有錢可以作事，有錢可以享受。大家於是一心追求金錢，以金錢作人生價值的標準，以金錢作人生事業的標準。

人生不能沒有金錢，每個人也不能不想錢。但是不可能把賺錢作爲人生的志向，也不能把物質享受當作人的人生觀。金錢是生活的工具，不是生活的目的。

人要用錢，不要爲錢所用，古人說：「役物而不役於物。」你們青年人的精神，要超越金錢以上，不要被金錢所束縛。有錢，做有錢的事；沒有錢，做沒有錢的事。在第二次世界大戰以後，歐美的青年發起了一種「嬉皮運動」，青年人不剪頭髮，不洗臉，身上拿著幾件粗布衣，在戶外或公園裡支著帳蓬睡著，喝白開水，啃麵包。他們的運動表示拋棄金錢，拋棄物質享受。但是，他們走得過於偏激，運動不能持久。若是不太偏激，這種運動的精神很可以作爲青年人的精神。青年人所看的，是自己的工作；青年人所注意的，是自己的志向；青年人所表現的，是自己的人生觀和理想。

青年人的心，不被金錢所綁，精神才會提得高，精神才會飛得遠，傑出的青年，偉大的人物，都是肯爲理想而奮鬥，爲理想而作種種犧牲。

理想，是以思想作成實行的目標，可以是人生志向，也可以是志向的一部份；但是必定是一種思想。

目前，社會的思想已往多元化，尤其在社會政治方面，思想已經表現出春花怒放的現狀，就在內政部備案的政黨就有四十個，小小的台灣，出現了四十個政黨，在國際上還算作獨一無二的事。

在這麼多的思想中，以那個思想作理想呢？我給大家提出兩句話：一句消極的話，一句積極的話：祇求自己私利或自己派系的思想，不能作爲生活的理想；爲多數人有益的思想，才可以作生活的理想。愛心爲人服務，既然是我們的人生觀，生活的理想，便是能爲大多數的人服務。研究學術，進入工商界，走進辦公室，參加社會運動，都要有高尚的理想。

五、結語：活潑的人生

「天地一沙鷗」，不象徵漂泊不定的生活，但是象徵自由活潑的生活。青年人的生活，是活潑的，是進取的，是奮鬥的，是向遠處的，不能靜坐，不能呆板。在活潑進取中，有高尚的理想，有不變的志向，有持久的原則。眼睛看得遠，看到國家民族，看到世界人類。精神提得遠，在金錢以上，在名位以上，在成敗以上。

這樣的生活，才有意義。這樣的生活，可以有成就，可以有滿足，可以有快樂。

孫逸仙思想和新儒學文化

一、新儒學文化的累積性

談哲學、談文化，不能坐在書房裡在紙上談，也不能關門祇在講台上談。要研究當前的時代，社會需要怎樣的生活。中國的哲學是講人生之道的哲學，中國的哲學家也沒有一位像康德專心講純理性批評，而不講修身之道；中國哲學比不上西洋哲學的高深，但是更合情合理。哲學既是學術的基本原理，便不祇是指示學術的研究，也應該指導人們的生活，因爲人究竟是理性動物，人的生活便要合於理。

民國已經八十年，八十年裡學者和政府都在研究並實行中國的新文化。大陸實行了共產文化四十多年，大陸人民的生活卻走在破產的路上；台灣實行民主文化也近四十年，人民生活則走上富裕而品質低的路。現在兩岸都在談統一，統一的人民生活，既不能是破產的生活，也不應是富裕而品質低的生活，應該走在向上的文化裡，有一種新的合理生活。

兩岸的人民都是中國人，中國人原是有長久而高尚文化的民族，雖然在民國的八十年裡，遭遇軍閥、日本、共黨的戰禍，家園都被破敗，祖傳的生活習慣也被摧毀，傳統的文化幾乎消滅；但是人民的血脈裡仍舊流著民族文化的血液，人民在不思不想而行動時，仍舊表現儒家文化的形象。因此，在尋常建設中國新文化的路途時，必定要走上儒家的一條路。

文化是有累積性的，在前代人的文化上，繼續向前進。歷史哲學家湯恩比曾說民族的文化，是民族企圖改良生活環境的成績，民族若安於現實而沒有改良生活環境的企圖，民族文化就要衰敗。我們知道凡是說改良，都是把已經有的加以改良。生活的環境常在變，適合環境的生活方式也要隨著改；但是生活的環境不能是一年一月突然憑空生出來的，必定是由原有的環境變出來的，因爲宇宙裡沒有從無生有的創造，而是從有到有的變化。中國人今天生活的環境和一世紀以前的生活環境大不相同，生活的方式也就要大大改變，這就是說中國人今天的文化要是新的文化了，新的文化便是從原有文化裡改變出來，中華民族原有的文化是儒家的文化，今天中國的新文化便是由儒家變出來的新儒家文化。

孫逸仙曾談自己的思想，是繼承中國傳統的新儒家文化。

「中國有一個道統，堯、舜、禹、湯、文、武、周公、孔子相繼不絕。我們的思想基礎，就是這個道統，我的革命，就是繼承這個正統思想，來發揚

光大。」㈠

對於三民主義，孫逸仙根據中華民族的傳統文化，加以改進。

「中國人最崇拜的是家族主義和宗族主義，所以中國祇有家族主義和宗族主義。……我說民族主義就是國家主義。」

這是民族主義第一講所說的話，在民族主義的第六講指出恢復我們民族的地位該走的路：

「中國從前能夠達到很強盛的地位，不是一個原因造成的。大凡一個國家所以能夠強盛的緣故，起初的時候都由於武力發展，繼之以種種文化的發揚，便能成功。但是要有維持民族和國家的長久地位，還有道德問題，有了很好的道德，國家才能長久治安。……現在我們現在要恢復民族的地位，除了大家聯合起來做成一個國族團體以外，就要把固有的舊道德先恢復起來。有了固有的道德，然後固有的民族地位，才可以圖恢復。」

對於民權和民主，孫逸仙也說都是根據古代堯、舜、孔子的思想，加以改進的。所根據的思想，採自古代儒家文化的優良點。如民族主義採取傳統文化的家族宗族的團結，加以西洋的國家思想。民權主義採取傳統文化的民本思想和大公思想，加以西洋的民主思想。民生主義採取傳統文化的養民，富民，教民思想，加以西洋的均富和平均地權思想。在孫文學說裡孫逸仙則企圖改正傳統文化中的一項民眾心理，即知易行難，改正爲知難行易。但是在《大學》和《中庸》裡，篤行的思想也非常日顯。「人一能之，己有之；人十能之，己千之。果能此道矣，雖愚必明，雖柔必強。」(中庸 第二十章)孫逸仙的志在革命，在當時中國的情況下，若要全國人都知道革命的意義，則必等到幾十年以後，因此他便提倡不知道革命的意義，也能參加革命的行動。

孫逸仙在三民主義和建國方略中所提出的新思想，現在還是改進傳統文化的道路。他提出了民族團結、民主政體、科技建業、恢復道德。這四項重要的目標，使中華民族的文化導向一個新的階段，結束君主體制的閉關時代的文化，走向和全世界開放，以科學發展建設的文化。目前台灣的社會生活，正在這種文化模型中邁進。但是缺少了孫逸仙所提出的恢復道德，目前社會生活陷入了紛亂的狀況，文化的路途也被紛亂的黑霧所阻。新儒家的努力，則在這一點上著手工作。

蔣中正總統曾經說：

「總理的基本思想，淵源於中國正統政治思想和倫理思想。總理既認定了『民生為歷史的中心』，便根據這個思想，指出我國固有的「天下為公」的思想，為改造社會的基本原則，與實行革命的最高理想。」㈡

「倫理的建設就是國民道德建設，要以總理所講的忠孝仁愛信義和平八德的精神，以昌明我國固有的人倫關係，即所謂五倫，就是五達道為內容，以實行禮運篇的博愛、互助、盡己、共享為原則。」㈢

台北市的大路的路名，有八德路，忠孝路，仁愛路，信義路，和平路，貫通台北市的中心地區，時刻以路名提醒市民，這五條路爲市內的大道，也是人生的大道，漸漸敦化市民的生活習慣，提高生活品質，造成高尙的新儒學文化，台北市乃以敦化路連貫五條八德的大路。

二、新儒學文化的中庸

儒家傳統思想常保持了一貫的原則，這項原則爲「中庸」。在《易經》裡，講論宇宙變化，變化的一項大原則爲「中正」。「中正」的意義爲保持適當的時位，《易經》常談「時之義，大矣哉」。《易傳》又說：「天地之大德曰生，聖人之大寶曰位；」（繫辭下 第一章）宇宙的變化要適合時位，農夫的生活要靠「風調雨順」，孔子將《易經》的宇宙變化原則，運用到人事上，便說：「中庸其至矣夫！民鮮能久矣。」（中庸 第三章）中庸即是中正，中庸作人生的規律，在消極方面，不過也不及，不偏也不倚；在積極方面，正名正位，中立正直。中華民族從《書經・洪範》所說的皇極，就養成「遵行中道」的民族性。

孫逸仙的思想，處處表現這項「中庸」的精神，在民族主義方面，他反對狹隘的民族主義和世界主義。在民權主義方面，他把權和能分開，人民有權，政府有能，人民的權稱爲政權，政府的能稱爲治權。在民生主義方面，他既反對資本主義，也反對共產主義，他主張「民有私產」，又主張「均富共享」。私有財產權不能廢除，私有財產也不可以供私人濫用。歷史的中心不在物質，在人生。「要把歷史上的政治、社會、經濟，種種中心都歸之於民生問題，以民生爲社會歷史的中心。」（民生主義 第一講）

這種以民生爲中心的思想，爲中國哲學的特點；中國哲學無論儒釋道，所有研究對象，爲「人生之道」，講論人應當怎樣生活，以人爲目標，所以稱爲人文主義的哲學皈西洋以研究事物真理爲目標不相同。《中庸》第十三章說：「子曰：道不遠人，人之爲道而遠人，不可以爲道。」

蔣中正總統曾就大學中庸兩書，在廬山軍官團作專題演講，開始講「大學之道」說：

「總理在民族主義中，曾經提示我們中國固有的政治哲學之精微博，大高明確實，為任何國家的政治學家所不及。總理說：『中國古時有很好的政治哲學。我們以為歐洲的國家近來很進步；但是說到他們的新文化，還不如我們政治哲學的完全。中國有一段最有系統的政治哲學，在外國的政治家還沒有見到，還沒有說到那樣清楚的，就是大學，中庸所說的格物，致知、誠意、正心、修身、齊家、治國、平天下那一段話，把一個人從內發揚到外，由一個人內部做起，推至平天下止。』像這樣精微發展的理論，無論外國什麼哲學家都沒有見到，都沒有說出。這就是我們政治哲學的知識中獨有的實貝，是應該保存的。」(四)

又在講「中庸要旨」開端時說：

「今天要將我國四千年來一貫的傳統哲學，亦是就總理所說的「中國道統」，自堯舜禹湯文武周公孔子以來最精微而亦最實際的人生哲學──即中庸的道理，講給大家聽。這是我們個人修己立身，成德立業之要道。」(五)

蔣中正總統作了《民生主義育樂兩篇補述》，在第一章序言結尾裡說：

「民生主義的社會不是以競爭為基礎，而是以合作為基礎。各階級互相依賴，在互信互愛的情形之下共同生活，人人以其所付出之勞力為比例來分沾

其利益。如此，人民全體都有生活的機會，有完全的自由，並有充分的娛樂和幸福。」㈥

孫逸仙對於人生，講到達爾文進化論，贊成達氏的「物競天擇」和「生存競爭」思想；但是講到人生的進化，則放棄達爾文的生存競爭和弱肉強食，都主張人須互助，歸到中國儒家傳統的思想：這就是一個保持中庸的主張。由互助乃有均富，共沾利益，消滅共產和資本專利的衝突。

新儒學文化將繼續這種中庸的精神，《中庸》書上第二章說：「仲尼曰：君子中庸，小人反中庸，君子之中庸也，君子而時中，小人之反中庸也，小人而無忌憚也。」

中庸，在於「時中」；反中庸，在於「無忌憚」。目前台灣的社會，是一個無忌憚的社會。「祇要我喜歡，有什麼不可以」，成了流行的語言，作成了行動的規範。立法院的非理性抗爭，地下工廠的假冒，地下經濟投機猖狂，劣徒的橫行，青年人的放肆，職業欠缺道德。在這種無忌憚的社會裡，要恢復固有道德，絕不能復古，也不能放蕩，要認定實際的時代環境，提出「時中」的道德規範，家庭道德已退居次要地位，職業道德則居首要；但傳統的五倫就沒有包括職業關係。已往中國人活在家族的範圍內，國家乃是家族的發展。現在中國人則活在職業以內，怎樣使忠孝仁愛信義和平能實現每項職業上，就是新儒學的課題。傳統的儒家倫理，注重在個人生命和父母生命的關聯，以父子一體的觀念制定了孝道，孝道作爲個人生活的總則。目前新儒學則應注重個人生命和社會的聯繫，以社會一體的觀念制定「共存」的觀念，作個人生活的總則。「共存」不僅和人要共存，並需要和自然界物體共存。這種觀念的來源可以上溯到《易經》的「中正」，陰陽的變化常有和諧，自然界乃有「天樂」。

三、新儒學文化的仁道

孫逸仙曾說：

「人類初出之時，亦與禽獸無異，再經幾千萬年的進化，而始長成人性，而人類之進化於是乎起源。此期之進化原則，則與物類之進化原則不同，物類以競爭為原則，人類則以互助為原則。社會國家者，互助之體也；仁義道德者，互助之用也。」(七)

人類互助的思想，來自中國傳統的仁道。孔子曾說明自己的全部思想，以一個「字」可以貫通。「子曰：參乎。（曾子）吾道一以貫之。曾子曰：唯！子出，門人問曰：何謂也？曾子曰：夫子之道，忠恕而已矣。」（里仁）曾子所說的「忠恕」，其實就是「仁」。

《易經》以仁配元，元爲生命之端。漢易又以仁配春配木，和生命連在一起。宋儒朱熹乃以仁爲生，「在天曰生，在人曰仁」。仁不是愛，是愛之理。每一件物體，都天性愛惜自己的存在，保全自己的生命。天地更是愛惜萬物的生命，一切變化都爲使萬物化生。《易經》所以說「天地之大德曰生。」（繫辭下 第一章）儒家以聖人和天地同德，贊天地的化育。孟子便講仁民而愛物，《禮記》的〈禮運篇〉講大同。

孫逸仙非常注重大同的思想，也常提「博愛」兩字以贈人。又親筆書寫禮運大同一段，留作紀念。他在《孫文學說》上說：

> 「人類進化之目的為何？即孔子所謂『大道之行也，天下為公』。耶穌所謂『爾旨得成，在地若天』。此人類所希望，化現在之痛苦世界，而為極樂之天堂是也。（孫文學說 第四章）

又向青年演講說：

「近日社會學說雖大昌明，而國家界限仍嚴，國與國之間不能無爭，道德家必須世界大同永無戰爭之一日。我們亦須存此心理，感受此學說。將來世界總有和平之望，總有大同之一日。此吾人無窮之希望，最偉大之思想。」(八)

傳統的儒家文化，爲「仁」的文化。仁的文化的表現，首先在於「孝」，其次在於「推己及人」，像孟子所說：「老吾老以及人之老，幼吾幼以及人之幼。」（梁惠王上），最高點則在於《中庸》所說：「大哉聖人之道，洋洋乎發育萬物，峻極于天。」（第二十七章）范仲淹乃有「先天下之憂而憂，後天下之樂而樂。」（岳陽樓記）。中華民族養成了愛和平的民族性。

但是近一百年，中華民族卻常處在戰亂的中間，清朝末葉，有西洋強國的重武，民國初年有軍閥的內訌，中葉有日本的侵略，最後有共黨的竊國。中共統治大陸已四十年，逼迫人民鬥爭，教導人民仇恨，想要根除中華民族的仁道文化，代以階級鬥爭的文化。國民政府遷來台灣，民心經過戰亂切望平安，又因久居窮苦追求財富，政府保持了台灣的安全，發展了國民的經濟，台灣的民眾乃以追求金錢享受爲目標，祇求自利，盡量剝削他人。中華民族的新儒家文化必須重建仁道的文化，發揮孫逸仙的民生主義，互賴互助，共存共享。

還有傳統的另一種精神，構成中華民族精神的另一特點，即是勤勞。孫逸仙曾說：

「中國自古以來，都是以農立國……中國的農民又是辛苦的勤勞。……中國的人口，農民是佔大多數，至少有八九成。但是他們由很辛苦的勤勞所得來的糧食，被地主奪去大半，……這是很不公平的。……我們要怎樣能夠保障農民的權利？……那便是關於平均土地的問題。」

（民生主義　第二講）

國民政府遷台以後，實行土地改革，保障了農民的權益。但是台灣社會已經由農業轉入了工商社會，農民變成工人和商人，而且因爲經濟發達很快，賺錢的機會很多，便造出了一種「不勞而獲」的心理，弄彩券，跑股票，並且又做強竊和綁票的罪行。社會上所浮現的，是一片投機取巧，盡量揮霍的風氣。中國大陸則因中共廢除了私產，一律國辦，少做多做同吃一碗飯，大家學會了怠工。新儒學文化必須重新振興勤勞節儉的精神。

勤勞節儉的精神和仁道的精神相通，因爲「投機取巧」「不勞而獲」，都是損人利己，勤勞節儉，大家才能夠共存才能夠均富；而且「驕奢淫逸」的社會，有奢便有驕，淫就有逸。逸是懶惰，驕是欺人，都違反仁道。想恢復仁，先由實際的勤儉作起。

四、結語

孫逸仙的三民主義，爲中華民國立國的基本思想，爲執政黨的黨綱，政府正在大力推行。但是政治爲實際工作，受具體環境的壓力很大，究竟可以達成計劃的部份，常有許多的折扣。然而我們學者推行新儒學文化，則應在學理和實際路途上，多加研究，多予說明。孫逸仙的三民主義係一社會政治學說，理論簡單，路途則正確，我們則要在學理上，多加發揮；尤其對於儒學在今日的地位和具體原則，要有鮮明的表白：中庸精神、仁愛之道、勤儉的習慣，自強不息的心理，將作新儒學文化的特點。

註：

㈠ 蔣中正總統　三民主義之體系及實行之程序　張其昀編　先總統　蔣公全書　第一冊　頁一二九九。

㈡ 同上。

㈢ 同上　頁一八二四。

(四) 蔣公全書　第一冊　頁八五。
(五) 同上　頁九八。
(六) 同上　頁五八。
(七) 孫文學說第四章。
(八) 演講集　學生須以革命精神努力學問　國父全集　第三冊　頁一四四。